班主任必备丛书
BANZHURENBIBEICONGSHU

U0607009

以小见大 话说教育
——中学班主任工作成功案例集萃

李忠强 赵海军 孙光华 主编

ZHONGXUEBANZHUREN
GONGZUOCHENGGONG
ANLIJICUI

吉林文史出版社

图书在版编目（CIP）数据

以小见大 话说教育：中学班主任工作成功案例集萃
/ 李忠强，赵海军，孙光华主编. —— 长春：
吉林文史出版社，2012.12(2021.6重印)
（班主任必备丛书）
ISBN 978-7-5472-1334-6

I.①以… II.①李…②赵…③孙… III.①中学—
班主任工作—案例 IV.①G635.1

中国版本图书馆CIP数据核字(2012)第297205号

班主任必备丛书

以小见大 话说教育：中学班主任工作成功案例集萃

YIXIAOJIANDA HUASHUOJIAOYU ZHONGXUEBANZHURENGONGZUOCHENGGONGANLIJICUI

主编/李忠强 赵海军 孙光华
责任编辑/高冰若
封面设计/小徐书装
出版发行/吉林文史出版社
地址/长春市福祉大路5788号 邮编/130118
网址/www.jlws.com.cn
印刷/三河市燕春印务有限公司
版次印次/2013年2月第1版 2021年6月第4次印刷
开本/710mm×1000mm 1/16
印张/16 字数/220千字
书号/ISBN 978-7-5472-1334-6
定价/39.80元

目 录

第一辑

中学班主任工作成功案例集萃

以小见大 话说教育

第四辑

中学班主任工作成功案例集萃

以小见大 话说教育

中学班主任工作成功案例集萃

以小见大　话说教育

第八辑

第一辑

运用小组合作学习, 激发学习主动性

李毓志

【导语】

进入初中阶段的学习, 学生更需要主动学习的能力。会主动学习既是学生自我成长的要求, 同时也能够有效提高教育教学的质量, 更是开展素质教育的客观要求。因此, 教育者应依据学生的心理规律, 对学生进行科学引导, 有效强化, 以便在紧张的学习中, 找到自我价值实现的契机, 收到良好的学习效果。

【案例现场】

班级整体成绩下滑了!

当前初高中教育对学生学业成绩的评价方式, 依然是中高考"一考定终身"。应该说, 学生成绩高低一直是任课教师关注的重点。作为班主任, 不但要关注任教学科的成绩, 还要协助任课教师, 共同提高班级的综合成绩。一段时间以来, 我所任教班级学习主动性比较差, 对付拖沓的现象比较普遍, 课堂听课效率低, 作业完成质量不高。在期中考试中, 班级优秀生出现整体成绩下滑。

【案例分析】

学生教育中, 既要尊重学生个性发展, 强调素质培养。同时又不能忽略了应

試教育中对学生基础知识基本能力的落实。客观来看，中国教育体制中应试的一面，其实有着不可否认的优势。我们不能将应试教育一棒子打死，而是要去粗取精，去伪存真，利用应试教育中优秀的因素为人才培养服务。因此，在期中考试以后，针对班级学生学习动力不足、成绩不理想的现状，我开展了以小组合作学习为主要载体，以多种方式激励为主要手段的教育活动。经过两个多月的实施，通过1月份的期末考试与10月份的期中考试的成绩对比，我们发现这种小组合作学习确实具有可行性和有效性。先将具体做法呈现如下。

【解决策略】

怎样提高班级的综合成绩？

1. 划分合作学习小组。以10月中旬的期中考试成绩为参照，将班级60人平均分成6个小组，每个小组10人。划分的要求是：尽量使每个小组10名同学的总分之和接近，不要相差过多，以免出现小组竞争成绩相差悬殊的情况。

2. 确定组长。选择小组中富有组织能力、富有责任感、有一定威信的同学担任组长。负责组织本小组同学的合作学习。

3. 召开语文、数学、物理、英语等学科任课教师会，贯彻小组竞争活动的思想，征求任课教师的意见和建议。

4. 召开以"激发潜能，讲求合作，共同进步"为主题的班队会，统一思想，加强认识，调动积极性。定期召开学习总结会。

5. 联合主要学科任课教师，在班级开展舆论攻势，营造出小组竞争学习的氛围，让学生在意识到这不是某一学科的活动，而是需要全程参与、共同努力的活动。

6. 特殊学生的特别关照。每个小组内部，根据学习成绩高低，结成两人学习小组，成绩相差较多的，指派优秀生辅导学困生；成绩相差不多的，让两个人比赛竞争。

7. 煽风点火，掀起竞争之气。教师语言是一门艺术，善于调动和激发学生学习主动性的话语无疑是最有时效性的话语。小组评价开始以后，我每周都要用20分钟左右的时间总结本周各科考试的成绩情况。

注：班级总成绩排名不在班级公布，仅公布小组排名。这样，学生了解自己在

小组的排序, 对在班级的排名只能做到大概了解。其他学生也降低了对班级排名末尾学生的关注敏感度, 而趋向于更多关注自己小组的成绩, 从而保护了学习困难学生的自尊心。

在总结会上, 我特别关注小组中成绩相差无几的同学, 常常用激将法鼓励学生。

比如:

(1) 张同学, 你要加小心了! 李同学这次总分只比你低2分。下次考试鹿死谁手可真不好说。

(2) 赵同学这次物理发挥得实在失常, 所以才排到了小组第6。下次正常发挥了, 王同学是不是感到非常有压力?

(3) 孙同学, 别看你这次在小组排了第一, 你的总分照比另外五个小组的第一都要低些。如果把你放在班级的大榜里, 你觉得如何?

8. 奖品设置: 在奖项设置上, 我着实费了一番脑筋。客观来说, 我所在学校的学生, 家庭条件普遍较好。而教师以前常常用到的文具、纸本等老套奖品早就不入这群现代中学生的法眼了。初一的时候, 我在期末奖励时, 给学生发放的小订书器、直尺三角板套装等奖品, 没等会议结束, 就有玩坏的, 甚至掰断的。而目前文具价钱节节攀升, 如果大面积奖励, 必然入不敷出。思考再三, 我为学生们准备的奖品是: 即刮即中型的社会福利彩票。(2元每张)

9. 奖励办法: 小组内部, 前六名每人奖励一张。后四名末位淘汰。

学科奖励办法:

学科	得分	奖励	学科	得分	奖励
语文	115分以上(含115分)	10张	数学	120分	10张
	114分	6张		119分	6张
	110分–113.5分	2张			
英语	120分	10张	物理	70分	10张
	119分	6张			6张
……					

期末考试年级排名奖励办法:

年级前10名15张;

年级11—20名10张;

年级21—30名8张;

中学班主任工作成功案例集萃

年级31—40名6张；

年级41—50名4张；

年级51—100名3张；

年级101—200名2张。

个人进步奖励：

按照期末与月考班级名次的进步幅度，按由大到小的顺序排出前五名，分别奖励5、4、3、2、1张。

学困生特别奖励：

每次奖励，基本涉及到班级36—40名学生的范围，奖励的面还是比较大。但有一些学生的学习成绩无论如何是达不到奖励的标准的。为了不挫伤这部分学生的积极性，鼓励他们加强上课听课环节。特别设立教师推荐奖5人。

【解决效果】

1. 从2011年10月开始，到2012年1月期末考试，我们班的小组合作学习评比一共进行了4轮，共计发出彩票500余张。记得第一轮颁奖的时候，学生几乎是欢呼雀跃，他们都在做着可能会"一票发财"的梦。其实，这种彩票的中奖几率非常低，完全是娱乐的性质。但这种方式对孩子们精神世界的冲击力还是不可小觑：得到彩票扬扬得意，因为这是努力的结果；没有得到的垂涎欲滴、落落寡欢，一是为了那可能博得的大奖，更多的是为了那不该丢失的2分……

2. 纵观4轮竞赛，每一次的成绩都在稳步提升，仅以我所在班级初二学段期中、期末两次考试四科成绩的平均分做对比，反馈这种方法的效果。

考试类别	语文平均分	数学平均分	英语平均分	物理平均分	总平均分
期中平均	101.06	97.52	103.9	60.42	362.88
期末平均	103.91	101.95	107.58	54.82	368.26

【总结与反思】

教育是一门艺术，人的教育更是需要与时俱进、常教常新的工作。如何调动每一个受教育者的积极性、主动性，让他们在自我争取、自我超越的轨道中稳步前行，是我需要不断思考的课题。纵观近一个学期的小组合作学习，既有非常明显的效果，也有需要改进的地方，更有实践过程中的困惑，我会在教学实践中不断摸索，取得更多进步。

我的思考有：

1. 未成年人不允许参与博彩，作为成年人的我，赠予未成年人彩票是否符合规范？

2. 成绩排名必然有最后一名，随着年级增高，最后几名的人数会逐渐固定。那么，怎么调动这一类学生的学习主动性？

引而不发，给学生自改正的空间

孙玉伟

【导语】

叶圣陶先生曾经说过："教是为了不教，学是为了不学。"班主任工作也是这样一个道理：管是为了不管。遇到问题时不急于出手，而是引而不发，静观其变，看清事情的来龙去脉后再因势利导，往往会收到事半功倍的效果。

当然，引而不发不是无为而治。不发，但是发的准备已经做好，这种待发的力量带给人的震慑远大于发。班主任工作需要很多技巧和方法，愿意与各位优秀的同仁共同探索、交流。

【案例现场1】

是谁带手机来学校了？

有一天，课间操刚结束，年级干事给我送来一件东西，说是从我班学生做操的地方捡到的。

我接过来一看，认出是一个手机的后盖。这是怎么回事呢？

学校规定学生不准携带通讯工具到学校。此前曾发现有学生带手机的现象，都及时处理了。为此我还专门在班上讲过。近一年也没有再出现这种违纪现象。可是，这个后盖却明确地告诉我：有人带手机了。

【案例分析】

无论是哪位同学带手机，都可能是因为要与家长沟通，家长不了解学校的制度，于是给学生买手机，被其他同学发现之后，只要愿意把手机借给其他同学用,那么此学生自然不会报告老师有人带手机。

这个时候,我只能"守株待兔",等待学生自己出面认错,或者找到班干部了解情况,班干部自然会把一切都告诉老师的。

【解决策略】

我不动声色。随便叫了几个同学到我办公室去。到了办公室后,我拿出那个后盖,问在场的学生:"你们见过这东西吗?"学生们观察再三,叽叽喳喳一阵,都说没有见过。我看着他们的脸,发现A的目光有些躲闪。直觉告诉我会是他,于是就让他们都回去了。

上午课结束后,室外活动,我叫住了要去小操场的小B,他是我班的团书记。

"陪我走走,行吗?"

"当然。"他笑了:"老师,我知道您找我是为了什么事。A回去就跟我们说了,手机是C带来的。"

我问,"你们用了几次?"

"多数人都打了一次。"小B说,"在校不敢打,怕别人发现。只好放学以后打。可是打到家里,家长一问没有什么事,就开始追查用谁的电话打的。后来就不敢再打了。C把手机藏在口袋里,做操时不小心掉了出来,他慌忙捡,却发现后盖不见了。

【解决效果】

C主动找到团支书,让他向老师解释,希望老师原谅他,他一定把手机带回家,现在就暂时放在老师这里,团支书也从口袋里掏出了一个没有后盖的手机交给老师。C主动认错,老师不但保护了学生的自尊心,而且也让同学认识到问题的严重性,起到教育和规范学生行为的目的。

【案例现场2】

学生丢东西了怎么办?

周五放学时,孩子们都忙着收拾书包,准备回家。D跑来了,急切地对我说:"我的游戏机不见了!上午还在呢,其他几个同学都玩过。"但是周一学生返校,有学生报告,D的游戏机找到了,在他的书桌里,但是D明确表示:"我没有把它放进自己的书桌。我是准备交作业才发现的。"

【案例分析】

学生的东西不见了，而且很明显是有同学拿走的，老师心里着急，不过也无能为力，教师只能安慰一下，说会尽量找到，而且周五学生放假，一切都只能等到周一才能解决。

到底是谁拿走了他的游戏机呢？班主任心里也没底，随手翻动班级日志，脑子中把全班同学都过了一遍，可是一点头绪都没有。以前，学生在班级里也不是没有丢过东西，比如校服什么的，往往是别的同学穿错了，也难怪他们，一群十来岁的孩子，不出点问题才怪呢。可是游戏机只有一个，而且都知道是D的，基本上没有拿错的可能。

【解决策略】

对于D的游戏机的事情，肯定是身边的人偷偷拿走然后又把游戏机放回书桌的同学，原则上要求严惩不贷，但是不能确定是谁干的，于是我什么都没说。

【解决效果】

一个月后的一天，在备课本里多了一张纸条，上面写了这样几句话：

孙老师，您好。D的游戏机是我拿的，本来我只是想玩一玩，可是周末时忘记了，结果带回家。回来后听同学们议论纷纷，说D的游戏机被人偷走了。我怕同学们说我是小偷，就没有直接交给D，而是偷偷放进了他书桌里。虽然您没有追查，可是我知道您肯定知道是我干的，您的眼睛告诉了我。这些天我老是觉得不踏实，最后觉得还是告诉您好，您能原谅我吗？

从孩子后来写的纸条中我们不难看出，这个孩子并没有把游戏机据为己有的意思，可是未经过别人允许就玩别人的东西，却在客观上造成了"偷"的假象。如果不给孩子自我改正的机会，如果班主任是一个"福尔摩斯"式的喜欢"破案"的老师，这个孩子内心的一点负疚感很可能会在同学的鄙视和老师的批评面前消失得无影无踪，甚至在很长一段时间之内会背上"小偷"的恶名。这难道是我们追求的教育效果吗？

【总结与反思】

通过以上两件事，教师引而不发，却收到了学生主动认错的效果，主要原因还是把握住了学生的心理。

应该说，所有的学生都知道带手机、偷东西等行为是违反纪律的，所以，当他们违反纪律时，他们内心都是有一点负疚感的。

可是如果老师一开始就穷追猛打，对学生进行批评，这种负疚感就很容易被逆反心理所取代，工作就难做多了。

所以，我建议班主任同行们，当问题摆在你面前时，不要急于下手，而应引而不发，给学生一点自我改正的空间。

尤其是处理学生问题时，一定要掌握好时机，不该批评的时候就不要批评，给学生一个自我改正的机会。这样一来，教育的效果也达到了，学生的面子保住了，师生之间也不会产生对立情绪。

趣解"戏"瘾

——沉溺于网络游戏的初中生教育引导尝试

侯岩峰

【导语】

爱因斯坦说："兴趣是最好的老师。"初中生尚处于懵懂的时期，很多事情了解但不够深入，对新奇的事物有探知的欲望，如果对某事物有了浓厚的兴趣，他就会主动去求知、去探索、去实践，在这样的体验过程中会产生愉快的情绪，网络游戏无一不是通过感官刺激激发游戏者的兴趣。随着初中生年龄的增长，他们的知识、经验、技能的不断丰富，他们在不同程度上产生了表达自己对周围世界的认识和情感的要求，这正是对初中学生进行教育，促进他们身心发展的良好时机。

【案例现场】

学生迷恋网络游戏怎么办？

一天早晨，看到班级的学生吴天睡眼惺忪，满脸疲惫，不知道晚上发生了什么。找他谈话，他谎称感冒了。感觉不像觉得有一些问题，课间的时候给他的家长打电话询问一下家里的情况，家里一切正常，没有父母吵架之类的现象发生，他妈妈说他今天早晨起床特别早，说是要吃肯德基的早餐，就没有给他做早餐，他很早就出门上学了。看来里边一定有问题。

侧面了解在班级内和他比较要好的同学，有的学生反映他上网打游戏，而且在家长晚上睡着了的情况下玩游戏。在了解了外围情况之后，再和这个孩子进行了一次比较细致的谈话，他终于说出了前一天晚上是玩了一晚上网络游戏，由于害怕家长的责骂，所以就提前出了家门去肯德基趴桌子上睡了一会儿。

班级里的同学吴天、袁龙、娄宣兴趣爱好是网络游戏，其中吴天学习成绩很差，但组织能力最强；袁龙语言文字能力最强，娄宣人缘最好，同样聚集在他们身旁的还有张明、高天、付广等约十人，他们经常利用课余时间外出上网，在周记或作文中有时还会忍不住表现出来，而且语言风格受到网络影响；这种活动逐渐规律化，逐渐上升为班级突出的典型的现象，学生、老师和家长都希望班级能远离网络，对此，我和其他班主任一样，我先找这些同学交流，批评甚至责骂，同时联系家长，要家长从时间上和给学生零用钱上配合工作，一起整治这个问题。

在与家长取得联系中，我得知有几个学生从小学就开始迷恋网络游戏，时常与家长在网吧玩"游击战"，家长看着孩子的痴迷越来越严重，家长都非常着急，可是一段时间以来也都没有好办法，经济上控制了，孩子可以不吃饭省下钱来玩，时间控制了，还会挤出放学时间偷偷去玩，家长工作也忙，就没办法把孩子绑在身边。

经过家长的配合，个别的谈话，表面上，学生已经不谈游戏，但实际上，这样的结果只能使这些孩子从明目张胆转移到地下行动，治标不治本！看着这股暗流无法扼杀，我的内心相当着急。

甚至有的学生能说出游戏的几点好处：

第一，可以培养正义感和爱心。在游戏中不可避免地要和许多玩家接触、交流，而这个过程中可以对认识或不认识的玩家提供力所能及的帮助，也就是我们常说的"学雷锋"。

第二，可以培养社交能力。在游戏中和许多玩家的交流，可以让游戏者碰到许多在现实生活中无法碰到的人和事，锻炼游戏者与人交往的各种能力，也能看到许多人不敢在现实生活中暴露出来的阴暗面，增加对社会的了解。

第三，培养经商的能力。游戏中的金钱和装备并不是很好得到的，要想在游戏中成为富甲一方的巨贾，就必须有商业头脑，还要善于经营，在这个过程中所学到的东西，也许对游戏者的现实生活会有帮助，像QQ农场这一类模拟经营类游戏就是对玩家商业头脑的一次挑战。

第四，培养坚忍不拔的毅力。许多游戏中的技能的练习都是很难的，有的甚至是变态的难练，而没有一点毅力，是很难把技能练成的，如果游戏者能把这种练技能的毅力用于现实生活中，那许多事情也许就不难做到了。

我做过很多努力，个别谈话，集中谈话，联合家长共同干预，但效果都不理想，有时很迷惘，甚至很想放弃他们，任其放任，但内心深处知道这绝不可以。

如何教育他们？如何将这股力量变成有利于他们自身和班级发展的力量？

【案例分析】

孩子贪玩是本性，再加上现在游戏开发的趣味性和竞争性，孩子上网玩游戏是很正常的，而且现在孩子普遍都玩游戏，所以您要完全不让孩子玩游戏很难，孩子学习过程中累了玩会游戏也正常，但是把学习的时间用到上网打游戏就是孩子的失误了。

孩子的学习自控能力差，孩子打游戏休闲不是错误，但是在学习时间上网打游戏，家长就比较担心了。根据学生个体的不同特点，人尽其才，完全可以形成好的风气。比如发动学生做了班徽、班歌的设计，校操比赛、大绳比赛等等文体活动，这些活动都很好地发挥了作用，激发了学生的兴趣，充实了他们的课外生活，发展了他们的兴趣和能力。

课外活动的作用不可低估，但也不可高估，它必须为最终的目标服务，必须向课内辐射，否则就会偏离正确的轨道，有的会表现出巨大的破坏力；因此要始终将学生身上潜存的或初现的能力与中学学习内容和学习活动联系起来。

【解决策略】

对于网络游戏着急没有用，找到解决的方案最重要。

我开始思考这么一个问题——"为什么这些孩子会那么痴迷游戏？"

玩游戏的规律就是游戏玩得比较厉害的，等级较高的，都是平时的学习成绩比较差的学生，平时很少得到成功的荣誉感。但在游戏之中，他们就是大哥，可以呼风唤雨、得到很高的荣誉，得到尊重，有了平时在学校和家庭中很难得到的光环。

在外人看来，玩游戏的孩子是"云深不知处"，所以我决定试试和他们一起玩玩看一看。"只缘身在此山中"，体会一下孩子们的切身感受。游戏里确实很有意思，经过这样的体验，再看到这些孩子时候，觉得没有那么讨厌了。

有一次还和他们聊了几句游戏里的事，他们受宠若惊，开始的时候还是有所戒备的，后来看到老师真是知道游戏的一些门道，就开始聊开了，有了这样的基础再去做思想工作就好办了一点。

【解决效果】

我开始和他们频繁地聊天，寻找着解决问题的办法，特别是在游戏里等级比较高的学生。一次谈得正在兴头上时，我突然问他们游戏里最可怕的是什么，他们说是账号被盗，或者被删除了。

我突然想到了一个解决的办法，来一个全班同学大行动，由几个带头的同学来删除自己的游戏账号，通过集体的力量，互相举报，当场在大屏幕上删除自己的账号，由于学生的好奇心和平等愿望，一定能取得良好的效果。

结果这个办法真灵，在当时那种氛围下，愿意的自己上去，不愿意的也会被出卖，因为删号的同学不甘心别人还留着，自己却没有了，于是这些人被大家期待的眼神逼上去。全班有二十几个同学主动或者被动地消灭了自己的账号，再玩到那个级别也是不可能的了。当然我事先花了三百多买了一个级别挺好的账号当场删除了。这样示范作用很好。

这样只是治标而没有治本，必须得给这些孩子找一个兴趣点来解决问题。班级要举办一次板报，我把这次任务交给了这几位同学，大家都不太理解。但一看主题是《网络的优缺点》，所有同学都鼓掌表示支持。就这样他们有了一周的时间做了这样一期质量很好的板报，在这样的活动中他们也体会到了成功的喜悦。班级风气也焕然一新。

【总结与反思】

网络游戏问题现在对青少年的危害越来越大，而要解决这问题靠强压、靠限制肯定行不通，古语有云，攻心为上，只要我们班主任有耐心，找出症结所在，对症下药，必能取得很好的效果！

中学班主任工作成功案例集萃

避免正面冲突，做到双赢

程桂平

【导语】

很多学生不知道怎么处理与别人意见上的分歧。他们在家里甚至是在学校所看到、经历到的那些处理方式常常是不当的，因此他们所知的处理思想分歧的方法，往往也只限于很多成年人曾"示范"过的种种不恰当的方式。其实这也很简单——一个巴掌拍不响。如果学生语气很冲，他们之间的气氛开始变得紧张，那就使自己冷静下来，不要陷入与学生对峙的局面中去。

【案例现场】

如果你的课堂需要"四处救火"怎么办？

我曾经听过一个年轻老师的课，看到如下的课堂情况。他很难让学生们安静下来准备上课，他不得不多次请求同学们安静下来，停止讲话。学生刚上课时还很听话，很尊敬他，但是这种行为不一会就死灰复燃，以至于他不得不一遍又一遍地提醒同学不要说话。

他讲课时学生开始随意说话，他也会停下来制止他们，这种情况重复了好几次。后来，当他要求一个男孩转过身来（他明显正因为坐在后面的女生而生气）。男生叫道："叫她停下！告诉她不要再碰我！"老师停下来，试图弄清这两个孩子之间出了什么大事。本来这个老师已经四处"救火"，分身乏力，偏偏又遇到学生之间发生矛盾。学生不理智，老师处理也不够灵活。本来可以"冷"处理，让学生先冷静，各做各的事情，心平气和之后，课下再慢慢处理。可这位老师偏偏选择当堂处理，使问题公开，矛盾升级。这足足花掉了5分钟的宝贵时间，问题还没有妥善的解决。老师带着情绪，学生带着不满就下课了。

整节课都变成了师生之间的冲突，双方争夺着课堂的控制权，而学生显然占了上风。（其实这是很讽刺的，因为这么一来他们以自己的学业为代价。就像赢得了某场战役，但最终输掉了整场战争。）

【案例分析】

年轻老师经常会遇到以下情况：事先制定了很好的授课计划，同时也尽自己最大的努力去执行计划，但是授课过程三番五次被纪律问题打断，导致授课效果远远达不到预期。年轻教师在课堂上四处"救火"，在这么多干扰之下，我十分确定这样的课堂收效甚微。

【解决策略】

我年轻时也曾遇到过这种情况，可以肯定的是，每一个老师都希望学生们早上安安静静地走进教室，直接到座位上坐下，然后开始课前早自习。每个老师都希望所有学生听他讲课时不能有人说话，所有学生的注意力都在课堂上，并能跟着他的引导行动。

我考虑了所有的情况，列出需要改进的10个方面，设计出一套可行方案并有效实施，以后就可以顺利地进行教学，并且避免师生间冲突的频繁发生。

我推出一个"一周表现测评表"，给学生的日常表现打分，其中就包括下面表中的10项内容。这个一览表将在周一发给学生，把此表贴在课桌的左上角，周五时带回家中，由家长签字，周一回收，作为学生表现的重要资料保存。

我在第一次把表下发给学生时详细解释评分规则：

1. 每个学生每天会有10分的初始分数，一周共有50分。

2. 每当学生有违反的情况出现时就会被扣掉一分。

3. 如果这一周结束时分数仍为50分，评为A⁺；分数不低于45分，评为A；分数不低于40分，评为B；40分及40分以下分数，评为C。

一周表现测评表，又是与家长沟通的好方式。它便于家长了解学生在校的一周表现，及时肯定学生或者发现存在的问题，与学生一起分析、一起研究、一起解决。同时，也作为小组评分的重要依据。小组整体扣分少的组，有活动优先权，可以增加活动时间；而且"一周表现测评表"个人得分，也作为期末评优的依据。可谓此方案一举多得，既能随时提醒学生，也能便于及时发现学生的问题。

一周表现测评表

姓名：	第　　　周	周一	周二……
1. 安静地走进教室，直接在自己座位上坐好			
2. 立刻开始早自习			
3. 晨读有书，坐姿端正，声音响亮			

姓名:	第　　周	周一	周二……
4. 不迟到			
5. 每天按时交作业			
6. 上课铃响时, 要迅速回到座位, 安静地做好课前准备			
7. 课上回答问题先举手, 不得说闲话			
8. 课上坐姿端正, 不得左顾右盼			
9. 中午到食堂就餐, 走时桌面、地面干净, 凳子摆好			
10. 自习时安静、有效地学习			
总计得分			
家长签字			

每天总分10分, 一周共计50分, 每次违反以上纪律将被扣一分。

相信你能做得更好!

（注意: 这个学生显然在周一和周二试探了一下老师, 之后就明白了老师确实在很严格地按规定来要求学生。）

【解决效果】

一周下来, 违纪的人明显减少, 即使偶尔扣分也十分懊悔。64人中, 19人得A$^+$, 41人得A, 只有3人得B, 1人得C, 学生们表现得都很出色。看到他们变化这么大, 真令我刮目相看!

我突然灵机一动, 想利用这个机会再次鼓励他们:"从我统计结果来看, 我相信即使没有一周测评表, 你们也能做得很好!"我对他们说（所有同学都很自信地点头）,"你看, 如果你们一直表现得好, 你们也会觉得高兴, 常常笑容满面。我敢说, 在以后的学习生活中, 你们还能像现在一样表现出色, 对吗?"

事实上, 如果平等友善地对待学生, 有一个合理的计划, 天天持续实施, 学生们就会像现在这样一直表现良好。

【总结与反思】

当我发现问题时, 没有责备抱怨学生、老师或者家长, 因为我知道自己应该努力去管好自己的班级。记住, 如果一件事是没有商量余地的, 那就没有必要再继续谈下去, 事情就是这么简单。如果做错一件事意味着相应的惩罚, 就明确地执行。不要商量, 否则学生会觉得每当问题发生时还可以和老师商量或者讨价还价。要持之以恒, 是继续推动实施正确的计划还是就此放弃, 决定权在你。通过持续实施评分制, 避免了很多不必要的争吵与口角, 师生间的正面冲突再也没有出现。

歌声的力量

于小娱

【导语】

90后的孩子对于流行歌曲的热爱尽人皆知，并且无可阻挡，经常有家长和我说："他总是边写作业边听歌，我真担心他分心。但是管了还不听，干脆就不写作业了，我该怎么办呢？"

其实孩子们喜欢歌曲从某些方面来讲是好事，音乐能够锻炼他们的乐感和律动感，提高身体的协调性及欣赏能力，问题是能不能从正面去接受某些歌曲中好的方面，而去抵制那些靡靡之音。

【案例现场】

事例一：班里的小A同学是单亲家庭的孩子，一次和妈妈发生了争吵，母子二人持续冷战，家长给我打来求助电话，称自己不知道该怎么扭转这个尴尬的局面，自己主动和解怕惯得孩子以后更加的任性，可是不和解又不能和孩子及时地沟通交流，不知道孩子在学校的学习生活情况。我听说此事，一边安慰这位母亲不要急，一边在网上搜索关于妈妈的歌曲，我想长篇大论的说教对于现在的孩子来说，是不疼不痒的，可以想办法应用他们所现在最关注的偶像的力量。

事例二：班里的小B同学成绩不错，只是不太谦虚，一次做题时因为老师讲的方法比他自己用的方法简便，他很不服气地说："那有什么，反正能做出来就行呗！"我当时并没有说什么，但下课后马上到办公室下载了一首隔壁班曾经唱过的歌曲《我相信》，然后再上课的时候放给他们听。

【案例分析】

事例一：单亲家庭的孩子早熟，独立性强，这些是优点，缺点是缺乏安全感，女孩子会内向自闭，男孩子会叛逆。以后如果重组家庭，孩子会觉得家不是自己的，和家人会产生隔阂。这些都需要多关心多沟通来解决。长远来看，因为不是在健全家庭长大的，会缺乏家庭成员间互动的能力，所以更加需要在学校来进

中学班主任工作成功案例集萃

行情感方面的教育。

事例二：谦虚是我们的传统美德，但不顾场合不分情况的谦虚，则是不可取的。在社会竞争意识日趋加强的今天，对孩子来说，他并不能理解这种"谦虚"的真实意图，只能误读为老师不认同他的表现，从而丧失继续积极进取的信心和勇气。

谦虚，不仅是良好的学习态度，更是为人处世的必要准则。谦虚的人往往能得到别人的尊敬和赞扬；而骄傲狂妄、目空一切的人，却无人欣赏，反而遭人厌恶。作为老师，让孩子养成谦虚的好品质，无论是学习还是生活，都会使孩子受益匪浅。

【解决策略】

从初一开始，我就坚持每周让他们学一首新歌，歌曲的名称和内容因时而定，也因人而异。在选歌上真的困难不小，因为从现在的流行歌曲中选，大多数的内容都是关于爱情，而且旋律也谈不上优美，唱起来哼哼唧唧，没有力量和年轻人的朝气，适合他们唱的是少之又少，但是在平时的学习生活中总会遇到一些具体的事件，每当遇到事情的时候，就会给我以启发。

针对事例一：在听了十几首关于母亲的歌曲之后，我选定了由F4成员之一的吴建豪唱的《妈妈》，之所以选择这首歌有两个原因，第一，歌手年轻，容易产生共鸣；第二，背景相近，吴建豪也是由单亲妈妈带大的孩子。（附歌词：那年还没长大，常常让你牵挂，是我不好你担心了吧！懵懂很不听话，也曾顶嘴吵架，我的脾气你没办法。你一个人沉默撑着家，任岁月在你额头刻画，你说爱是唯一的解答。那皱纹是代价，斑白的发是惩罚，妈妈辛苦为家，你别再让泪流下，我会照顾这个家，亲爱的妈妈，休息你辛苦了！没想过天会塌，总要你等一下，有谁多晚都等我回家。伤了你的气话，无意说的谎话，你都微笑说算了吧。我知道你累，现在换我来背，我一定不让你后悔，我让未来很美，亲爱的妈妈，请别再流下眼泪。你真是辛苦了，妈妈妈妈，你不用哭了，妈妈妈妈，不要再哭了。）不出所料，当班里的孩子们开始学这首歌的时候，我特别留意了这个孩子的表情，他若有所思地看着歌词，认真地跟着哼唱，我知道我不需要再说任何话，这首歌的教育效果已经显现出来，学唱的目的也达到了。果然，当天晚上家长就打来电话，高兴地说，孩子放学回家后，虽然没有正面道歉，但是主动帮她做了家务，用自己的方式和妈妈讲和。

　　针对事例二：开始时，孩子们都很诧异，因为以前我们从来没有唱过别人曾经唱过的歌，但是他们仍然挺认真地在唱这首事实上已经听了很多遍的歌。唱完之后，我对他们说："知道我为什么要选这首歌吗？"孩子们众说纷纭，有的说是因为这首歌很好听，有的说这首歌积极上进，最后我说："这些都对，但是最重要的一点是只要是好的东西，我们就不怕向别人学习，哪怕是很小的一件事，而且既然做了，我们就要把它做得比别人好！不怕学习不好，怕的是骄傲自满故步自封，像清末中国的闭关锁国，只会闭门造车必定出门不合辙。"孩子们纷纷点头，我看着小B，他的眼睛里分明也写着"心悦诚服"。

【解决效果】

　　经过了这种潜移默化的影响，孩子们的问题往往能够比较容易的解决，而且最重要的是接受的时候是心悦诚服的，这种"现代化"的处理问题方式效果明显。

【总结与反思】

　　诸如此类的事例比比皆是，这个习惯延续至今，我们班的孩子已经能唱好多首积极向上的健康歌曲了，从他们的兴趣入手，找到工作上的小窍门，必定会取得事倍功半的效果！

抓住教育契机，赢得教育效果

王显磊

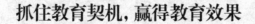

【导语】

　　抓教育契机是一种教育技巧。良好的教育效果是知、情、意、景的共同参与和相互作用产生的，只有抓好契机，才能抓住了这几个因素相互作用的凝聚点，使教育的内容显得博大精深，使教育形式显得生动形象，不拘一格。让学生从生活学习的小事件、小场景、小问题中知情、晓理、明事、辨非，并且以此来触动学生心灵，弹拨学生的情弦，收到事半功倍的效果。

【案例现场】

怎么处理学生打架事件?

2011级9班初一上学期的一个中午,班长悄悄来到办公室,讲述了小A与小B同学的打架事件。小A与小B因为谁也不愿意把生活委员新换回来水桶上的塑料袋扔掉,并且把这个塑料袋从第一桌传到了他们所坐的第三桌和第四桌,互相扔来扔去,最终导致二人发生冲突,小A把小B的书扔了一地,小B把小A的笔袋扔到了教室的最后面。如果不是同学的劝阻,二个人定会大打出手,一发不可收拾。

【案例分析】

初中生阶段与同学吵架事件时有发生。其影响因素有很多,根本原因是青少年学生自身内心的心理矛盾。主要表现在三个方面:

认知方面。青少年独立意识增强,而认知能力发展却滞后,思维有很大的片面性和表面性,往往分不清是非,容易走向偏激和固执。案例中小A是一个比较活泼的男孩子,爱说爱笑,有些顽皮。小B相对要内向一些,偶尔会有些固执,在老师眼中是绝对不吵架的孩子。小A就觉得是和小B开了玩笑,而小B就很认真,认为你凭什么要把垃圾放在我这,让我去扔。

情感方面。青少年情感很不稳定,容易激动和急躁,好感情用事,不善于控制情绪,也容易受别人引诱。小A与小B作为初一的新生,接触的时间并不长,彼此了解得也不多,同时又都缺少冷静看问题的能力,心胸狭隘而不能互相理解宽容。

意志方面:青少年学生自尊心很强,很在意别人对他的评价。这两个学生在发生冲突后又担心别人说他们胆小怕事,所以更加的互不相让,以至把矛盾激化。

除这三方面原因,还有一些其他的因素。学生之间缺乏沟通,沟通是理解与认识的桥梁,只有通过同学间的相互沟通,才能消除误解,达到心照不宣、相互理解。班级个别同学自私,集体荣誉感不强,如果在生活委员把塑料袋放在第一桌同学那里时,他能主动放入垃圾箱,也不会出现后来的情况。

【解决策略】

抓住教育契机，定能赢得教育效果。恰巧这件事后班级召开以"长春郝志鹏打仗事件"为话题的主题班会。引发学生思考，从中吸取教训。本次班会三个环节，第一是分析问题，看到实质；第二是化解矛盾，避免冲突；第三是推己及人，完善自我。在这几个环节中同学们都畅所欲言，各抒己见，表达了自己的观点和态度，促进同学们树立正确的价值观和人生观。在会上，小A和小B分别发言，进行了深刻的自我检讨。更可喜的是班级生活委员及那几桌的同学也做了自我反省。

【解决效果】

典型的自我教育过程。同学们纷纷讨论发言，分析情绪冲动，自我认知差，引发的冲突事件，导致的恶性后果。研究面对不同问题的处理方式和方法。学会如何与人相处，善待他人。

深入的思考。许多同学在发言中为班级同学提出了合理化建议，并形成了促进班级和谐共发展的小方案。

通过此次班会，发生冲突的两名同学，也认识到了自己的错误，加深了了解，也为他们之间的友谊打下了坚实的基础。

【总结与反思】

面对冲突，从班主任角度来看，要掌握事件发生的全过程，了解事情的实质，切忌掉以轻心、疏忽大意。处理事件更不能"一板一眼"、千篇一律，要因人而异。对性格内向、情绪低落而又犯了非原则性的错误的学生，作为班主任，还是尽量正面疏导，进行个别谈话，使同学认识到自己的错误；对脾气暴躁，逆反心理严重的学生，要心平气和、推心置腹，防止出现顶牛局面和抵触情绪。

从处理的角度来讲，冲突问题还是要避免"热"处理，坚持"冷"处理。因为突发事件往往伴随着学生的激情和冲动，如果以强硬的办法进行"热"处理，就会犹如火上加油一样，会促使矛盾进一步激化。采取"冷"处理，首先是给学生降温，缓解矛盾缓和情绪，必要时要给学生一个下台阶的梯子，给学生自我反省的时间。

良好的班风、和谐的人际关系是促进学习的一个前提。班级是学生学习活动的重要场所，这个集体是学生成长的摇篮。创建和谐人际关系，营造良好的班风能始终激励学生不断进取，积极、健康地成长，能使得学生心情愉快，更加积极、轻松、充满激情地投入学习，所以说要恰当地处理班级内部的冲突，营建和谐班级氛围。

用真心搭建尊重的平台

刘一玮

【导语】

每个班级都会有一个"弱势群体"，他（她）们或是因为成绩不好或是因为外貌特殊或是家庭原因，造成他（她）们内心自卑、性格孤僻、少与同学来往，常被其他同学歧视、欺负。要打造一个团结向上的班集体，就一定要让这些学生打开自己的心扉，走出自己封闭的内心世界，要让其他同学发现这些同学身上的闪光点，真正地接纳他（她）们，与他（她）们平等交往。

【案例现场】

如果你的班级也有一个"丑小鸭"

学生W（女），从小体弱多病，身材矮小，面貌特殊，小学同学都歧视地叫她"倒三角"。经常开她玩笑，捉弄她。她性格内向、敏感，很少与同学交往。升入初中后，在新的集体里她性格开朗了很多，也主动地与老师和一些新同学交往起来。可是，班级内也有她小学的同学，随着同学们渐渐熟悉起来，她小学时的"外号"又被叫了起来，一些调皮的学生也开始捉弄起她来。她刚刚开始打开的心扉又封闭起来，又变得沉默寡言了。

【解决策略】

用真心关注"弱势群体"

我觉得她的问题变得严重起来，我开始思考如何才能让其他的同学发自内心地尊重她，平等地与她交往，也让她能再次敞开心扉，真正地融入这个集体。于是我开始观察她在学校的一举一动，我发现她课间很少主动与同学交流，不是独自坐在座位上就是在走廊里散步。仔细观察后我发现，她到走廊散步时无论在哪个班级担当区甚至是卫生间门前发现垃圾都会毫不犹豫地捡起，扔进垃圾桶。同时我也发现，班级里无论是哪个同学值日忘记了擦黑板或是扫地，她一定会默不作声地帮他完成，即使是曾经欺负过她的同学。

我头脑中突然有个念头闪过，我要设计一个局，要让其他同学真实地看到她身上的闪光点，真正地从内心去尊重她，而不是以班主任的权威镇压他们。一天自习课上，我故意让W去办公室帮我找东西，她走后我对其他同学说："最近我们班级发生了一些不和谐的事，出现了一些不和谐的声音。一些同学开始叫W的外号，有时还欺负她，但她从来没有向我告过谁的状，说过谁的不好。我希望大家能看到她身上的闪光点，反思自己的行为，真正地尊重她。明天，所有的值日生，课间都不要留在教室，装作忘记值日。我们一起偷偷观察W，看看她会怎么做"。第二天，所有的值日生都按照我的要求装作忘记值日，偷偷地观察W。而W依然一如既往地默默替他们值日。

【解决效果】

下午最后一节课是自习课，我走进教室说："这节课我们开个临时的班会吧，我们已经观察了W同学一整天了（W诧异地看着我），我想每一位同学一定都有了自己的看法。W同学默默地替今天的值日生值了一天的日，那应该是5个人完成的任务，我没看到她偷懒应付，也没看到她抱怨过谁。想想看，我们身边有这样一位默默奉献而不求回报的好同学是多么值得庆幸的一件事，她真心地帮助着每一位同学，而你们回报她的是什么，是侮辱人的外号和恶作剧，你们正在伤害着一个真心帮助你们的人的心。今天擦黑板的值日生Y，你是平时最喜欢捉弄她的同学之一，可她没有因为你所做过的事情而和你对立，她每节课都帮你把黑板擦得很干净。今天我不想批评哪一位同学，接下来我把剩下的时间交给你们，我希望每一位同学都说出自己真实的想法。"我说完后Y第一个站起来，他真诚地给W道歉，并保证以后和W做好朋友，不再叫她外号，不再欺负她。接下来，班级每一位同学都热情洋溢地发表了自己的看法，直至下课铃响起还有同学想要再说。

这次班会以后，没有同学再叫W的外号，更没有人欺负她，反而多了一些同学下课后主动找她聊天，而整个班级也变得更加团结，更加有人情味儿了。

【总结与反思】

班主任工作的对象是人，是有思想、有情感、有个性的活生生的人。那么，如何将学生塑造成有自己的独到见解、有自己的独特个性、有骨气、健全的人呢？我觉得班主任首先应该走进学生的心灵。魏书生曾这样说："走入学生的心灵世界中去，就会发现那是一个广阔而又迷人的新天地，许多百思不得其解的教育难题，都会在那里找到答案。"其次，班主任还要运用恰当的语言和技巧引导学生，让他们认识或感知自己的缺点，从而发自内心地改变自己。这原本是一件歧视和欺负同学的事情，如果我一时不冷静而说出一些过火的话，可能完全收不到今天的效果。这件事情带给了我一个团结友爱、力争上游的班集体，而我的学生也在这样的"感动"中更好地学会了用心去关爱别人，尊重别人。

春风化雨，时时关爱

王　丹

【导语】

我国近代教育家夏丏尊说过："教育之没有情感，没有爱，如同池塘没有水一样。没有水，就不成其为池塘，没有爱，就没有教育。"要使一个班级有良好的班风，有强大的凝集力，一直不断前进，班主任除了做好一些常规工作外，还应有一颗爱心，学会换到学生的位置思考，把自己真正融入到学生中间，多理解他们，使他们"亲其师、信其道"。

【案例现场】

学生"欺负"科任老师怎么办？

2010级12班在初一上学期时，开学后不长的一段时间，"机灵"的学生就发现本班的地理老师非常"好欺负"。有了这一发现后，拿地理老师"开涮"的现象此起彼伏，课堂上与老师比个子、拒不回答问题，甚至与老师在课堂上开起了不雅的玩笑……地理老师是一位在校大学生，也是个没长大的孩子，完全以一个孩子的心态去面对学生，结果自然不出所料。同学跟我反映地理课堂纪律不好，在班级进行了批评教育后，情况有所好转。时隔不长，一节地理课后，课代表一脸沉痛地走到我面前说："老师，地理老师在咱班上课时哭了。"我一听，心里一阵紧，这一哭，有可能哭散的是一腔热爱教育事业、热爱学生的热情啊。"怎么办?"从办公室往班级走的路上,我在思索。"如果再次进行批评教育的话或许会有效果,但收效一定甚微。我得让他们真正地意识到他们错了!"

我调整好情绪,走进班级,看着一个个低垂着的头,显而易见地,他们也知道自己错了。我微笑着跟大家宣布,这节课老师给你们讲故事。同学们忐忑地抬起头,露出了或好奇或迷惑的目光。我用温暖的声音缓缓地叙述着地理老师与我们在一起的点点滴滴,一幅幅美好的生活画卷在我们的面前展开。同学们,还记得那次去上海吗?你们这些调皮鬼非要喊我"妈妈",就因为我说世界上最动听的那两个名字在此刻是等同的。我嘴上不让你们这么叫,可心里热乎得都能煮熟鸡蛋。后来有同学私底下对我说:老师,地理老师让我们管她叫"干妈",可我们叫不出口,咋办?再后来你们疯笑着传着这件事,其实你们传递着的是地理老师对你们浓浓的爱。你们有没有想过,她之所以会提出这个要求,是源于对我的羡慕,她羡慕我有你们这么可爱的一群,而她也想用她的爱来拥有你们。我们要感恩于她,而非伤害。唉,日后你们会知道今天的所作所为伤害了一个多么爱你们的人啊……

听到这儿,一个个的小脸儿红了,还有的同学留下了悔恨的泪水。

我接着又说,我们今天让地理老师留泪了,是伤心的泪水;我们怎么才能让老师流出感动的泪水呢,这是个难题,是个我们必须解决的难题,留给系铃的你们去思索吧。

第二天的练笔作业,几乎所有的同学都写了地理课堂上的事件,以及班主任教给他们的道理,其中不乏感人佳作。我得抓住这样一个教育契机,帮他们解决掉这个难题。

自习课上,我对大家说,我想把这两篇作文送去给地理老师看,但在送去之前,我想先教育一下我的学生。于是我大声朗读了这两篇作文,班级里响起了热烈的掌声。同学们催促着课代表赶紧给地理老师送去……

不出所料,地理老师边看边流泪,她满眼通红地拿着作文本来到班级,哽咽着对同学们说:你们是我的第一批学生,也是我所任教的班级里最喜欢的一个班级……随着动情的讲述,学生们深受触动,以后的地理课上再也没有出现过违纪的现象。

【案例分析】

七八年级的学生早已经学会了察言观色及审时度势，哪个老师严厉不好惹，哪个老师脾气好，他们一清二楚。在校大学生或刚刚走出校门的大学生，若不能尽快做好角色转换，以一个学生而非教师的身份站在讲台上，对学生及自己都是有百害而无一利的。

【解决策略】

趁热打铁，选择最佳的教育时机，以情动人、以理服人。培养学生的感恩情怀，树立良好的班风。

【解决效果】

通过这次的讲故事，同学们内心产生了深深的愧疚之情，部分同学流下了悔恨的泪水。练笔作文中对地理老师的深情感恩与道歉也让地理老师流下了感动的泪水，进一步密切了师生情感。

【总结与反思】

使班级形成良好的班风和学风需要班主任的爱心和智慧，遇到问题时，班主任切不可声色俱厉，硬碰硬地直面问题，而是要采取委婉的态度，避其锋芒，在和风细雨中令其幡然悔悟，接着不动声色地教以方法，其效果定会事半功倍。

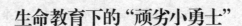

生命教育下的"顽劣小勇士"

奚丽红

【导语】

当前，青少年心理健康问题日益突出，从"硫酸泼熊事件"到"活烤小狗事件"，从"大学生杀害亲生父母"到"考试失利后走上绝路"，一件件案例让人触目惊心。这一切都提醒教育工作者，我们要时刻关注每个学生的生命成长。

心中充满温暖的孩子，必定是热爱生命的，热爱自己的生命，关爱他人的生命，那么教师和家长的形象定位应该是播洒阳光与爱的种子的人。班主任老师该如何为班级特别的学生心中播洒阳光，树立他们的自信心，培养他们阳光般的人格呢? 愿与各位优秀的同仁共同探索、交流。

【案例现场】

如何扭转不良班风?

人这个群体总会是有分化的,"物以类聚,人以群分"就说明了这个问题。一个孩子一个样,一个学生一种心,一个孩子背后有一种家庭教育,学生的内心世界是繁杂的,学生的个性是各异的。班主任一定要找对钥匙,开启一个个心锁。六班是大家畏惧的班级,担忧的班级,对于直接的管理者与教育者,其中的酸甜苦辣真是尝尽了。

班级的风气是集体的力量,很强大的力量。要想扭转不良的班风,当然要寻找问题的源头。在刚刚接手六班这个乱班的时候,我认真地进行了班级问题的调查与分析。小美(化名)这个形象最先引起我的注意。

她的眼神中有一种玩世不恭,离老师很远,上课与下课都保持着一样的风格,就是肆无忌惮、目中无人地大声说话,只要想说话,不管你是在静静的考试中还是在老师认真的讲课时,甚至教室里坐着听课的老师时,她也可以随时会举起手,当你以为她有什么问题的时候,她会大声说:"老师,我不是要回答问题,我是要上厕所!"引得全班哄堂大笑,教师尴尬愤怒,为此,她跟所有的任课教师都发生过矛盾,让老师们挠头不已。

让我这个班主任挠头的还不只这些,她在班级的同学中特别的有影响力,班级的三分之二的人都特别欣赏她,认为她可以跟老师对立,是勇士。每当下课的时候,她的身前身后总是围着一群人,吃着喝着,吵着闹着。

【案例分析】

通过与家长、任课教师、班级同学的沟通,我了解到如下一些信息。

小美四岁父母离异,并分别组建了新的家庭,她一直跟随爷爷奶奶住在姑姑家,父母不闻不问,在爷爷奶奶的宠惯下,养成了任性的性格,在小学时候就是出了名的顽劣学生。

同学们佩服她敢跟老师对立,其实更佩服她的能力与仗义。

老师们说,她很聪明,上课时能抓住重点,在自己喜欢的教学内容方面可以保持很好的注意力,书写不错,尽管看上去不认真听课,但是成绩能够保持在班级的四十名左右的位置。

综上所述,我分析推断,她由于父母离异的原因,在家庭教育上是缺失的,也由于缺少父母疼爱,而没有安全感,因此,她的自尊心与自我保护的意识是很强的,由于一直是一个顽劣的孩子,来自外界的评价较低,导致她对自己的角色定位出现了极大的偏差。这一切影响到小美,出现了外化的表现就是如同一个刺猬一样。

【解决策略】

精诚所至,金石为开

对于她的教育我拟定了如下一些策略。

1. 赢得支持

小美的爷爷奶奶对于孩子是疼爱之外又多了一份歉疚之情,这些导致了对孩子的溺爱,因此第一步要与家长沟通,最需要的就是让老人认识到孩子身上存在的问题,赢得信任,获得合力。

第二步是与任课教师沟通,将我的了解与分析同他们分享,共同出谋划策,齐抓共管,达到教育的一致性。

2. 理解尊重

小美自尊心强,在同学中的地位使得她最担心的就是同学对她的态度,那么对于她的纪律问题,老师们需要做出的努力是,尽力不在课堂上直接指出,而是课下单独与其交流,心平气和地交流。

3. 委以重任

小美写得一手好字,文笔也非常好,组织能力强。发现了这些优点与才华,我决定为她提供施展才华的机会,委以重任,任命她为班级的宣传委员,重点负责板报设计与教室美化。

4. 适当示弱

同学口中的小美是很大气仗义的孩子,老师的眼中却是可怕的魔鬼,我觉得或许可以化解这中间的矛盾。我尝试着在她面前示弱一下,比如,课间的时候,我会说,"老师累得动不了啦,能不能帮我去倒杯水?"或者到她面前说,"我今天的丝巾怎么也弄不好,还是你帮我弄一下,谢谢!"最初的时候,她的眼神流露的是诧异，久而久之，她竟然每次面对我的请求都很高兴地去做，有的时候竟然亲昵地说："没有我你可怎么活啊，孩子！"

【解决效果】

通过教育，小美转变了，不仅纪律好了，心态好了，学习上也有了很大的进步，从班级的四十名以外，一跃而进入班级的前二十名，这让家长、老师感到震惊与欣慰，更是让小美自己震惊与自豪。班级的板报每次也能高质量地完成，为班级赢得了荣誉。如今，每当看到她在课堂上认真听讲的样子；在课间里，快乐地说笑的神情，我的内心都难以平静，真可谓是"精诚所至，金石为开"啊！

【总结与反思】

陶行知先生这样忠告我们："你的教鞭下有瓦特，你的冷眼里有牛顿，你的讥笑中有爱迪生。"作为老师，应该相信每个学生都有成功的希望，每一个学生都具备成功的潜能，而教师的作用，就是做可以让他们苦乐中倾诉的朋友，迷惑时引领的智者，更要在尊重中唤醒学生的自信。

"溜号"抄袭——不该有的"插曲"

隋美娇

【导语】

成长在一个教育世家，我听的最多的是叶圣陶先生的一句话"捧着一颗心来，不带半根草去"；我看的最多的是长辈们用自己的满腔热情关爱学生。而今长大后我也成了"他们"。带着饱满的热情与曾经的美好憧憬我接手了自己的第一个班级，成为一名年轻教师。但是，当真正的工作摆在我面前的时候，我才知道仅有热情是不够的。"抄袭"和"溜号"这两个词本不应该出现在单纯灿烂的初中生活中，但是事实上却屡禁不止。

【案例现场1】

学生精力无法集中怎么办？

开学第二周，我们班数学任课教师孟男找到我，说我们班有十几个孩子表现不好,数学试卷上有很多老师已经反复讲过的类型题还错,而且还是特别低级的计算错误,所以我决定在课余时间留这十几名孩子单独在班级改题,我坐在班级里表面是在批改作业,实则暗自观察他们,经过半小时的观察,我知道孩子的问题所在:"精力无法集中",教学楼外面有人在嬉戏打闹,教学楼走廊有人经过都会不时地吸引这些孩子抬起头好奇关注,有这个细节我不难断定孩子们在大练习中精力容易被外界事物吸引而导致分散,做题过程中如果孩子精力分散极容易导致由于简单计算错误而丢分。

【案例分析】

通过接下来一周的观察,我发现上课时这个问题还未完全凸显出来,但是大练习中表现比较明显。由于一天高强度的上课时间已经耗费了孩子们的大量精力,所以大练习中两个小时的答题时间孩子们无法集中注意力。有时我或者其他同学不经意的举动,比如示意要去厕所,比如举手提不痛不痒的问题都会引起小部分同学的骚动和好奇注目,也有一些同学答题过程中频繁抬头,和我四目相对许久,也有一些同学在答题过程中会不由自主的溜号,打瞌睡,完全看不出大练习所应该激发孩子们高度紧张的情绪,孩子如果以这种情绪和态度对待大练习,势必影响班级整体氛围和成绩,所以我决定针对这个问题采取一些方式来迫使和引导孩子们集中注意力。

【解决策略】

首先我在全班范围内公布一项决议,那就是在大练习阶段,不允许无故抬头,有任何问题必须举手,得到我的许可后方可起身说问题。在班级听到任何声响也不允许无故抬头,否则就会有处罚。

我觉得任何一项决议,如果不能真正的有处罚和长时间坚持就会流于形式,而后再颁布任何决议,同学们也不会按规矩办事了。发出了这个决议后,我发现有些同学会不以为意的一笑而过,所以在接下来的一个月时间内,我决定"钓鱼处罚"。

我经常会穿带有响声的鞋来回走动,会假装不经意地碰到各种能发出声响的物品,而刚开始有些同学会上钩,闻声抬头,此时我就会处罚他,可能是一个脑瓜崩,可能是一周的卫生打扫,可能是罚背课文,形式多种多样,但是我会以非常严肃的态度来处罚他,让他感觉有些不好意思,让其他同学也都明白这是一件影响非常不好的事情,慢慢在班级也会引以为戒。

【解决效果】

经过一周的实验,我再发出各种声响,同学们就明白是老师在"钓鱼"。大家都不抬头,并且刚开始会发出细细的笑声,可是又过了两周,孩子们不会再因为有任何声响而抬头,也不会因为又是我的故意为之而发出嘻嘻的笑声了,平时有其他老师或者领导检查,只要在大练习的时间,只要有试卷,大家都不会抬头,因为大家慢慢形成了习惯,知道大练习就只许盯着自己的试卷,经过这样的训练和引导,我们班的大练习成绩有了很大程度的提高,计算错误也有明显的下降,进而带动了班级的听课状态转为优秀。

【案例现场2】

抄袭成风怎么办?

"抄袭"可以说是所有老师都比较头疼的因素,甚至在我跟某些高中生交流时,他们对抄袭表现得很不以为然,觉得实在是正常不过的事情了,我在大学期间做家教时,曾经苦口婆心在劝一个学生不要抄袭,这个孩子满不在乎地对我说:"老师,你老土了,现在我们都抄,别人抄了,我不抄,多吃亏呀?"孩子竟然把抄袭当成一个常态,认为不抄袭反而是吃亏。当时我陷入了深深的反思,是不是抄袭之风真的无法杜绝,但我一直坚信"性善论",认为孩子们很多不好的习惯都是后天养成的。在中学阶段,尤其是初中阶段,是孩子人生观、价值观形成时期,如果初一阶段不加以控制和引导,今后成为一种风气,就没法改了。

【案例分析】

所以我开学之初,针对这种问题开了三次"反抄袭"班会,教育和引导孩子们不要抄袭,但是我还是很难过地发现在大练习中有"雷同"试卷。当时我怒火中烧,气愤不已,觉得这些孩子太辜负我的良苦用心了,但是冷静了一下,想想现在的孩子们还小,可能在小学养成了抄袭的习惯,这种习惯可能不能一时改变。但是如果这件事我不严肃处理,我之前所做的工作就会功亏一篑,孩子们也无法真正知道抄袭的弊端,所以我决定"杀一儆百",以特别严重的处罚方式处罚他们,让孩子们把抄袭的整张试卷回家抄十遍,我计算了一下时间,孩子们抄完这些试卷有可能就要到晚上一点了，有些犹豫，有些不忍，怕家长也会有意见，如果家长不支持，可能这种处罚不仅不能起到教育作用，还会激发孩子和家长的负面情绪，思量再三，我觉得还是应该抓住这件事情大做文章，好让其他同学引以为戒。放学之前当我宣布这个处罚决定时，我发现全班都倒吸了一口气，因为这个处罚对于此时的他们简直可以算作是天方夜谭，越是这样越坚定了我一定要把这个处罚落实到位的决心。

【解决策略】

下班后，我思量很久该如何跟家长交流，怎么说才能得到家长的支持，并且帮我监督处罚。估量孩子已经到家，有可能已经跟家长说完这件事后，我开始给两个家长打电话。

"喂，×××的妈妈吗？我是隋老师，今天……"家长刚开始语气明显不满，在我反复力陈这件事的重要性，以及对孩子教育的重要性之后，家长的语气开始慢慢缓和，最后表示坚决支持我工作，打完电话，已经是晚上八点了，到了上学期我规定自己的下班的时间了，我虽然得到了家长的支持，但是最后能够做到什么程度，我心中还是忐忑不安的。

第二天早上，我接到了其中某位家长的短信："隋老师，本来对您的处罚有些不理解，昨天陪孩子写到凌晨两点，几次看见孩子困倦的小脸，几次我都冲动地想让孩子别写了，但是经过您的沟通，我知道，如果这次不给他教训，今后他都记不住今天的事情，我十分感谢您对孩子的良苦用心，谢谢您。昨天熬夜了，今天孩子可能有些困，希望老师多多关注，谢谢您！"看到这样的短信，我突然释然了，我忐忑的内心无比平静，我知道，在争取家长帮助的首战中我得到了胜利。

【解决效果】

满满的二十张试卷交上来，我已经不再关注写的质量的好坏了，我知道教育的时刻来了。如果我默默地收下这些试卷，只能对他们两个人进行教育，对于其他学生起不到警戒的作用，我必须利用这件事来教育全班，使得"不抄袭"成为一种班级风气。于是我把这二十张试卷贴在班级后墙上，让全班同学下课后观看，听到孩子们看到这些试卷后惊讶的"哇"声，当我从我的"线人"得知班级有很多同学都觉得在六班抄袭的代价太大了之后，我知道孩子们应该受到了教育。

诸如此类的战争，一次次的"攻坚战"以及"反攻坚战"的斗争后，我们班慢慢开始不抄袭了，大家都能做到自觉不抄袭，这是我感觉最为欣慰的一件事！

【总结与反思】

其实"溜号"和"抄袭"本就应该是初中生活中的"插曲"而不能成为主旋律，我们不能，也不应该把它作为一种常态处之，但是孩子是在不断变化的，要想真正杜绝这种不良风气，这种"小斗争"还将继续。

第二辑

思一思，风平浪静
想一想，海阔天空

黄 敏

【导语】

　　告别我所带的第一个班级的时候，自己曾有好长一段时间的失落，百感交集中最大的感触是："好不容易把他们教育得有些规矩了，懂事儿了，他们也毕业了！"再接手第二个班级时，面对刚升入初中的学生的活泼好动、幼稚调皮，我的工作似乎又回到了原点，但又不是原点，因为现实终于使我意识到，初中的班主任，注定要与这群初来年少无知，随之躁动困惑，每日大事小事不断的孩子们打交道了。

　　又是一个新的轮回，似乎相同的问题，但用同样的方法却不一定能解决得了，面对他们这样那样的问题，以最大的音量批评后，有时却两败俱伤，关键是伤过之后问题还是问题。相反，有时候面对学生的错误，控制一下自己，不在第一时间发作，三思而后行，反而会取得较好的教育效果。下面结合案例与各位同仁交流这方面的教育感受。

【案例现场】

当好学生出现问题了怎么办?

初二上学期的推优入团的工作在团支书的组织下准备进行了。按照班级惯例，先由学生自愿申报。这时，班级一个行为习惯上问题很大，经常扰乱课堂纪律，学习成绩稳定在班级倒数三名的学生也高高地举起了手。班级里当时就发出了嘲笑之声，我当时就表扬了这位学生追求上进的热情，并当时就认可了他的申报资格。一方面是为了抓住难得一个表扬这位同学的机会，另一方面也是想通过这位同学，在申报过程中，了解一下班级同学的是非观念和班风发展状况。最终的投票结果让我很满意，学生们真的选出了申报人中相对较好的同学。说明班级主体风气在一个良好的状态中发展。高兴之余，我特意浏览了所有学生的选票，虽然是无记名投票，但作为他们的语文老师，根本无需看名，见字如见人。结果发现有近8名同学投了那位同学，有他自己一个，还有几个平时跟他关系不错的，但有两个同学也投了他的票，一个是坐在他旁边的班级的女生体委，一个是坐在他前面的我的语文课代表。而且除了这名同学以外，这两个同学所选的其他人，也让我很失望。

【案例分析】

面对这样的情况，我当时真的很生气，恨不得马上冲进班级把她俩狠批一次。可是转念又一想，投这位同学票的不只她俩，她俩的问题和另外几个人还不一样，只批评她俩，另几个同学会怎么想，班级其他同学会怎么想，就这么直接批评，对那个行为习惯不好的同学又会有怎样的负面影响？如果弄不好一定会伤这个孩子的自尊心，一旦伤到了就会成为以后处理问题的障碍。所以面对这个问题，既然不是班级主体问题，就不急于在这一时一刻处理，必须得寻找恰当的时机点面结合。将这两个点进行个性化突破，而在全班则主要进行积极正面的引导。

【解决策略】

一、对"面"进行积极引导，借公布推选结果的机会引领积极向上的班风

在向班级公布推选结果的时候，一方面对入选的同学表示祝贺和鼓励；另一方面以和全班同学心平气和谈话的方式，谈了谈我对这个过程和结果的感受："让我欢喜让我忧"。喜的是班级主体的公正客观，入选同学竟丝毫无须老师调

动，老师和同学的评价观达成了一致，我们的班级是一个健康向上的班级。忧的是有一些同学，被班级主体的价值观落在了后面，他们从一己私心出发，为了狭隘的所谓的友谊，做出了有悖于公正的评价，结果不仅损失了一次公正投票的权利，也损害了自己在老师同学心目中的形象。老师要告诉这些同学，小团体的从一己之私出发的选择是永远无法战胜主体客观公正的评价的。同时，这个结果也给全体同学一个启示，那就是对同学的评价权不只在老师一人，而是在全班同学，每天看着老师是没用的，老师不在的时候你是如何为人处世的，你是否为班级集体利益考虑了，是影响班级对你评价的关键，小团体的所谓朋友，永远战胜不了全班主体的公正客观。

二、结合两个同学的近期表现，对两个点进行个性化突破。

1. 语文课代表小A

本想找机会再找小A谈话，但我在班级和全体同学谈感受的时候，小A就意识到了她的问题，当时就愧疚地脸红而且低下了头，单就此事而言，已有了教育效果，那就不如趁热打铁，借此调整其近期明显下滑的状态。于是当堂下课我就把她叫到了办公室。"你觉得老师今天可能因为什么而找你呢？"她当时就低下了头小声说："因为投票的事"。"说说你这样投的原因吧，我看有没有道理？""你现在怎么评价自己的行为呢？"让学生自己说出过程才会了解她究竟认识到了什么程度，然后我谈了我的想法：首先表扬其优点，课代表工作得兢兢业业，曾经班级第11的好成绩，老师心目中有待培养的对象。但是最近的小考打小抄、上课说话、成绩的明显下滑以及选票的事，尤其是选票的事是是非观的问题，尤其让老师很失望。同时，给她班级前10名的定位，只要她愿意改，老师相信她一定能行！

2. 女生体委小B

小B是一位明显男孩子气的女生，对什么事都很大气，在班级很有威信。但同时因和一些男同学也能打成一片，偶尔上课有纪律问题。我觉得她的投票事件和她最近和那个行为习惯不好的男同学走得过近有关，并因此整体状态都有下降，所以对她既要维护她的威信还要找机会彻底调整其状态。正在我思考解决的办法时，机会来了。一天间操，她管理不到位，集合号响过后，不仅没组织班级站队，还在队伍里和同学聊天。间操后，我把她叫到了办公室，想要以此为突破口，好好和她谈一回了。谈话分这样几步：

①批评直接的显性的错误

请她自己评价一下当日间操管理的表现，然后我非常诚恳地肯定她一直以来都是一个非常职称的体委和班级干部，在同学中威望很高，连邻近班级的班主任都经常夸奖她的工作能力和责任心。但是今天让老师很失望，从而批评其今天的工作态度，并告诉她今天正确的做法应该是什么。

②逐步深入，引出根本问题

引导其自己发现自己的错误。"其实你最近让老师失望的不只是今天一件事吧？自己想想还哪里表现得不符合你班级干部的身份呢？"在逐步引导中，她认识到自己最近散漫，爱说话，学习不在状态。在谈到说话问题时，她主动说出了小C（那个行为习惯不好的学生），我追问："只是他在影响你吗？""你怎么评价他？"毕竟是孩子，当我说到"评价"时，她明显心惊，我说："你也投了一票吧？""你觉得她够标准吗？"

"能说说你为什么投他一票吗？如果真的有道理，我可以考虑的。"听我这样说，小B表示知道自己错了，就是近来跟他接触比较多，关系较好所以就投了，而且觉得接触多了他也没有想象的那么不好。

③动之以情，从根本上调整状态

能听到学生亲口说出真实的原因，我觉得谈话已成功一半。接下就是让她认识到问题的重要性，并努力去改。首先就她的原因，指导其懂得怎么做是真正为朋友好，这样的投一票看似帮了朋友，但班级主体不认可，你不仅帮不了，而且还使自己陷入不利境地。老师也承认小C有他的优点，班级没有坏孩子，可是团员是一种优秀而不是良好，我们要优中选优，如果按照你的标准，班级都应该选上。是非观对一个人来说多么重要，而你小B身上最大的优点就是正直热情，人品好，是同学信任老师放心的班级干部，而这一举动，是对自己优点的一次玷污，你得不偿失。学习上不行，我们可以慢慢来，但思想上，是非观上绝不能马虎。

老师没在班级公开批评你的错误，是因为你是一个值得老师为你维护威信的班级干部，因为你本质上很懂事。表面上大大咧咧，可是却细心而真诚，老师

中学班主任工作成功案例集萃

犯咽炎时，是你第二天就送来了一大包咽炎片，感恩节，老师收到了你送的、全班唯一一张贺卡，老师特别感动。（说到此时小B流泪了）所以，老师希望你不要因小失大，我希望你更好，你愿意从现在开始调整自己吗？如果再犯这样的错误，老师可顾不得你在班里的威信了。

【解决效果】

在进行了以上工作之后，班级中投了小C票的同学中有三个主动找到我承认错误。我在表扬他们认错勇气的同时，又进一步强化了是非观的教育。

让我意想不到的是，小A当天晚上回家后主动和家长说了整个事件的过程。当晚我收到了家长短信："谢谢您！黄老师。"我回复："不客气，孩子本质好，有潜力，就是犯糊涂，严格要求会更好。家长回复：那是老师的真心！关心孩子的真意！还是要谢谢您！"这件事不久后在全年级的基础知识测试中，小A学习状态有明显提升，班级排名前进了11名，我又看到了他自信的眼神。

小B：当天晚上，我在QQ上又收到了她的一张很温馨的贺卡，没有更多言语，只附了一句："老师，谢谢您！"第二天间操，我有意晚下楼，在楼上观察她的工作表现，集合号之后，她将班级的队伍迅速整理得非常好。我下楼后，欣慰地看着她，为她竖起了拇指，她看到后，高兴地看了看我，兴奋地从队前跑到了队尾，看着她标准的站姿，我知道，这次谈话成功了。

【总结与反思】

两个学生的转变不仅带给我一份小小的成就感，更带给我一些反思和启示。如果当时发现竟有七八个同学投了不该投的票，而且还有两个是一直以来表现较好的同学，就马上冲进班级大发雷霆，对这次投票，对班级，对小C和投了他票的同学会有怎样的影响？也许不但问题不能根本解决，而且还会引起其他问题。作为班主任，每天都会遇到这样或那样意想不到的问题，看似都不大，但一个班级哪有什么大问题呢？每一个小问题也许由于没控制住情绪没处理好，或许就会滋生更严重的问题。这次问题的处理让我明白以下几点：

1.一个班级的风气，是在每一天处理一点一滴的小事中逐步引导而形成的，班主任对每一件事情的处理都是在向全班传授着一种观念，介绍着一种为人处世的方法和道理。要让学生从心里接受老师的观念和方法，这个处理的过程就要给学生讲清老师这样处理的原因,特别是要从学生自身的利益出发去考虑,去讲解。比如上述案例中对全班的讲解重点落在让学生明白怎样做才能真正得到他们想要的认可。

2. 有犯错误的学生出现,这几乎是每个班级每天的常态。有些问题是随口一句批评能解决的,还有些问题要联系在一起通过谈话来解决。而要谈要批评就要深入其心,每个孩子都有优点,批评时也要肯定其优点,告诉他老师能看到他的好处,批评你是要你更好,是因为你可以更好。特别要重视对人品的肯定,这是最重要的。

3. 既然是谈话,就要心平气和。用平和的态度给学生说话的机会,让他敢于说出他的真实想法,因为老师有时不一定能真正了解学生犯错的原因,在学生的言语中也许会使谈话有意外收获。而且如能经常认真听学生怎么说,学生才会敢于在你面前讲真话,只有他讲真话,老师才能帮他分析有这样想法的原因,对在哪儿,错在哪儿,从而从根本上认识自己的错误。

4. 相信学生能够改好,让学生明白老师批评我或之所以采取某种方式来批评我,真的是从保护他帮助他的角度来考虑的,使学生正视老师所做的批评,只有他感受到了老师对他的好,他才能够真正地有所改变。

"攻城为下,攻心为上",对学生的教育管理很多时候主要是一种心灵沟通的工作。真正能让学生心动的时候,教育才有了效果。当然,班主任每天所面对的问题实在太多、太复杂,想要每天都有一份平和积极的心态实在不是一件容易的事,但或许我们可以尝试去调整拥有一种平和的意识,尽可能努力地控制自己,因为很多时候,也许思一思,就能风平浪静,想一想,就能海阔天空。

用真心的沟通,换真心的努力

黄 敏

【导语】

班主任工作繁重、琐碎,几乎关系到教育教学工作的所有环节,但是从根本上来讲,我觉得做好班主任,其实就是一个用心沟通的过程,是为师者,与六十几个学生和一百多位家长真心交流的过程。因此,班主任的工作重心就是想方

中学班主任工作成功案例集萃

设法，让学生和家长理解自己的教育与管理思想，通过我们真心的沟通，调动学生和家长的积极性，赢得他们从心底往外的努力配合，唯其如此，才能获得最好的教育效果。在班主任工作中，我一直在这方面进行着努力和尝试并取得了些许效果，下面结合案例与各位同仁进行交流。

【案例现场】

如何改善"小学科"的课堂纪律？

2010级18班在初一上学期时，曾有一段时间小学科课的纪律总是不尽如人意，尤其是下午的小学科课更是让任课教师很是头疼，经常是"一石激起千层浪"，一个兴趣点就兴奋得没完没了，三个一群两个一伙就着一个兴奋点开起小会，任课教师不得不停下来整顿纪律。

【案例分析】

学生的课上纪律情况通常是有一定规律呈波动状态，影响因素有很多，比如大型活动准备期等等，而初一上学期的上述情况，我觉得是一个新建集体必然经历的阶段，进入初中两个月以后，同学之间、师生之间都基本熟悉了，刚入初中的拘谨感和刚上中学的雄心壮志基本淡化了，因此会出现一个纪律问题集中期，可以称之为班级纪律问题的第一个高峰。其实处理这种问题基本上是要伴随三年班级管理的全过程的，但是面对第一个高峰，关键是要让班级学生对这个问题有正确的认识，并对如何从根本上解决这一问题在全班形成一种共识，为以后的纪律管理定下一个基调，打下一个基础。处理第一个纪律问题高峰期的目标是让学生明白，纪律问题，老师管理是"标"，自己管理"本"。

【解决策略】

1. 组织班委会成员开会，将上述分析中要传达给学生的意识先传达给班委会成员，并布置班长策划组织一次针对纪律问题的班会。

2. 经班委会精心准备，由班长主持召开了一次"把安静还给课堂"的主题班会，班会上，通过音频、视频，展示了班级课上的纪律情况，特别是在班长对各科任课教师采访的视频中，18班各位小学科任课教师真诚地说出了他们的感受和对学生的期望与祝福，让学生在感动之余也都若有所思。于是班会的核心环节就是组织讨论，"这样的现状，我们如何解决？"班主任参与讨论，并在讨论中积极引导，最终引导学生明确两方面问题：第一，纪律问题是一个班级的永恒性问题，优秀的班级不是没有纪律问题，而是积极解决纪律问题。这一点是为了树立学生无论什么情况下都要爱班级，积极建设班级的意识；第二，解决纪律问题，班主任、班级干部的管理以及班级相应的措施是一方面，而"自律"才是解决问题的关键和根本。这一点是为了给今后班级的纪律管理定个基调和方向，以便从根本上解决问题。

3. 为巩固班会成果，班会后，班级开始运行"课堂自律卡"。事先通过短信向家长介绍此项活动，争取家长的积极配合。然后，每天晨读前由班长下发当天的自律卡，学生每堂课后在自律卡上给自己做一个评价，放学前上交给班主任。每周五放学前，班主任将一周的自律卡返给学生并统一装订成册。请学生在周末对自己一周的表现在自律卡上做一个自我评价，并请家长根据自律卡上的情况，给学生写一段话，周一上交。此活动在班级一直坚持到初一上学期结束，前后共历时六周。

4. 争取任课教师配合，请任课教师每节课下课时，在黑板右下角为班级课堂状态打分，满分5分。

【解决效果】

通过班会上的积极讨论和调动，学生们对"课堂自律卡"的运行热情很高，绝大部分同学都能认真如实地填写自律卡，并在周末总结中为自己的点滴进步而感到高兴和自豪。在自律卡运行到第三周时，班级的小学科课上纪律有明显好转，任课教师的课堂评分可喜地出现了5分，学生们为自己的进步高兴的同时，对填写自律卡的态度也更加认真。班级平稳地度过了纪律问题的第一个高峰，而更重要的是让学生树立了一种意识：班级的纪律问题，不只是班级的、老师的、其他同学的，其实就是自己的，每个人都做好自己，班级秩序便水到渠成。另外，自律卡还实现了家校之间的有效沟通，使家长们能更好地了解到学生在校的相关情况，及时督促和鼓励；同时，自律卡也让初一上的家长们更好地了解了班主任管理班级的思想和做法，在相互沟通中，增强了对班主任的信任感，从而赢得家长更好地配合。

更让我感动的是小白同学的家长每一周都对孩子的自律卡进行数据量化分

析，对孩子的自律性给予极大的鼓励。正是在家长如此大力配合和学生自律性增强的影响下，小白同学在期末考试中班级名次前进了22名，获得班级突出进步奖一等奖。

【总结与反思】

如前所述，班级的纪律问题是一个班级的永恒性问题，可以说是一个班主任每天时时管、处处管的问题，因此解决的方法也应是因时、因班级、因情况等等而各有不同。初一上学期的自律卡活动取得一定效果后，我反思整个过程，得出以下几点思考：

1.此举适合针对一定时期的班级集中性纪律问题做出回应，不适合长期运行，最多不能超过两个月。因为时间过长，一些同学就会出现倦怠情绪，填写内容就会变成一种应付，我在运行到第六周时，班级有14名左右学生的自律卡基本也就没有意义了，而且时间长了，家长们的配合热情也会有所减退，因此，要选准时机，恰到好处，适时而止。

2.此举运行过程中，班主任要及时对认真如实填写的同学在班级进行大力表扬，特别是能在总结中诚实地总结自己不足的同学给予极大鼓励，并在家长会上对认真配合的家长表示由衷的感谢，从而延长此举的有效期。

3.运行过程中，如发现相关问题，应与学生进行单独谈话，极大地肯定其诚实的态度，在表扬和鼓励的气氛中提出批评和改正意见，从而为自律卡保存更多的真话，保证此卡的实效性。

4.活动结束后，"自律"意识应成为班级管理纪律问题时的关键词，换句话说此举只是一个轰轰烈烈的铺垫和引子，让自律真正成为初中学生一种牢固的意识，并能将这种意识外化成学生的行为，还需要班主任在日常管理的各个细节，在每一次的讲话与批评中一点一滴地去渗透和培养，这将是一个缓慢而反反复复的过程，但我想，只要班主任"让学生自律"的意识一直在，并时刻有抓住各种契机积极引导的意识，就会慢慢地使这种意识成为班级文化的一部分，当班级学生能以自律为荣，大部分同学能欣赏并佩服自律的同学时，就是班级建设的一种成功。

"教是为了不教，管是为了不管"，附中高中部也正在倡导"自觉教育"，班主任所有的言语、班级的各种管理制度和要求，对于学生而言始终是一种外力，外力是不能解决根本问题的,但是如果能通过我们与学生、家长的真心沟通,换取学生真心的努力,将外力转化成一种驱动内力的力量,从而"点化学生的精神生命",我们的教育就将是一种有实效的教育。受学段所限,也许初中的班主任并不会见到学生自觉的自律,但是我们的这种意识也许会有利于"生命教育"与"自觉教育"的完美衔接,为学生准备一种优秀的素质。而这条路必然是复杂而坎坷的,愿与各位优秀的同仁共同探索、交流。

老师得力助手的培养

——记2007届3班姜同学

董 军

【导语】

作为班主任,我们都希望自己的身边多几位得力助手来参与完成班级管理工作,这也是班主任工作的重要组成部分。可是如何能发现和培养好自己的得力助手,并且让他在三年的学习生活中一以贯之,的确是个值得探讨的重要话题。现将工作中的案例与同仁分享,希望能给各位一点启发。

【案例现场】

怎样选拔培养班干部?

人物简介:2007届3班A同学,班级生活委员,多次被评为"校优秀班干部"、学校"热爱集体标兵"、"热爱劳动标兵"、"文明礼貌标兵"等,现就读于长春市11高中。

A同学父母离异,从小与母亲一起长大,母亲做生意,对他照顾不上。所以A同学从小就很自立,很懂事。我在初一下学期来到初一三班担任班主任,急需建立一支精明强干的班干部队伍。生活委员的职务是班级里的"总管",吃苦受累,好多同学都避之不及,我在班级里经过一番"考察"最后选定了A同学。分工明确、责任到位这是班干部班级管理工作的基本原则。班级生活委员的工作职责是:负责班级卫生检查、负责班级大扫除工作的安排、负责班级食堂就餐秩序和卫生检查、负责班级安全检

中学班主任工作成功案例集萃

查。两年半的生活中,可以说班级里这些事情我从未操过心,每项工作都是井井有条、落实到位。初中的生活中A同学每天最后一个从班级离开,将班级门窗关闭、倒掉垃圾、切断电源,这一件件看似简单的事情却容不得半点马虎;班级的拖布他会定期地用洗衣粉进行清洗,然后整整齐齐地摆在卫生角边晾干;每天同学们食堂就餐结束后,他都会用抹布和洗洁精把班级同学的桌面擦得干干净净;班级的每次大扫除都是由他安排妥当、高效完成;班级每天的卫生检查记录都填写得工工整整,逐项落实……他用行动赢得了老师和同学的一致赞扬,他的表现让每一位身边的人深受感动。

【案例分析】

我认为一个学生能够做到这样,是一种坚持,是一种精神,是一种难能可贵的品质,一个孩子能把老师交给他的任务完成得这么出色,我们有理由相信他的人生也会同样的精彩。下面就来谈一谈班主任应当怎样选拔和培养班干部。

1. 班干部培养应坚持任人唯贤的基本策略

生活委员的职责要求这位人选必须是勤劳、认真、细致、负责任。作为班主任,我们必须在与学生的接触之中发现哪位同学具有这方面的优秀品质,并且让他在合适的岗位上发挥自己的优势,为班级管理做出贡献。班干部的人选,班主任必须深思熟虑,切不可马虎大意、应付了事。

2. 营造良好的班级风气,弘扬正气

我记得刚开始A同学担任生活委员的时候,对班级的卫生管理工作抓得很细,有同学很不理解,甚至还有人私下里组织同学孤立他。我就在班级专门召开班会探讨班级卫生到底有没有必要搞好,A同学这么做是不是应该得到大家的理解,效果很好。作为班主任我还在班级的多次班会上以A同学的事迹为例谈良好的班集体建设人人有责,在班级弘扬这种正气,净化班级风气,让同学都能主动配合这位生活委员搞好班级卫生,保持教室卫生清洁、空气清新。

3. 用奖励做好引领,激发工作热情

每年的班级、年级、学校的评优工作,班主任必须对表现优秀的班干部给予优先奖励,一是在班级起到一种引领的作用,让大家知道这个班级的价值认同,并形成一种班级文化;二是可以有效地激发班干部的工作热情,使他们在辛苦的付出之后体会收获的喜悦，坚定做好这份工作的信心，并且在以后的工作中再接再厉、勇创佳绩。每次的班级评优A同学从未缺席过，他的工作是三班全体老师和同学的价值认同，对班级的平稳发展、跨越提升起到了示范作用。

4. 学习工作齐头并进，相得益彰

班干部既要做好自己的本职工作，又要保持相对优秀的学习成绩，在学习方面能够尽心尽力，全力以赴。A同学不是班级里成绩最好的，但却是班级里刻苦学习的同学中的其中一位，他的努力拼搏的精神让班级的老师和同学都很感动，他用自己的在工作和学习上的优异表现赢得了老师和同学的一致认可。

【总结与反思】

班干部是一个班集体的骨干和核心，是班主任的得力助手，是班级工作顺利开展的保证。一个班干部的能力强、有威信，班主任工作则得心应手；反之干部能力差，同学不服从干部的领导，班主任则疲于奔命，班级工作难以开展。所以在班级管理中应注重培养班干部的管理能力，充分调动学生管理班级的积极性，这样一来，既能让班主任在以后的工作中省心、省力，又为培养学生的管理能力开辟了一条新的途径。

了解学生心理特点，用爱加强心理建设

张研博

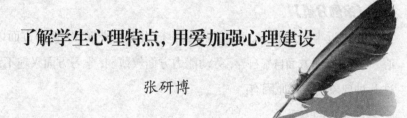

【导语】

对于学生而言，班主任是一位亲近的角色；对于学校而言，班主任是一位管理角色；对于家长而言，班主任是一位沟通者的角色。因此班主任在工作中有着至关重要的作用。做一位好班主任，是我们应该认真思考和努力探求的问题。

如何让学生认可你这位班主任呢？

一个班级少则50人，多则60多人，应该说这个集体不小。面对这个思维活跃、个性不一的大集体，你又会怎样呢？怎样才能让班级和睦、和谐呢？

多年的班主任工作让我从中有所失，更有所获。我始终坚信一点：做教师就要对得起良心,做班主任就要满足每一个学生。今天的教育我不敢苛求学生有"一日为师,终身为父"的思想,但我要用自己最纯最真的行动,去让每一个学生接受我,让他们能够自由快乐地学习。形成既是师生也是朋友的关系,希望自己能在学生们的一生中留下一丝值得回忆的往事。

【案例现场】

如何转化爱撒谎、自我中心的学生

1.个案的基本情况

小A,男,聪明好动,学习习惯差,经常不完成家庭作业,编一些谎话骗老师。没有良好的劳动意识,每次值日都会有逃离现象。平时以自我为中心,经常跟同学发生纠纷。同学们讨厌他的习惯、做法,看不起他,在他经常流露出的不在乎的神情背后,有时也不经意地流露出一种无奈。

2.个案的家庭情况

父母离异,从小都是爷爷奶奶带,祖辈对其比较宠爱,可是本身的教育能力不高,再加上他们经商的缘故,平时对孩子要么放任不管,要么只会责骂,一听说成绩不理想,就是一顿打骂。

【案例分析】

通过近半年的观察,我发现小A的行为主要表现在:性格方面以自我为中心、固执;心理方面自暴自弃;劳动能力方面较薄弱;学习方面兴趣不浓。而形成这几种现象的主要原因有:

1.家长的宠爱

通过跟家长谈话,我了解到不管孙辈的要求是否合理,只要孩子开口:"我要……"祖辈总是有求必应。尤其是小孙子发脾气、哭闹、耍赖时,老人更是"俯首甘为孺子牛",失掉原则,要啥给啥。祖辈一味迁就、给予、满足,导致孩子对物质需求的欲望恶性膨胀,攀比虚荣,事事以我为中心。

2.集体的排斥

小A在班里总是很显眼,经常跟同学吵架,作业不认真完成,值日的时候先逃回家,上课做小动作……甚至老师说今天有同学作业做错了,全班学生会情不自禁地转向他。同学歧视的目光,老师严厉的批评导致了他对学习的厌恶,渐渐地他对自己也失去信心。作为一个孩子，不能被他所向往的群体接纳，不能得到正常的伙伴之间的交往，内心的感受是可想而知。

3. 教育方法的粗暴

虽然祖辈对小A在生活方面极其宠爱，但对他的学习期望又很高。他们认为自己的文化程度不高，孙子应该弥补他们的缺憾。因此，他们对李某的学习成绩很重视，一听说成绩不理想，就是一顿打骂，很少有耐心地说理与交谈。长期下来，他对学习渐渐地失去兴趣，也逐渐产生逆反心理。

【解决策略】

作为教师，只有给予相应的帮助和心理疏导，促使他在心理上能逐步健康，成绩能不断提高，能力不断加强。古希腊医学家希波克拉底曾说过："了解什么样的人得了病，比了解一个人得了什么样的病更为重要。"了解了他的心理特点及其成因后，班主任必须有针对性地加强对他的心理疏导，加强对他的心理监护，使他的心理健康发展，树立信心，从本质上转化他，进一步提高教育实效。

1. 深入家庭，进行家教指导

孩子是家庭的折射，孩子的成长离不开良好家庭环境的影响。要想解决他的不良表现，还得从他的家庭入手。

首先，我利用家长会，向家长提出："凡是孩子自己能做的事，让他自己去做。"帮助家长提高思想认识、转变观念，与学校教育形成合力，进而培养学生良好的劳动习惯。另外，还向家长推荐优秀的家庭教育报刊，建议家长订一、二份报刊、杂志，作为家长和孩子共同学习的资料。

其次，当我了解到他只是在人多的客厅做作业时，建议家长为孩子设计一间书房，或在孩子的卧室里配置书桌和书架，使孩子有一个学习的小天地。

再次，要求家长督促孩子完成家庭作业，经常查看孩子的作业。不要以分数来衡量孩子的成绩，当他的成绩不理想的时候，家长也不要以打骂相威胁。这样，形成浓厚的家庭文化教育氛围，帮助孩子形成自觉学习的态度，改变家长对家庭教育的认识，提高家庭教育的质量。

2. 发现他积极的因素，促进转化

我发现小A虽然经常犯错误，但他依然有向上的愿望，他身上还有很多"闪光点"，比如，跑步在班级里数一数二，做错事敢于承认，不闹事的时候还挺讨人喜欢，上课也会积极发言……所以我们可以发掘他这些向上的可塑性，对他进行再教育。

首先，我在班级活动中，多为小A提供表现机会，结合班上具体情况，开展一些集体的活动和竞赛，任命他为负责人，让他感到被信任和责任感，在组织活动中，他的主动参与使他觉得班上的活动，自己也是一分子，从而达到消除行为惰性的效果。

3. 引导集体关注他，接纳他

集体的力量是无穷的，我在培养他的正确的交往能力的时候，还注意发挥集体和伙伴的作用，通过同学的爱护，帮助他在集体中找回自我，学会交往。

我利用晨会、班会等恰当时机做好班级学生的思想工作，告诉他们不能因为种种原因而孤立班集体中的任何一员，向学生讲述团结合作的重要性。引导同学明白像小A这样的学生，自暴自弃、以自我为中心的行为形成是长期的、多方面的结果，不可能在短期内根除，要允许他有反复现象。并且教育大家要以发展的眼光看待他，要正确对待他的变化，以我们集体的耐心，接纳他的缺点，他的变化。并号召班干部带头和他一起玩耍，如果他有什么困难，我们要主动去帮助，以此来带动班学生态度的转变。

4. 尊重和信任他，正确看待"反复"

信任是一种人格力量，它促人奋进，使人努力。对他来说，只有信任他，才能得到他的信任。信任他，也是尊重他人格的表现，也只有这样，才能消除他自暴自弃的心理。他的错误不可能在一次两次之间完全改变，我要耐心对待他改正的错误。上学期，他又有几次没做作业。我询问原因，他说因为本子放在家中忘带了，以前他也曾经因为这个原因经常不做作业。我犹豫了，难道他又撒谎了，是否叫他趁下课的时间补回去呢？我没有这样做，只是叫他以后要善于管理好自己的学习用品。此时，他的眼里流露出一股被信任的感激的眼神。

5. 运用多种评价，促进发展

维果茨基说过："我们不盯着儿童发展的昨天，而应该盯着儿童发展的明天"。他在发展的过程中，由于家庭环境、同学的态度，使他在一定程度受到打击。作为教师如果不是实事求是地用发展的眼光评价他，他的个性发展必然受到限制。因此，要调动他的积极性、主动性，老师必须注意课堂上的评价，用发展的眼光看待他。当发现他今天能主动参与劳动，于是就及时在同学面前表扬他；当他能主动帮助同学的时候，同学给予一声感激的"谢谢"；当他做错事的时候，引导他由自己找出不对的地方，并想出假如再出现类似情况会怎么去做。当他在家中有出色的表现的时候，由家长反馈到学校，并给予鼓励……

【解决效果】

经过一段时间的师生共同努力，这个男孩的进步是有目共睹的，平时和同学的交往中，能主动退让，家长也反映他在家能做一些简单的家务事，不会想要什么就吵着要什么了。他从一个令人讨厌的孩子，成为班级中受人欢迎的一员。他能按时完成作业，和同学友好相处，不随便打人，积极为集体做事，更令人高兴的是，他充分发挥自己的特长，参加了校运动会，获得了优异的成绩。我相信以这样一种乐观向上的精神，他一定会取得更大的进步。

【总结与反思】

世界上有两种爱是最无私的：一是母爱，一是师爱，但师爱不同于母爱。师爱，不应该是空洞无物的，而是具体的、实实在在的。它主要表现在教师对学生学习的关心、帮助，生活的关怀、照顾，就像呵护幼苗一样扶持学生各方面的健康成长。这是一种情感与心灵的融化，是师生心灵沟通的桥梁。高尔基曾经说过："爱孩子，这是母鸡也会的事。可是善于教育他们这就是国家的一桩大事了。"这就告诉我们，师爱并不是盲目的，而是应该从学生的实际出发，做到因材施教，因人施爱，方能收到应有的良好效果。这些说起来容易，要真正做到却是一件非常不容易的事。就拿一些后进生来说，他们学习成绩差，思想不求上进，甚至经常惹麻烦，让教师们"想说爱你，不是很容易的事。"

李某的特殊主要来自于他的家庭，家长的娇惯、放任、养成了他唯我独尊、蛮横无理的个性，以至于出现了一系列问题，给学校教育工作带来了许多困难。如果教师和同学对他的过错或者是出现的问题，只是一味的批评，不但不能从根本上解决问

中学班主任工作成功案例集萃

题，反而很容易伤害他的自尊心，引起他对老师的敌意和不信任，给今后的思想带来更大的障碍。

俗话说："十年树木，百年树人。"人是最难塑造的，虽然李某同学的进步已有了质的飞跃，但他只是教育过程的一部分，只是他成长中的一个起步，不能说已是彻底的成功。对他的教育使我认识到，教育是一项长期的艰巨的任务，不应该有一丝一毫的松懈与疏忽。

用心感受成长，用爱铸就成长

王丹丹

【导语】

班主任工作复杂、艰辛、繁忙，需要耐心、细致、认真、负责地付出心血和劳动。我们需要沉思，思索管理中的科学，感悟管理中的艺术。确实，班主任工作不仅要尽心尽力，尽职尽责，还需要工作的策略和方法。

【案例现场】

新生入学阶段班主任工作

初一新学期开学不久，我就发现班级里的A同学与其他同学不同：他缺少新入初中的喜悦与兴奋。上课时见不到他积极的参与，常常趴桌子，作业常常以各种理由不交。不愿意与班级的新同学和老师交往。更有甚者，短暂的两个月内，就发生了数次与科任老师的不愉快，对于班级内部设立的种种自我约束的制度都不看在眼里，有种自我放弃的架势。细心观察一段时间后，我发现他虽然不愿与同学多交流，但并不惹其他同学不高兴，也不会故意欺负同学。同学的请求他也会认真对待，不会不理不睬。同时，对于与老师的态度，虽有抵触，但你会感觉到每次过后，他也会心情不好很长时间。似乎心中郁结了一些东西无处释放，自己也处于十分痛苦的感觉。

【案例分析】

初一是中学生活的起始阶段，更是重中之重，做好学生这个时期的心理健康教育，对他们整个中学阶段的成长十分重要。作为班主任，我知道这个学生是我应该注意的一个点，因为，初一新生带着新奇与自信走入中学校园，面对着一个陌生的环境，新的学习任务和新的人际关系，心理产生了微妙而复杂的变化。一部分同学在小学阶段，已经具备了一些良好的学习和生活习惯。进入初中以后又逐渐萌发成人意识，增强责任感，主动学习，成绩稳定。还有一些学生因为某些原因，在起始阶段无法良好地调整心态，正确面对，会丧失成长和进步最好的时机，将来的三年对于他们来说便可能成为无法逾越的难关。

一般来说，学生进入初中后可能会出现以下的问题：

一、学习遭受挫折导致畏难情绪

进入初中，课程增加，书变厚了，作业量大。各科都有较高要求。新鲜感很快就会被"课业负担"代替，显得眼花缭乱，甚而手忙脚乱。一扫往日无忧无虑的快乐，多了几分郁闷和焦虑。

二、不善处理人际关系导致行为障碍

现在的孩子大都是独生子女，如果家境较好而且父母又比较娇惯，或自认为长得好看，或家长跟老师的关系比较密切，这样的孩子往往有很强烈的优越感。凡事都以我为中心。但班级是一个集体，唯我独尊必然要遭受挫折，主要是来自同学的不买账和老师的批评。如果不能正确对待，可能形成孤芳自赏，远离集体，甚至会激化矛盾，打架闹事，可见学会与同学相处十分重要。

三、叛逆心理导致放纵情绪

小学阶段，教师和家长都保持着相当的权威，而进入中学，由于学生的独立性增强，都会有较多的民主。比如自己支配更多的钱和时间，能部分参与大人的生活。而有些学生有时会错误地理解这种民主，会渐渐滋生叛逆心理，从而放松对自己的要求，在出勤、清洁、课堂纪律、作业、预习、复习等环节出现漏洞。教师同样的要求，可在不同学生身上的效果往往大相径庭，如同样要求诚信考试，但有人考场作弊；同样布置卫生扫除，有人中途溜掉；同样要求完成作业，有人抄袭、有人拖欠。

A学生的情况比较特殊，因为他并不是开学一段时间后才有这样的表现。因此，他的这种抵触不一定是由于学习困难造成的。因此，我从多个角度进行了解之后对症下药，效果比较明显。

49

【解决策略】

一、通过细心观察，耐心沟通，了解学生产生不良表现的真实原因

与特殊时期的学生交流一定要注意方法得当，话不能拿过来就谈，一定要尽量通过细致、多角度的观察对学生性格有一个初步的定位。确定适合学生的，容易接受，贴近内心的语言。

例一：通过观察A学生与同学的关系，我发现，他在学生之间并不显得强势，比较随和，不过多言语。总结起来，他对待同学是友善的。开学初的一次打架事件更让我在这方面更加深信不疑。那是一次因为踢球引发的事件，他作为旁观者，当看到我班同学与外班同学发生矛盾时，走上前去理论，而与对方发生了口角并升级为打架事件。如果不深究事情经过，该事件很可能给老师们留下"坏孩子"的印象。通过调查，分析，A学生内心非常需要朋友，所以才会在同学遇到这种问题时出面。虽然方式过激，但并不是品质的问题。

例二：与教师相处，大部分学生阳光、自然、懂礼貌、善交流。也有比较内向的，不与老师多话，把自己裹得很紧。这类学生可能有一定的自卑感或受到过老师不当批评指责，我想说，有自卑感的人其实大多数较优秀，只是有某种心理暗示他不要出头显露自己。分析他与老师之间的矛盾，也往往是被动激起的一时之气。基本上是老师批评过程中出现将他与别的同学对比时，可以看出学生的自尊心很强，其实是有向上之心的，只是缺乏自信心。

经过一段时间的观察，对于A同学的性格有了一些了解之后，我与他进行了一次深谈，在肯定了他身上出现的优点后，他逐渐放松下来，不再处于对抗的状态，我了解到他对于初中对比小学诸多的规则十分不适应，例如：学校对于服装，发式的严格要求。他对于美的概念与成年人对于青少年美的概念是有所偏差的。同时，他对于外表的特殊要求更加体现了他的不自信。在平等的沟通下，原本郁结在心中的很多困扰逐渐释放出来。在我耐心的讲解中，他也同意努力调整适应。

二、通过与家长及时沟通，可以更好地了解学生成长的背景，有利于正确引导学生

当代很多学生出现的很多问题都与家庭教育有着密切的联系。因此我们要

重视教育合力的形成。班主任运用现代教育和素质教育的观点，全面指导家庭教育。

1. 指导家长"信任孩子"。孩子是培养教育的对象，不把孩子当宠物，不要剥夺孩子的权利。

2. 指导家长"赏识孩子"。赏识孩子所做的一切努力，赏识孩子所取得的点滴进步，甚至要学会赏识孩子的失败，让孩子感到家长永远是他的后盾。学校和家庭密切配合，及时反馈，使学校教育和家庭教育形成合力，从根本上克服"教育靠学校包打天下"的被动局面。

和睦家庭的建立对于学生的健康成长也是至关重要的。父母应该精心营造一个令孩子身心健康成长的家庭人文环境，以自己的言传身教和生活细节，让孩子沐浴在和谐、文明、健康的家庭气氛中。

通过与A学生家长的沟通，我了解到他的家庭并不富裕，母亲靠做小买卖来贴补家用，对待孩子极度宠爱，一切要求都尽量满足。父亲与之差别很大，对孩子关心很少，只问分数，不关心过程，一旦成绩不好就棍棒教育。这使得孩子渴望父亲的细致关怀，厌恶父亲的强硬态度。同时，在同学面前，期望以昂贵的品牌服装，怪异的发式来掩盖家庭情况，使得父母的经济压力增大，也给他戴上了"不懂事"的帽子。

三、通过多角度的调查分析，首先要做的是对于家庭教育要给予一定的指导

1. 调整母亲对于孩子的"一切要求都满足"的态度。

2. 让孩子父亲增加对于孩子成长学习过程的关心。

3. 多让孩子参与家庭的活动，减少孩子与社会人员的接触。

4. 对于家庭责任，美感教育从家庭角度给予指导。

四、在班级开展"什么是美"为主题的班会，在学生的积极讨论中，通过图片对比，让学生把握什么是适时和适度。鼓励同学之间避免服装攀比，形成良好的审美观，减少家庭贫困对于学生的压力。

【解决效果】

通过一个学期的调整和努力，A学生逐渐将注意力集中在学习上。与同学相处更加融洽，也可以正确面对老师对于他错误的指正，虽然有的时候还是会有心

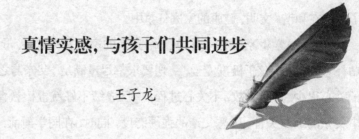

理上的波动，但已不会再影响他对于学习整体的态度。

【总结与反思】

作为初中班主任，我们工作中涉及到的是学生成长过程中一个非常阶段，初中学生在经历小学的初成长之后，带着寻找独特自我的决心站在我们面前，心中有无数好奇与挑战现实的勇气，充满懵懂且无畏。在高中到来之前，他们对于世界的认识是在不断变化中的，外界的点滴渗透可能都会成为影响他们对自己和世界认识的态度。我们，作为引导者，不得不小心翼翼，也不得不斗智斗勇，我们的方法可能不同，但有唯一不变的基础是对于他们真心的付出，因为只有用心的感受和爱，才能让我们真正走进他们的世界，在黑暗中为他们打开一扇窗。

真情实感，与孩子们共同进步

王子龙

【导语】

"孩子们"这简单的三个字，叫起来是那么的容易，听起来是那么的亲切。但只有你将其赋予真切的关心与爱护，才会流露出真情实感；而虚伪的声音只会显得格外刺耳。我是一名刚刚毕业的大学生，可以说除了初来乍到的热情与为理想打拼的决心，就没有什么值得一提的了。可通过这半个学期的班主任工作，我坚信——付出就有回报。在情感上也是如此。学生虽小，但是情商是很丰富的。偶尔的错误，大也好，小也好，都不是他们故意去犯的。更何况，10岁左右的孩子，哪有不犯错的？我们需要做的，除了用要求去引导他们，更重要的是去用真情来感化他们，让他们意识到有些事情，做了会对不起老师，对不起同学，也对不起自己。也许这就是所谓的"感化教育"吧。

【案例现场】

新班主任带班之道

在本学期期末考试前的一个下午，发生了一件让我至今难忘的事情。我清楚地记得那天下午的课表，是两节生物实验课，接着是计算机课。这三节课都是需要去其他教室的，所以在走廊里的走动会很多（先下一楼去上生物，再到五楼上计算机）。而我在当天下午需要去录音室录听力，所以我只能嘱咐两位班长和体委管好纪律。

当我回到办公室的时候，年级主任见面的一句话给了我当头一棒："你们班学生去上计算机课时没有站队，还成帮结伙，有说有笑。"

这种情况让我惊讶，因为去哪儿上课都要站队是铁定的纪律，从开学到现在都是如此，而且本班学生的素质普遍都不错，自律性也不差，怎么能出现那种情况呢？但事实摆在眼前，现在要做的，就是如何去处理。

首先，通过了解，我知道了上课没站队的原因：生物做实验收拾器材花费了一些时间，所以回到班级时第二节计算机课的上课铃声已经响了，所以就十分混乱地去上课了。根据以上情况，我脑子里呈现出两个念想：第一，虽然从孩子们的角度来想，此次违反纪律可以说是情有可原，但这无疑不体现出班级的组织性当老师在与不在的区别，所以此事必须处理。第二，我曾经反复强调老师最烦"两面派"，老师在"一出"，老师不在又一出的所谓"虚伪"的学生。所以借着期末考试将近，年级主任的批评，及最近临考前学生们的学习状态，我决定利用自习课时间来整顿一下。

【案例分析】

刚上初中的学生，纪律问题往往是最让人头疼的。归根结底，是以前养成的坏习惯及缺乏自律性的一个表现。并且现在大多独生子女，自尊心极强，因此管理起来也相对复杂，需要考虑的因素有很多。而现在又是临近大考，学生心理起伏非常大，并且十分浮躁。所以如何处理此次事件我考虑了若干方案。

一、找出出现问题的学生，通过询问班级干部及同学是哪些人违反了纪律、哪些人说话、哪些人成帮结伙，而那些只是没站队的同学可以不受批评。但这样做操作性非常困难，而且会令同学间相互猜疑，影响班级凝聚力。

二、全班性质的批评，以整体说问题，有则改之无则加勉。这样做不是不可，应该是可以达到批评的目的。但在期末考试来临之际，若只是批评肯定达不到预计效果，而且往往适得其反。因此根据情况，我想起了一个曾经在案例分析上看到的一个处理方法，就是对班级干部进行一些惩罚，这样既可以让犯错误的学生们感到一些内疚，同时也可以提高班级凝聚力。但这样做的弊端就是对班级干部的些许不公平，但也只能通过事后交流来弥补了。所以，我大胆地试了试。

【解决策略】

1. 当学生们上完计算机课回来后，让他们收拾好桌面，坐好……批评前的铺垫准备好以后，开始阐述现象，说明问题。整个过程都围绕着一个角度，就是作为27班的学生、一个在方方面面都"只争第一"的集体、一个以"学习上自觉，行为上自律"为基准的团队，无论在什么情况下，都不应该出现"集体混乱"、无组织无纪律的状况。以此让所有学生在高标准严要求下意识到这次错误之后，再揭示问题的严重性：首先，在老师不在的情况下出问题，是更加严重、更加可耻的；其次，本次事件已经让年级主任抓个正着，对班级荣誉的影响可想而知；再有，在整个上下课过程中，班级干部没有发挥任何作用，也没有任何同学挺身而出，哪怕是简简单单的提示"已经上课了，别出声"，这彻彻底底地反映出这个班集体素质的高低。

2. 通过上述两个过程：了解到所犯的错误，意识到问题的严重性，再加以班主任以对学生们的"失望"的态度的批评，学生们已经自愧不已。至此，我开始对班级干部进行惩罚。让所有具有领导性质的班级干部站出来，每人做30个蹲起。这是在一篇班主任案例分析上看到的方法，老师通过让同学们看见班级干部因为自己而受罚，而感到内疚，进行自我反省，受到感化教育。起初一切都按照我预定的计划进行着，当班级干部一一吃力地做着蹲起的时候，学生们一言不发，都沉默地低下了头。而此时，当我看到我的得力助手们敢于承担，受罚时那一张张心甘情愿的面孔，初为人师的我，落泪了。我真的不忍心，确确实实地体会到了心如刀割的感觉，我急忙喊"行了"，随即转过身去，不知道为什么，我深怕学生们看到作为老师的我哭泣。可当时我怎么努力都无法停止，甚至抽泣了起来。一声"sorry"，我出门冷静了一下。当时脑子里想得很多。当我重新回到班级后，看见刚刚和我一同流泪的孩子们红扑扑的眼睛，让我感动而又欣慰。些许调整，正常上起课来。

【解决效果】

我至今无法判断我的做法是对是错，在学生面前落泪也许是对我没有经验的一次教训；但不得不承认，这次感动提升了班集体的凝聚力，同时，也增强了师生间的感情。在随后的期末复习阶段,学生们的表现十分出色,并且在此次考试中得到了突破。

【总结与反思】

这次教育当然有很多弊端的存在,由此也引发了我深刻的反思。首先我意识到,没有什么教育方法可以适用于任何学生,我们不应该去全盘采纳其他教育工作者的方法。要取其优,再根据学生的特点加以变化,才会有针对性、时效性。"育人育己",这次经历深深地给我自己上了一课,它也将成为我在教育之路上一个重要的基石。也让我意识到永远不要低估你的学生,而且要时常反省自己付出真情实感,与孩子们共同进步。

养成自觉,用心沟通

徐冬梅

【导语】

附中所提倡的是生命教育,那么在贯彻生命教育的同时,要让学生养成良好的自觉管理的能力,才是班主任管理的重心,才能真正做到管是为了不管。

【案例现场】

必须解决的纪律问题

在学校例会中,所有班主任老师都要参加,那么这也是一个检验初一年级各班的最好时机,走之前,我简单地说了几句,纪律问题是参加例会的我最为担心的,之前从没有老师不在的时候,他们会不会为此欢心雀跃,表现得一反常态,怕他们表现得不好,可是担心什么来什么,也许是同学们对这次无老师在的大练习还不知道有多重要,在大练习的纪律表现得不尽如人意。一时安静不下来的,借个话题开始闲聊的,班长的管理未起到很大的作用。

【案例分析】

对于初一年级的学生,第一次老师不在班级,内心觉得欢欣雀跃是很正常的,本身纪律的问题是波动状态的,影响因素也很多,对于这次,所突显的问题有老师不在的情况下能否保证纪律,班干部威信的问题,同学的自觉管理问题。

【解决策略】

对于这种情况，首先，我先了解了是哪些同学起到了"带头作用"，了解原因，然后找这些"罪魁祸首"谈话，让他们认识到这样做对班级的危害，对他们个人的影响，对全班同学，一起写一写，大练习时间的情况，你觉得怎么样，班级应该怎么样，然后再给全班总结，出了个横幅贴在前面的墙上，时时刻刻都要记得这是个"永恒的耻辱日"，有一次，别人就会对我们充满质疑，今后该怎么做，自然而然就知道了。当全体同学知道这次事件对班级的影响后，我决定双管齐下，一是想出一个对策，让学生能够养成自觉的管理意识。

二是帮助班干部树立威信。首先，班级建立说话记事本，谁说话本子传给谁，写清说话经过，那么他就继续找接班人，这样谁都不愿在记事本上签上自己的名字，所以在一定程度上能够起到一定的管理作用，但只有这个还是不够的，如果方法单一，还是会有时效性的时间限定性，所以还要不断地研究新方法。然后，协助班干部，做好心理沟通，提出建议，在工作中能够有所改善。

最后，本周五评选本周内最影响班级的说话能手。

【解决效果】

班级纪律明显好转，但是对于这个问题是持久的，呈波动性的，所以，还是需要不断想出不同的解决策略，尽快地让学生养成自觉才是最根本的解决办法，对于班干部的培养，也不是一朝一夕就能完成的，所以，在不断的摸索中，还是有很多工作要做。当学生自己感觉到班级的荣辱与之息息相关，感觉到自觉管理的重要性，形成这样良好的认知习惯，树立好班风，才是班级持之以恒、向上积极发展的硬道理。

【总结与反思】

班主任的工作，无论是大事还是小事，最主要的还是和学生沟通，能够有意识地培养学生的自觉管理能力和组织能力，这样老师才能做到管是为了不管，在这样的道路上，对于年轻的班主任来说可以说是任重而道远，除了悉心向老教师请教，多看书，多学习方法外，还是要有自己的创意，能够想出针对学生特点的办法和策略，在这些方面，明显我做得还是不够的。

新班级的形成，班级的发展方向，班风的树立，学习标兵的选拔，对于我来说，每一样都是挑战，怎么引导学生向着预想的轨道去发展，怎么引导学生积极健康的成长，怎么引导学生懂方法懂策略地去学习，成为每天我日思夜想的问题，也是我一直追寻的答案，始终没有满意结果的问题，无论是参照别人的经验之谈，还是一些不劳而获的方法，总是觉得少了点自己的创意。

最本质的还是要因材施教，找到他们的特点，这还是需要平时的细心观察。问题还是会接连不断地出现，做好提前的准备工作，能预防的尽量预防，这样才能遇事不慌张。班主任的工作才刚刚开始，任重而道远，要在不断的自我总结和自我批评中成长。现在的我处理起事情来，还是不够成熟，还是处在模仿状态，总是有很多做得不尽如人意的地方，在一次次反思和自我反思的过程中，希望能够尽快找到适合自己的解决办法，让班级发展得更为顺利。

服务学生，摆正心态

王 烁

王 烁

【导语】

"人类灵魂的工程师"、"燃烧着的蜡烛"等称号，是社会对教师职业的高度评价。同时，也是对教师提出的要求。教师要像服务行业一样，将"为顾客服务"融进"为学生服务"之中去，并且要具备这种心态。不能再像过去那样高高在上，对学生指东点西，把他们当作指挥的工具来使唤。教师在教学中的服务心态，不应只为少数优等生服务，而应该平等对待那些后进生，因为他们同样也是"财富"的源泉。教师甚至要给予他们最优惠的服务，设法调动他们的积极性和上进心，善于捕捉他们身上的闪光点，把他们培养成为合格且有特色的"产品"。此外，教师的课外辅导，上门家访，以及与学生的抵足谈心等，都可以看作是这种服务心态的具体表现。只有当教师具备了这种心态，才会在日益激烈的行业竞争中立于不败之地，并使"太阳底下最光辉的事业"更焕发出光彩。

【案例现场】

2012年2月末，即将开学的日子。大家都在为一个冬天很少的雪而庆幸。可是偏

中学班主任工作成功案例集萃

偏天公不作美，在返校的前一天，大雪下得很厚很厚。所有的人都在抱怨这场大雪的不合时宜。果不其然，学校年级组织扫雪。我们班的分担区是体育馆的校门口，那里由于车辆经常走，雪被压得很实，而且下面全是冰，而由于当初年级要求只允许10人扫雪，所以我把其他的孩子都打发回家了。当面对这么多难缠的工作的时候，我立刻有些头疼起来。学生们用铁锹、推雪铲，干得不亦乐乎，可是总是不得要领。我看着进程如此缓慢，便开始像以往一样，开始指手画脚起来。后来，我干脆抄起铁锹，领着他们一起干。最开始在干活的时候是在为了图个迅速，是对学生的不信任，也是为了自己能赶紧下班，可是干着干着，我忽然间发现，我出现在哪里，我的学生们就出现在哪里，他们一直在我的身旁，而且干活的速度快了很多。要是以前，我会认为他们在拍马屁，可是那天，我发现，孩子们一边干，一边学着我的样子。我突然觉得自己不是在干活，而是在帮助他们如何干活，帮助他们学会自立。我甚至不是在教，而是在以一种身教在影响他们。也可以理解为，我真的弯下腰去，为他们在服务。而反过来，我得到的东西和他们得到的东西要比我说教来得更多。

【案例分析】

服务意识的内涵是：它是发自服务人员内心的；它是服务人员的一种本能和习惯；它是可以通过培养、教育训练形成的。服务意识有强烈与淡漠之分，有主动与被动之分。这是认识程度问题，认识深刻就会有强烈的服务意识；有了强烈展现个人才华、体现人生价值的观念，就会有强烈的服务意识；有了以学校为家、热爱集体、无私奉献的风格和精神，就会有强烈的服务意识。也许我的这次真正的发现，恰恰能反映出学生的内在本质是很认可学校、认可集体的，同我一样。我们都在无形当中有了服务于别人的意识。我的一次弯腰，可以让学生在你为他们服务的过程中看到你的善良和坚持。

【解决策略】

服务意识与个人素质有关。要增强服务意识，首先要认可自己从事的这份工作，其次就是喜欢这份工作，这样才能从心底自发的产生一种服务意识。由自己想到学生，由学生看到自己。简单的归纳为以下九点：

1. 热爱本职工作，对教育产生兴趣，真正地把学生当作孩子；

2. 加强责任意识，一个人做不好会影响集体这个大团队，每个人要团结互

助发挥螺丝钉的作用;

3. 给自己设定阶段性的目标, 将这种目标作为自己在工作中的追求, 有了目标才会有前进的动力;

4. 吃苦耐劳, 接受挑战, 努力工作可改变一切, 细节决定成败, 教师个人的一举一动直接影响学生的成长;

5. 不计较个人的得失, 从更高的角度多方位思考问题, 发挥主观能动性, 工作之余和学生交流。

【解决效果】

当教师树立了大局的服务意识之后, 教师本身的工作积极性会有很大的提升, 同时在我的情绪的感召下, 学生也对身边的人和生活的集体产生热情。用我们的真心来感动学生, 不仅仅是提升他们的成绩, 也是在让他们认识自我。教学可以相长, 同样, 用教师的服务意识也可以让学生成熟懂事起来。

【总结与反思】

班级的日常管理烦琐、纷杂, 可是如果你能让学生亲其师信其道的话, 一切都变得容易应对。所以教师的言传身教尤为重要。不要总是指责学生或者指使学生去干什么, 而是要我们真的弯下腰去, 去倾听学生的声音。不要总想着教师的尊严就是高高在上, 而是要明白懂得, 尊重也是一种教师的尊严。当我们放下姿态, 一切都会平等, 学生也会向我们敞开心扉。

如何让学生做到自律

韩全志

【导语】

师大附中初中部一直倡导和提倡的是生命教育, 对"全人"的教育。在教育过程中要尊重每个个体的自然发展。在以往的教育中往往是学生犯错误我们批评教育学生; 学生做得好时我们表扬学生。在这个过程中我们忽略了学生内心的真实感受, 把自己置于师者不可侵犯的地位, 与学生之间难免要产生隔膜。所以有时不能看到自己所犯的错,但当你把自己展现在学生面前,坦然面对自己的错误时,也会有出人意料的效果呦!

【案例现场】

学生自习课不守纪律的问题曾经一直困扰着我,自从初一我带上这个班起,我就一直追求让我的学生能够做到自律。我曾经也制定了一些班规班法、班级公约,也设立了值日班长制度,想了好多办法,但都好景不长,坚持不下来。实在没办法,年轻的我就狠狠把学生批评一顿,有时似乎也起到了一定作用,纪律确实做得很好,也让我很欣慰。但是,一旦有些同学不自觉,打破了安静的自习氛围,就很难再恢复平静了。

一天,我在班级看晚自习,教室里很安静。同学们都在认真地看书、复习。突然,一位家长打来了电话询问孩子情况,和家长聊完之后,我准备回教室。刚走到教室门口,却发现教室里一片混乱,我一下怒火就上来了。

我怒气冲冲地打开门站在教室门口,喧闹声戛然而止。当时我正在气头上,想揪出几个来大骂一顿,但又没盯住是谁吵得比较厉害。而此时我也在不断提醒自己,要冷静。我板着脸,一句话不说,站在门口,看着他们。对这些学生的不自觉我非常恼怒,但是我努力地控制着自己。因为无数次经验教训告诉我,在最生气的时候把学生痛骂一顿并不能起到预期的效果。

【案例分析】

学生的自习课纪律情况通常是班主任比较挠头的一件事。初中阶段的学生自控能力较差,有一点风吹草动,自己绝大多数的时候不能够认真学习,被吸引过去。如果光靠老师一遍一遍地说、讲、要求、训斥,效果也不会有多么的好。学生的表现固然不好,但是在最生气的时候把学生痛骂一顿并不能起到好作用,而一旦说出什么过分的话,冷静下来之后还需要去做工作弥补,其实非常不合算。学生的表现的确非常不好,一定要趁此机会给他们一个大的教训,让他们真正知道遵守纪律的重要性。

【解决策略】

在足足沉默了好几分钟之后,我终于开始说话了:"刚才我只不过去接了我们班一位同学家长的电话,你们就这么吵,我非常生气,也非常难过,不是生你们的气，而是生我自己的气。我要好好反思一下这两年来对你们的教育，为什么竟然如此失败！"我的话音低沉而缓慢，听到这话，同学们的头压得更低了，教室里静得连喘气声都能听到。我沉默了一会，接着又说："我觉得我是一个不称职的班主任，我没有让你们真正做到一个自律的人，这也许是我能力有限，我恨我自己，我要惩罚一下自己，我决定去操场罚跑十圈，让我清醒清醒。"说完，我就向操场跑去。当我跑了几圈时，我看见我班几个班长来了，"韩老师……"他们似乎要说什么，但被我拦住了。我故意笑着说："还有3圈，快完了。"他们见我没停下来，几个人就也跟在我的后面跑了起来。终于跑完了，我气喘吁吁地回到教室。这时我脸上已明显有汗水渗出，站在讲台上，这时的我没急着多说话，而是仔细望着每一位同学。有的也在不断地抬头看我的表情。他们显然是受到震撼了。许多人脸上露出惭愧、不忍的表情。他们犯了错误，却让老师受罚，似乎没自己什么事一样。对一些懂事的孩子来说，这绝对是一种心灵的煎熬。有个别女生想说话，嘴巴动了动，最终欲言又止。

又沉默了大约五分钟后，我对他们说：如果你们平时的自习纪律都像现在这样，我将永远以你们为自豪。我希望我教出来的学生都能够做一个真正自律的人。今后我就看你们的表现。接着我问他们："以后怎么做？"学生们反应神速："要安静！"我又笑着说："那做不到呢？"有的说罚跑10圈，有的说30圈，有的说50圈，甚至还有的说跑100圈。

【解决效果】

那天以后，在自习课上，如果有同学不小心说话声音大了一些，马上就会有人提醒他不要讲话，而被提醒的人也感到好像做错了什么，立马就安静了。

【总结与反思】

1.适当的沉默更有教育性。我们经常在教育学生时，大多数情况下都是给他们苦口婆心地讲道理，让他们明白什么是对的，什么是错的。其实有些道理学生听得多了，也就听烦了，所以起的作用不是太大。就拿班级纪律来讲，如果每天都对学生说要安静，不要说话，那学生肯定听烦了，也根本听不进去，如果在他们吵闹时，你进去在讲台上或在说话的那个学生面前站上几分钟，那么他肯定也会明白自己做了什么。所以有时适当的沉默比大堆的道理更有说服力，更能起到教育的作用。

2.适当的自罚会更有说服力。要时刻把握住学生的内心活动，想一想他的心理弱点是什么，你所采取的方法要让他从心理上认识到自己的言行是错误的，让他真正从内心受到教育，从而去改正自己的错误。这个例子即通过班主任的自责以及自罚，让学生在良心上受到谴责、内疚，从而真正认识到自己的错误。

3.遇到突发事件要冷静，不能盲目、冲动，那样不仅不能收到预期的效果，只会让事情越来越复杂，使师生间的关系恶化。如果能够冷静下来，认真地思考一下，假设自己是那犯错误的学生，站在学生的角度去考虑、去解决，那么会收到意想不到的效果。如果当时我进去就劈头盖脸地大骂一顿，或是再给讲一大堆道理，可能还是会像以前一样，会暂时收到一些效果，但不会太长久。

4.当他们犯错误时，老师可以适时地承担学生的错误，勇敢地把错误挑起来，这样可以缓解他们的压力，使之内心受到一种震撼，让他们觉得你值得信任。当老师犯错误时，可以当面向学生道歉，做出检讨或是惩罚，这样表面上老师似乎没面子，其实这在很大程度上已经在学生面前做了榜样，也树立了威信。

第三辑

运用友谊的力量，转化"问题"学生

迟立祥

【导语】

看过一些关于问题学生转化的文章，总结出转化问题学生的法宝——爱、理解、宽容、信赖、鼓励。但现实是，按照现行评价标准，我国现有的3亿多中小学生中，有5000万是"差生"，比例是16.7%。这就意味着按我们现在的班级人数，每个班级存在10个左右的问题学生。如果班主任将爱和鼓励只集中在其中几个人的身上时，不可避免地会忽视其他的学生，而一个人的精力毕竟是有限的，很难面面俱到。所以，班级的管理，尤其是问题学生的转化仅仅依靠班主任是不够的，不仅班主任的爱和鼓励是问题学生转化的法宝，同学间的、家长的、任课教师的爱和鼓励同样是问题学生转化的动力。本文列举一个发挥同学间的关爱转化问题学生的事例。

【案例现场】

学生Y，学习成绩差，主要原因：一、缺乏学习兴趣和求知欲；二、贪玩、自控能力差，上课精力不集中，不是自己玩儿就是拉着别人说话，作业更是应付了事。优点：有爱心、乐于助人，有转变现状的愿望。

由于Y在课堂上的不自控,经常会影响到别人听课,这学期开始我便安排他一个人一桌。这样虽然他上课说闲话少了,但他并没有真正的转变,只是由与别人一起玩儿变为自己玩儿而已。

【解决策略】

Y的真正转变是从一次意外开始,一次体育课,班级一个男生的膝盖骨受伤,膝盖打着石膏,行动极不方便,正常的座位空间对于他来说过于狭窄,于是,我让Y与他调换了座位。Y的新同桌H是个男生,成绩虽然不是特别优秀,但稳重有爱心,没多久,他俩就成了好朋友,几天以后,我发现Y逐渐开始听课了。找Y谈话后才知道;原来是同桌的帮助,当Y走神或说话时同桌总是及时的提醒,当他有不懂的地方同桌又耐心地给他讲解,这让已经自己一桌近一个学期的他感到了同学的真心关爱,这也触动了他那已经蒙了一层灰的进取心。

了解这个情况后,我想即使老师再关心一个学生也不能每节课都坐在旁边看着他,但同桌能;老师要关心一个班级的学生,难免不能面面俱到,但同学可以只将注意力集中到一个人身上。既然教师可以通过"师徒结对"的形式,即能帮助年轻教师快速成长,又能达到相互借鉴和促进的作用,那么如果操作得当,同桌间也应该可以达到这样的效果。于是,我打铁趁热,先找来H,将同桌结对的想法说给他听,并征求他的意见。起初,H是有顾虑的,他怕时间久了会影响到自己的成绩。这也的确是我最担心的问题,于是,我便与H一起商量起对策来。最终,我俩达成一致,同桌双方签订结对协议书:一、Y接受H在学习上的监督,H在闲暇时间义务为Y解答疑惑,但Y不得有任何影响H学习的行为,如任何一方不想再继续这种结对行为,在汇报老师后此协议即时作废;二、双方每星期分别向老师汇报进展情况,若发现有对一方学习明显不利的情况,此协议即时作废;三、以一月为期,若无效果,此协议作废。

与H达成一致后我又找来Y,我先试探他说:受伤的男生已经恢复得差不多了,希望回到原来的座位。Y听了急忙反对,一改往日的嬉皮笑脸,神情诚恳地对我说起H对他的帮助,说起自己最近的进步,还第一次主动向我保证不但不去影响别人学习,而且自己也努力赶上。我见时机成熟,便拿出了与H商量好的协议给他,他欣然地接受了。

【解决效果】

一个月过去了，H的成绩没有受到影响。Y的成绩只是稍有进步，这也在我的意料之中，毕竟Y以前落下的太多了。最让我欣喜的是Y一直在坚持，这较于一月前的他来说判若两人。现在，经过两人的协商，进一步完善了协议的细节，并续签到本学期末。与此同时，我也刻意在班会课上表扬Y的进步和H的乐于助人，一个目的是营造氛围，让全班同学鼓励他俩坚持下去，另一个目的是为更多的同桌结对作铺垫。

【总结与反思】

Y的转变虽是由一次意外开始，但促成他转变的原因却在情理之中。学生的品性行为是由知、情、意、行四要素组成的，它们是相互影响、相互促进的。其中"知"（道德认识）是基础，"情"和"意"是动力，"行"是关键。对于一些问题学生有的需要坚持努力才能改变的不良行为，有了"知"不一定就有"行"，往往教师的简单说教的结果只是学生的短暂改变或阳奉阴违。只有激活学生的"情"和"意"这一动力系统，才可能达到"知"和"行"的统一。同学之间的关爱在激活学生的"情"方面有时比教师的说服教育更有优势，这是因为学生之间是平等的，更易交流、更易相互理解。同学间的关爱常常能触动他（她）们的心灵，能激发特定的情感体验。这些都有利于学生将"知"转化为"行"，达到改变不良行为的目的。

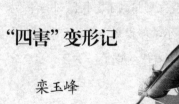

"四害"变形记

栾玉峰

【导语】

在每个班级里通常有几个被叫作"调皮鬼"、"淘气包"的学生。他们成绩不佳，纪律意识淡薄，大错不犯小错不断，很让老师伤脑筋。如果管理不好，他们会一步发展成问题生，也会影响班级整体发展。我愿与各位同仁共同探讨这类学生的教育和转化的方法。

【案例现场】

片段一：初一刚刚接了新班级，持续一周的军训顺利结束了，同学们整齐地坐在班级里大声地开始晨读，看着学生们一张张挂着阳光健康色的稚气未脱的小脸，我的心里美美的。心想这批学生真比上一轮带的学生乖，我打心里喜欢他们。这个感觉刚刚持续了一上午就被一个女孩的哭声打断了。中午，一个女孩哭着跑来找我，她说在整理书包时发现了一只毛毛虫，据说是有人故意放进去的。我回班经过一番调查，原来是小王同学用买雪糕中的奖品（一张小小游戏卡）和小学部的学生换了一只毛毛虫，然后放在女同学的书包里搞恶作剧。

片段二：上完间操回来，小金同学刚刚要举起大矿泉水瓶补充点水分，突然发现水已经不是无色透明的了，一瓶水变成了水晶葡萄的颜色，闻一闻还有种怪味。小金把水拿给我看，我也很紧张，谁在这里下"药"了？经过一番调查发现原来是小罗和小李干的。他们是班级值日生，他们两个趁同学上操，班里没人，把高锰酸钾兑到小金的水瓶里，戏弄他一下。

片段三：下午大练习刚刚结束，我们班楼下班级的班主任找到我，说上课时他们班窗外垂下来一个矿泉水瓶子，晃悠了一节课时间。顺着绳子往上一看，是从我们班窗口垂下来的。同学们揭发是小田干的。他把矿泉水瓶装上水，用绳子拴上，垂到外面，说是想做个实验，看看水多长时间能结冰。

片段四：年级主任找到我说："你们班有四个学生中午在小学部操场翘地砖，不知在砸什么东西。"我立刻想到了是小王、小李、小罗和小田他们四人。我回班把他们找来，问他们中午在小学部操场上干什么了，他们如实招供：在小学部翘地砖，用地砖砸电池，看看电池里有什么东西。

【案例分析】

上面提到的就是我们班的四个淘气包。小王又瘦又小，长着一对招风耳；小李长得又高又瘦，是传说中的"纸片男"；小田又黑又瘦还贫血，罚站一会儿就会晕倒；小罗矮、白、胖，像个大米虫。他们变着花样地做"坏事"，被他们捉弄的同学对他们又气又恨，可是看他们这体形和身板同学都不忍心揍他们，给他们起了个外号叫"四害"。班里什么东西坏了，大家异口同声："四害干的"！

通过对"四害"的观察、了解和分析，我发现他们有很多的共性。

（1）由于在小学阶段没有养成良好的学习习惯，他们上课注意力不集中，上课坐不住板凳，学习基础差，对学习不感兴趣。但是他们兴趣广泛，好奇心强，动手能力强。

（2）没有纪律意识，没有公德心，做事不考虑后果，只图自己开心，不顾他人感受。但是他们敢于承认错误，认错态度很好。

（3）他们的家长有的是老来得子，非常娇惯，只照顾好孩子的吃喝不注重孩子思想和行为习惯的培养。有的家长在外地挣钱，把孩子扔给老人，老人精力有限，对孩子非常放任。但这些孩子渴望被关注，有向上的意识。

【解决策略】

（1）个别教育与集体教育相结合，让学生认识到自身的问题

对于这些淘气的学生，在他们犯错误时，老师要对他们讲清楚，这个错误违反了哪些校规、班规，这个错误会给本人和他人带来哪些危害，会有哪些可怕的后果，并根据班规给予一定的惩罚。也就是要及时地对他们进行个别教育。但个别教育应该与集体教育结合起来会发挥更好的教育效果。针对他们的问题我召开了班会。由班长主持，让"四害"谈谈他们的"作案"动机，让那些受害的同学说说被捉弄时的心里感受，大家一起来想办法，怎样帮助他们改正自身的缺点。通过班会，"四害"第一次意识到他们的快乐是建立在别人的痛苦和危险之上的。他们内心受到一定的触动。

（2）自律与他律相结合，规范学生自身的行为

对于这些淘气的学生，仅仅是说教还是不足以改正错误的，因为他们不良行为是长期养成的，通过一次班会或几页保证书是解决不了问题的。让他们认识自身问题之后要做的就是时刻用纪律去约束和规范他们。我给他们每个人制定了"成长档案"。由他们自己记录自己所犯的错误，并写出评析，但同时也记录上他们的每一点进步。在让他们自律的同时还要结合他律。我成立了由班长和团支书为首的纪律管理小组，专门监督他们，在他们再犯错误时及时规劝和制止。

（3）淡化错误与放大优点相结合，给学生提供成长的空间

"四害"虽烦人，但没有到罪大恶极的程度。在班级形成对他们舆论批判和行为监督的同时，还要给他们正向的积极的引导。我用放大镜去寻找他们的闪光

点,他们活泼好动,兴趣广泛,尤其是动手能力很强。首先,我让他们四个一起去参加了学校开设的"创意手工"的校本课,让他们的兴趣有一个发展的空间。其次,我让他们四个成立班级维修小组,班级的桌椅由他们维修,板报破损由他们修补,拖布由他们来钉钉子安装。小田还每天负责给老师连电脑。让他们在为班级和同学服务中释放多余的精力,找到自身的价值。第三,我经常启发他们给班级做贡献。小罗的家长是经营体育用品的,我让他帮班级篮球队的同学买队服,在我的启发下他给班级和孤儿学校的孩子贡献了很多体育用品,同学们对一向自私的他也开始刮目相看了。

(4)严与爱相结合,给学生潜移默化的影响

这四个"淘气包"虽然经常惹我生气,但有时想想他们那些错误,真是可气又可笑。天真、懵懂、调皮才是孩子呀。对他们严与爱要融合在一起,用平等、真诚的交流去获取他们的信任,用自己无声的行动潜移默化地影响他们。一天中午,我把他们四个叫到我办公室,我让他们帮我擦一擦办公室的地面,他们干得很卖力,热得满头大汗。我灵机一动,请他们喝茶。因为我开设茶文化课,我办公桌上有成套的茶具,何不用中国传统茶文化礼仪来熏陶一下这四个淘气包呢。让他们学会泡茶、品茶、敬茶,让他们的行为举止更加文明,让他们有更高雅的情趣爱好。于是,我让他们围坐在我身边,我说你们累了,老师给你们泡壶茶喝。他们一副受宠若惊的样子。我给他们演示了全套的铁观音的冲泡过程,并亲自给他们敬茶,并教给他们敬茶的礼节,他们认真地学,慢慢地品饮。缕缕茶香化为浓浓的师生情。小王说,老师我家有从福建买的大红袍,明天我拿点来给你尝尝,小田说我家有龙井。我说好,明天你们一人带一种茶,我们学古人斗茶,看看谁的茶好。此后我们经常在办公室品茶、聊天。同学和老师们都惊讶于他们由"大俗"到"大雅"的蜕变。

【解决效果】

"四害"慢慢地变得热爱班级了,也不再搞破坏。我们召开了一次班会,给"四害"平反摘帽。其中小王同学参加"创意手工"校本课,由于表现突出,被学校推选参加尚德电力杯第五届中国青少年创意大赛总决赛。在去比赛临上飞机前,他给我打电话说:"老师以前我经常犯错误,给班级抹黑,这次我一定为班

级争光,给学校争光。"他和他的队友们获得了创意大赛的金奖。

【总结与反思】

苏霍姆林斯基曾经说:"从我手里经过的学生成千上万,奇怪的是,留给我印象最深的并不是无可挑剔的模范生,而是别具特点、与众不同的孩子。"我常常被这句话感动着,鞭策着,从中我们足以体悟到教育家的博大胸怀和对每个学生的平等的深沉的爱。

用行动点燃激情,用爱心照亮学生

万　黎

【导语】

俄国教育家乌申斯基曾经说过:"在教育中,一切都应以教师的人格为依据,因为教育的力量只能从人格活动的源泉中产生出来,任何规章制度、任何行为规范,无论设想得如何巧妙,都不能代替教育事业中教师人格的作用。"在初中班主任工作中,教师应以师德去熏陶学生,言传与身教是两个重要的方面,缺一不可,有时候身教的效果还要比单一化的、枯燥的言传还好。同时也要注意与学生的情感沟通,正如高尔基所说:"谁爱孩子,孩子就爱谁,只有爱孩子的人才会教育孩子。"

【案例现场】

2009学年初,我任教的班级一开学就发现了一名问题学生。这名学生是女孩子,看上去很腼腆,比较孤僻,少与人交谈、交往,上课也闭口不言,对于教师的主动接近,她也总显得比较紧张。开学没有一个月,她已经请了三次假。为此,我专门抽时间进行了家访,其母亲反映情况主要有三点:1.这个孩子是单亲家庭,父母离异,孩子跟着母亲一起生活;2.孩子小学时成绩一般,靠姑姑的帮助进了附中,但是总觉得自己不如其他同学,性格上比较偏激;3.孩子在中学没有朋友,自己的小学同学多数在另外一所学校学习,因此觉得特别孤单。

之后,这名学生孤僻、不合群的现象越来越明显,成绩也很快落到了班级的后面。随之而来的就是对学校的厌烦，经常借口生病不到学校上课。家长带她到医院咨询，医生诊断为与青春期有关的轻度抑郁症。怎样让孩子适应现在的学校、班级，能尽快融入到集体中，正常地完成学业，并且身心能健康发展，成了眼前我需要解决的重要问题。

【案例分析】

针对该生的种种表现，我多次与其深入地交谈，并和其他科任老师一起进行了分析，初步认为导致她孤僻、抑郁的原因应该有以下几点：

1. 家庭变故

父母离异对孩子来说是不小的打击，往往这类孩子身上都会有不同程度的心理缺陷。特别是孩子到了青春期后，自尊心快速膨胀，总觉得家庭的残缺是特别没有面子的事，在同学面前觉得抬不起头。同时，由于缺少父爱，孩子的自信心也建立不起来，这样的孩子就会显得格外敏感、脆弱。而表面上却用不在乎掩饰自己。

2. 不良因素的影响

从该生母亲的表述来看，自发生家庭变故以来，母亲经常以泪洗面，常常哭着要求孩子好好读书，为自己争气，不要给自己丢脸，但与孩子的直接沟通却比较缺乏，使得孩子越来越害怕母亲的哭诉，怕成绩考不好，怕母亲责怪，这些都使她背上了沉重的思想负担，产生了某种恐惧感，给她的心理带来了严重的副作用。

3. 心理承受能力弱

因为家庭的变故、母亲的态度以及由于成绩下滑导致的自信心受到严重打击，使得她不自觉地形成了我不行、我不会乃至我不敢的心理，采取了逃避的方式去应对生活中的竞争。当周围的同学找到熟悉的朋友谈天说地时，她自己总有被孤立的感受。时间一长，这种孤僻、畏缩的性格也就自然形成了。

【解决策略】

1. 经常进行家访

由于该生缺少归属感，心理状态也不易把握，为了更好地了解她的心理动向，我每隔一周至少与其母亲交流一次，并常抽时间进行家访，把握她的最新情况，并以这些情况作为方案实施的依据。如在交流中知道了该生对前两天我当众表扬她的事感到极其兴奋，我就有意识地在日常学习中给予她表现的机会，并予以及时的表扬，增强她的自信心。

2. 对其母亲进行教育

由于其母生活态度比较悲观，不利于孩子性格的转变，因此我特意对其母进行了教育，指出在教育子女过程中，要用乐观积极的态度影响孩子，绝不能让孩子感觉出她的悲观失望。其母也认同了我的说法，在教育中有意识地回避了不愉快的事情，尽量给孩子营造了一个比较宽松的家庭氛围。母亲的改变大大转变了孩子的生活态度，与其母的交流也逐渐增加。

3. 暗示同学经常与她交流

我们班大部分学生比较热心，平时的课余活动以及班队活动都比较丰富。为此，我特意找了几位比较热心的同学，暗中对他们交代了该生的境况，并在征得他们的同意之下，要求他们在平时的活动中能多给该生参与的机会，让她在班级有归属感。虽然我没有具体交代该如何行事，但几位同学都非常积极，他们真正地通过自己的行动给予该生帮助。例如班级的团支书，和该生家住比较近，于是每天都和她一起回家，说说笑笑，以自己的人生态度去影响着该生。又如文艺委员，她负责班级班队活动，从刚开始让该生搞一些后勤工作，逐渐的让该生转向前台，虽然没能主持活动，但我已能在她脸上看到开朗的笑容。经过半年时间的调整，我已经常能看到她在操场上的身影，听到她开朗的笑声，以及在课堂上响亮的回答声。

4. 教师齐心协力

在请求任课教师帮助时，我提出三个建议：适当地多对该生进行提问；尽量多对她进行表扬；多对该生的作业进行面批。由于各位科任老师都了解她的家庭状况，所以对我的几个建议也表示了认可，她刚开始并不很适应这种转变，但当熟悉了老师的这一态度时，在学习上迸发了无穷的潜力。如刚开学时进行测试，她的成绩仅仅能在班级68名同学中位居下游，但在上学期期末考试中，已上升到中下游水平。

当然，对该生的转变工作也少不了我的疏导，我通过当面沟通、周记指导、同学了解等方式及时地把握住她的动态,并给予相应的指导,让她感觉到我完完全全是为她的发展着想,是她难得的真心朋友,她与我在一起没有任何心理负担,能够把她的任何想法都向我倾诉。

【解决效果】

终于,在大家的齐心努力下,该生不再胆怯、厌学,不再孤僻,而是与其他同学一样的自信、开朗。为此,我也欣慰不已,虽然付出颇多,但看着一个问题学生在自己的帮助下成长起来,这份成绩还是颇值得我自豪的。

【总结与反思】

如今,这届学生已顺利升入初三,正在为即将到来的中考做积极准备。当我回过头,细细琢磨对他们,特别是问题学生的教育时,却又有了一些反思。

1. 初中生的心理问题较多地存在于有特殊家庭背景的学生群体中,如父母离异、单亲、收养家庭、三代同堂家庭(容易出现隔代溺爱),有巨大变故的家庭以及家长有不良行为习惯的家庭。作为班主任,这一群体应是我们特别关注的对象,应给予特别的关爱。

2. 在对初中生进行心理教育时应注意以下几方面的问题。

第一,尊重学生的人格。未成年人与成年人一样,有被人尊重的需要。从某种意义上说,他们的这种需要比成年人更强烈。有心理问题的孩子,自尊心均受到过不同程度的伤害。因此,我们在进行心理疏导时,必须时刻防止伤害他们自尊心的情况发生。只有充分尊重其人格,才能逐步培养学生的自尊和自信,克服其心理障碍,使他们健康发展。

第二,平等地对待。我们只有把自己置身于与接受辅导者完全平等的位置上,与他们做知心朋友,注意倾听他们的倾诉,以朋友的身份帮助他们出主意、想办法,充分取得他们的信任,才能有效地引导他们度过心理危险期。空洞说教是徒劳的,居高临下是可怕的。

第三,心理疏导要有耐心。要允许学生心理上出现偏差,同时要给予纠正偏差的时间,要耐心等待。这期间还应允许有一次、两次甚至多次的反复,因此作为班主任,本身必须有较高的素养。

3. 以自身的人格魅力感染学生

余秋雨曾经说过："再稚嫩的心灵，也能约略辨别出人格的高度。"以身示范，以自身的人格魅力感染学生，才能做学生成长中的领航者，才能提供给学生成长和前进的不竭动力！

匠心应对双重性格

韦迎春

【导语】

对于学生，只有爱心和耐心是不够的，还要独具匠心。匠心者，巧妙的心思也。我所指的双重性格不是医学上的双重性格，而是同一个生命个体，既聪明好学，重感情，又懒惰虚荣，感情用事。他能优秀到什么程度就能堕落到什么程度，那么如何帮助这样的学生发挥主观能动性扬长避短，在成长的途中少走弯路呢？

【案例现场】

2006级初二九班有这样一个男生：聪明好学，成绩优秀，情商很高，处事得体，但同时有一些毛病成为痼疾：对发型格外爱护，染发、烫发，每次都因为发型不合格而大动干戈；早晨上学几乎每天都迟到，家长无计可施；跟社会小青年联系密切，手机随身携带，上课也时常会发短信联系。一次因为上课发短信，手机被年级没收，索要无果后离家出走，后又因为勾结社会青年的一次恶劣群殴事件，被学校处以留校察看的处分。这样的一个男生，如果没有合适的教育，很容易会走向另一个极端，让所有的教育者扼腕叹息！

【案例分析】

这是一个有着双重性格的特别的孩子，又是一个观念中有着"英雄主义"的偏执的学生。在他看来，学习成绩好又能混社会的才是英雄。关于发型和迟到的情况，足以看出他是在溺爱的环境中长大，他因为手机的事情在母亲面前离家出走，是在用自身的安全要挟家长，溺爱使他无视父母的情感而狂妄偏执，溺爱已使家庭教育软弱无力。那么如何通过我的教育作用于他自身，调动他自身的优

中学班主任工作成功案例集萃

73

势实行自我教育呢?

【解决策略】

（一）彰显优点，抢占时间

既然他很容易被外界事物左右情绪乃至人生观，我何不以退为进，因势利导呢? 他酷爱打篮球，正赶上学校组织篮球联谊赛，首先班级得组织一个篮球队，我任命他为班级篮球队队长，负责招选队员和训练指导。这样他的课外时间和闲暇时间都被篮球占得满满的，比赛前每一个周末的训练我全部跟随，选馆、买队服、观看、观察、交流。这个活动切断了他与社会青年联系的时间，以健康的运动、团队的合作、积极的情绪抢占了他充沛的精力。

（二）抢夺先机，先发制人

在事情刚有转机的时候，她妈妈要去外地出差，一个月后才能回来。无人监管，按时到校的关怎样闯过? 不能让他的惰性再有存在的空间，要抢夺先机让他的积极性占据上风。我不知道他自己是否有过斗争，是想自制还是想懈怠，他妈妈出差的第二天早晨5:40，我拨通了他的电话，他接起电话的声音是还没睡醒的样子，但一听是老师打来的，并且是叫他起床的电话，他应该惊诧、紧张，还会有一点欣喜吧。我来到教室，环视四周，他在，今天他按时到校了。第二天，我还是5:40拨通电话叫他起床，第三天5:40打过电话时，他说："我已经醒了，老师。"然后说："老师，我可以设置闹铃，叫我起床，我自己可以的。"让我的温暖夹带着严厉先发制人，及时遏制消极因素。

（三）欲擒故纵，自我抉择

班级最优秀的一个女生的同桌转学了，许多孩子都想调到那个位置，因为这个女生稳重、大度、优秀、自制力强。我一直按兵不动，我在观察他的意向，那个座位空了一个月后，他来找我，说想往前调一下座位，我假装无意地问: 哪里合适呢? 他观察我的神情，试探地说出了那个我空了一个月的位置，我略带忧虑地说，那个女生是我班最优秀的学生，我不想她的听课受到任何影响，如果你想调过去，必须要做到——我提出的要求都是为他量身定做的，给你一周考虑的时间，能做到就来找我。当然在此之前，我已经问询过那个优秀女生的意见。给他一个空间，让他做自我选择，让他自己调控自己的双重性格，一个优秀同桌的作用要比其他的说教更有效,他最后选择了调座。

(四)顺势利导,助推进步

他的情绪渐渐稳定下来,自身的积极作用已彰显出来,这个时候我做了班委会的改选,想借助同学们的力量给他创造一个重塑自己的机会,他以微弱的选票当选班长,为了不使他陷入个人英雄主义的怪圈,或者纠葛于他自己的敏感情绪,我同时还选用了其他的两名班长,实行班长集体负责制,用积极的团队力量、合作意识压制他性格的弱点,并推动他朝着进步的方向继续努力!

(五)再加砝码,稳操胜券

这种性格的孩子感情细腻,内心世界非常丰富,他的情感要厚重于他的表现。要重塑他,除了外在的匠心外,还要走进他的内心世界,适时给他鼓励和点拨。这是百天誓师后,我写给他的一个便条:

陈××:

很高兴你能把心里话跟韦老师讲。两年来,韦老师看着你身不由己的沉落,看到你痛苦奋力的挣扎,看到你由内而外的蜕变,我很欣慰,很高兴,很感动,很佩服!其实改变说起来容易,做起来很难。而你做到了!

当然改变之后肯定要面临难以负荷的压力,需要你拥有超常的勇气和魄力,还有老师和父母的认可、赞同和鼓励。老师只希望你能扛起一种期待,并能把期待化为一双羽翼,伴你飞翔!你能感受到,其实韦老师嗔怪的眼神中有那么多惋惜、期望甚至夹带着急躁。

我之所以青睐你,是因为你情商很高,你知道现代的社会要想成就一番事业,情商很重要。人生的路很长,但关键的就那么几步。而这即将要面临的一百天,就是初中阶段的关键时期,希望你能平心静气,咬紧牙关,有时候再难的坎挺一挺就过去了,其实最难挨的坎不是外语单词,也不是古文背诵,而是心里的坎,只有心里释然,一切才会迎刃而解。

放开自己,你就能飞翔!

韦老师

2009-2-21

中学班主任工作成功案例集萃

【解决效果】

他以自己的实际行动和坚强的毅力战胜了性格中的弱点, 并最终以中考580分的成绩考入东北师大附中, 在未来的行程中, 他还会遇到许多坎坷, 相信他会发挥主观能动性, 战胜自己, 赢得未来!

【总结与反思】

班主任的育人工作是无法量化的, 独具匠心是基于一种恒久的耐心, 对学生充满执着的期待, 我相信学生的向阳性、向善性, 他们如向日葵般少年的心一定会追逐教育温暖的阳光而盛开!

用爱和坚持来转化后进生

赵云鹏

【导语】

爱是教育的前提, 对于后进生来说, 对他们的爱必须是真诚的, 发自内心的! 回顾半年以来的班主任经历, 有心酸, 有辛苦, 更有幸福, 对后进生的转化, 有些许感悟, 愿与各位优秀的班主任同仁共同探索、交流。

【案例现场】

小明是2011级11班的一名普通学生, 别看他个子不高, 相貌平平, 小眼眯缝, 表面看起来很老实的样子。可班级组建初始几乎所有的违纪违规现象他都有参与, 而且班里很多行为习惯差的学生都和他走得很近。在学习上, 我也发现他上课不注意听讲, 总是愿意摆弄些小物件, 学习态度较差, 经常迟到, 不爱做作业。

俗话说"新官上任三把火", 初当班主任的我下定决心一定要改变他。可以说这一个学期以来, 他几乎是和我走得最近的学生, 我只要一有时间就会对他进行教育。当然在和他打交道的过程中, 我也发现虽然他行为习惯较差, 但是他身上优点很多。他很聪明, 非常会关心人, 喜欢听表扬, 懂道理。很多次如果你好好和他交流, 他很快就了解自己的错误, 也很自责。但是没过多长时间他又会再犯相同的错误, 说实话, 班级里有个他, 我真的很头痛!

【案例分析】

个体原因：

1. 他学习成绩很差，并不是因为他基础不好，主要由于小学六年级他们老师要求不够严格，很多同学在课上不注意听讲，做一些别的事情，习惯成自然，让他把恶习在短时期内迅速改掉是不容易的。通过对他的了解，我发现他基础知识掌握得还不错，尤其是英语，单词背得很好，不过就是欠督促；数学方面他很聪明，不过计算能力太差了；语文成绩不好也在于背得不够熟练！

2. 他纪律差主要是缺乏自控能力，没有明确的是非观念。他经常利用中午休息的时间，下午放学时间及双休日去打球、玩游戏、上网，由于他父母工作忙，下班比较晚，他经常不按时回家，愿意在小区院里玩、逛，当然这些不按时回家的事情都是和他住邻居的同学向我反映的。

3. 由于他家境不错，他从来没有树立过正确的生活学习目标，这导致他学习松懈，不思进取。

家庭原因：

通过和他妈妈的电话联系，我了解到，这个家庭很富足。由于父母工作比较忙，他从小在爷爷奶奶家长大，爷爷奶奶就这么一个宝贝孙子，对他过于放纵，使他过着衣来伸手，饭来张口的生活。缺乏自理自立能力，养成了依赖别人的习惯，同时也产生了惰性心理！等上了中学，父母把他接到身边住，殊不知，很多在爷爷奶奶身边养成的坏习惯已经积习难改了，父母很焦急，不论是学习上，还是行为习惯上！

【解决策略】

1. 针对小明的情况，我做了很多工作，首先就是和他多交流，几乎每一天我都会抽出时间和他谈话，哪怕是中午学生吃饭的时候，我也会搬个凳子坐在他身旁和他谈心并指出他身上的问题。开始，他明显带着些抵触情绪，认为我为什么老找他麻烦，后来随着交流的深入，他的抵触情绪逐渐消除，很多时候他真的会把自己的事情和我讲，也包括他家里的事情，我都会耐心地倾听并给予他我的意见，感情就是这么一点一滴建立起来的！

2. 由于他开学之初经常不交作业，理由就是忘带了。我从没有让他回家取，也从未让他父母给他送来。我先是不动声色，没当着其他同学的面批评过他作业的事情，我开始要求他要有事情做，只要是有空闲时间，我都会监督他写作业，由于他家比较近，开始的时候我都是把他留在学校，他作业写完我再下班。足足坚持了一段时间，后来他和我达成协议，一定按时回家并把作业完成，如果不交作业，当天一定留下补完并写完新的作业，我同意了他的建议，后来我再也没因为作业的事情留过他。

3. 勤与他的父母沟通，自从发现他的问题，我就开始和他父母进行电话沟通。起初基本一天一个电话，向他父母介绍他一天的情况和问题，并且针对他的情况给他父母提出建议，而且只要他在某方面有进步，我马上对他进行表扬，这种几乎天天进行的电话沟通一直持续到期中考试结束。

4. 把几个学习纪律好的同学安排在他附近坐，只要我不在，我也要求这些同学来帮助监督他，这一个学期以来，他的纪律学习情况有了明显的好转！

5. 在一次扫除当中，我发现他地扫得特别干净，一些别人不扫的卫生死角他都会认真清理，我开始让同学注意他这个优点。在一次班会上，谈到班里卫生情况一般的话题，我特意让同学们选个值日好的同学来当劳动委员监督班里卫生，不出我的预料，几乎全体同学都选小明来当这个劳动委员。当然，在当劳动委员的过程中，我发现他的责任感明显增强了，而且还能以一个班级干部的身份来要求自己！他真的进步了好多！

【解决效果】

通过仅仅这半年来的教育，小明有了一定的进步！正如人的性格不是一朝一夕就能改变的一样，要他彻底改变是要经过长时间的努力。现在，他在学习上有了份责任感，学习目的有了稍许的正确认识，能按时独立完成作业了，虽然质量上还需加强；他的劳动委员的工作也能积极参与进去了，现在他犯了错误能认识到错误在哪儿。但改的力度可能还不够；不过他的抵触心理在减弱，他现在仍缺乏刻苦学习的精神，缺乏坚强的毅力，抗挫折能力较弱，对于他今后的教育仍是长期的，我希望他会成为坚强、有知识的身心健康的人才。

【总结与反思】

通过对小明同学的教育，让我感觉到摸清后进生的各种情况，通过爱和不懈的坚持来找到他后进的原因，是转化后进生的前提条件，坚持抓、反复抓，抓反复，是成功转化后进生的关键所在,在教育过程中对转化工作的长期性和困难性难以预计,当后进生一旦出现反复,就失去教育他们的信心,使原本的努力付诸东流。转化后进生的工作是繁重而艰难的,但只要我们迈出结实的第一步,有了好的开端,不断朝着既定目标奋力向前,必定会有美好的前景。

调皮"公子哥"的转化

宋丽娜

【导语】

作为班主任,每天工作纷繁芜杂,往往最让我们头疼的就是顽皮、淘气的学生。有时班主任会被这个类型的学生弄得身心疲惫,每天都要想着如何与他们"斗智斗勇"。但是,如果我们对这类学生使用方法得当,将会收获一个班主任的"贴身崇拜者"。

【案例现场】

这是一节语文课,虽然学习的是艰涩的文言文,但无论是字、词,还是句子、文章,学生们都积极地跟着语文老师的思路走,积极参与、踊跃发言。这中间有一名同学却与其他同学不同。他就是小东。这节课上,他仍是一贯的行为作风,斜歪着坐在椅子上,双手分别放在前后的两张书桌上。遇到自己会的问题时,他便叫嚷着把手举得老高,而当别人答错的时候,他又会随口说出一些连挖苦带讽刺打击的话来,有时还会发出很不悦耳的笑声,很是令人讨厌。

离下课还有10分钟时,班级的有位同学举手要上厕所,顿时又引起了他戏谑一般的笑声,当那位同学走到前面时,被多媒体的电线挡住了。这时,只见小东用手指着那位同学,用戏弄的口气说:"钻过去!钻过去!"说着还"哈哈"地笑起来。这时我刚好回班检查学生上课情况,看到这一情景,我很是愤怒,但我还是暗示他静下来,而他肆无忌惮,我便对他说:"下课时我让你钻10遍!"小东立刻没声了。一会儿,下课的铃声响了,多媒体所用的连接线很快被负责管理的同学收了起来,大多数同学都出去上间操。这时我叫住了小东。把课桌往讲台上一摆,仍是那样很严厉的语气,对他说:

"钻!"由于平时我的嗓门就大,加之当时的愤怒,所以那个字的音量显得格外大!

【案例分析】

小东家境比较好,生活条件优越,父母对他格外宠爱。这使他养成了很多的"公子哥"习气,不学无术,平时还愿意欺负一些弱小的同学,在班级同学间的名声很不好,而且很好面子。基于这一点我采取了这个办法。

小东见我真的要惩罚他,便一脸谄媚与委屈的表情讨好地对我说:"别,别,老师,我错了!"我没有理他,"钻!"这次他没辙了。从课桌下那狭小的空间钻过去,对于1米80多的他来说,确实是一件难于登天的事。他那滑稽而又痛苦的样子逗得旁边观看的同学"哈哈"大笑起来,这笑声就像无数刺骨的钢针一样,扎在小东的心上。我认为他根本就不会钻,果然他只是站在那里一动不动,红着脸对旁边的同学喊道:"你笑啥!"话语中还有一些脏字,我立刻制止了他,我知道我把他难住了,然后把正在难受中的小东带到了办公室。

【解决策略】

回到办公室,我的语气也缓和了一些,我平和地问小东:"谈一谈你心里的感受。"他没有回答,"说一说你现在内心的最真实的感受!"他仍没回答,我抬头看他,他已是泪流满面,我知道他仍沉浸在刚才被轻蔑、被讽刺的痛苦中。我又问他:"为什么流泪了?""我很难受!"他哽噎着。这正是我想要的答案。于是我平心静气地跟他说:"你看你也难受,当你被别人讽刺、嘲笑时,你会在内心里感到很难受,别人也一样啊!当别人被你嘲讽时,他们也会很难受啊!因为你伤害了他们。你怎样对待别人,别人就会怎样对待你!平时你尊重别人,别人就会尊重你,平时多帮助别人,别人也会在你有困难的时候帮助你。而你平时耀武扬威,很少从内心里尊重过人,所以你刚才就会被别人嘲笑。这是必然的结果。刚才你的同学本来就是一名很特殊的同学,你非但不去关心她,反而经常嘲笑她,欺负她,她会好受吗?""不会。"他回答我,"对啊!你伤害她,她就会憎恨你。人与人的相识不容易,我们应该去珍惜彼此难得的相识,而不应该去伤害谁,对不对?""老师,我懂了,我错了!""好!"我欣慰地笑了,接着我又问他,"课堂上的知识都会了吗?""差不多。""学习怎么可以差不多?现在不认真,考试怎么会有好成绩呢?另外,你听过老师满口脏话了吗?没有过吧,因为我知道那会影响我的形象。你眉清目秀，高高的个子，多帅啊！可是一说话，脏话扑面而来，多影响你的形象啊！"他不好意思地笑了，脸微红。"好了，今天的谈话就到这里，回去好好想想，我相信你一定可以改掉自己做错的地方。你行！你一定行！"小东望着我，说了一声："谢谢老师！"

【总结与反思】

说心里话，当时教育小东只是由于我讨厌他那不学无术、以强凌弱的公子哥习气，并没奢望有多大的效果。但是第二天，12月24日，小东看到我时竟递给我一个很红很红的大苹果，他把苹果送到我的手里，说："老师，今晚是平安夜，送您一个苹果，祝您平安快乐！"我想我前一天的话对他起了作用。

手捧着这个苹果，内心久久不能平静，它让我感受很多，在欣慰的同时也在检讨自己。

教育家霍懋征曾说"没有教不好的学生，只有不会教的老师"，"爱是教育的法宝之一"。心的教育就是动之以情，晓之以理，用耐心、爱心可以教育好每一个学生。

老师常常喜欢好学生，而对"差"学生另眼看待。其实"差"学生绝不是顽石一块，相反他们更渴望得到老师的欣赏、关爱，作为一名教师，不能戴有色眼镜去看学生。"海纳百川，有容乃大"，教师要用博大的宽容之心去接受犯错误的学生，而不能微笑面对好学生，怒目对着差同学。以宽容的心去教育学生，不仅会让学生改正缺点，也会让学生学会宽容。"精诚所至，金石为开"，用爱心去真爱学生，才会取得较好的教育效果。

关注"灰色"群体

宋丽娜

篇章一：

献出爱心，让"灰色"群体沐浴阳光

【导语】

在几年的班主任工作中，遇到了各种各样的学生，有行为习惯极好、学习成绩极佳，各位任课老师都称赞的品学兼优生，同样也有学习习惯、行为习惯让人

都不满意,甚至经常打架斗殴的学生,基本上这两个群体的学生,每天都会得到班主任的关注。在一次年级的班主任会上,年级主任提到了关注"灰色群体"的观点,这让我反复思考了很久。并且我从初二年级开始在班级管理中运用"抓两头,带中间"的方法。而"带中间"就是要关注"灰色"群体。占班级多数的中等生的成绩和表现平平,不像优等生那样鹤立鸡群,也不像后进生那样让人牵肠挂肚,这些中等生被人形象地称为"灰色学生",说他们"灰色"并不是说他们智力上有欠缺,他们欠缺的其实是一种助力,这种助力既可以使他们信心百倍,又可以使他们重新认识自我,作为班主任,我把它理解为用我的爱心关注他们的现状,关注他们的成长。

【案例现场】

小丹同学性格内向,入学考试她排在班级前五名,但是进入初中课程学习后,她在班级的学习成绩一直排在30名左右,最好的成绩排在班级25名,她是个名副其实的中等生,各科老师对她的评价是基本上不违反纪律,但是成绩总是平平。到初二年级她和许多学生一样进入到心理叛逆期,上课时常说话,下课时和几名女同学聚在一起谈论与学习无关的事情,所以几次考试成绩都不能尽如人意。

【案例分析】

我从侧面了解到,小丹的这些举动无非是要在同学中人缘好,最终达到引起老师注意的目的。此外,她觉得在小学成绩一般,就是中等生,自身不具备考入班级前列的潜力,入学成绩好是因为运气好。

【解决策略】

对该生做进一步观察,在与家长反复沟通过后,我得到了一些有价值信息,就是班主任在她心目中是非常重要的,她很重视班主任老师对她的评价,所以我从这一点着手,多次与她谈话,让她感觉到班主任对她的关注,中午把她找来办公室,谈谈学生们感兴趣的话题,并时常给她安排一些简单的任务,例如:帮老师发放作业卷,帮老师核对考试成绩等等。刚开始我没有对小丹的学习成绩做出要求,在我和她的距离逐渐缩短的过程中,我对她提出了要求,要求她要有个人目标,不能只顾着人缘好,而不顾及自己的前途。

【解决效果】

慢慢的她开始改变自己的学习习惯。而且稍有进步,她就会来找我,跟我分享她学习的快乐。由于她的基础一般,所以直到初二下学期她的最好成绩是班级第20名。在这个时候,我选择继续给她机会,反复鼓励她、关注她,到初三年级后,基本每天都要过问她的学习状况,终于她的名次攀升到了第6名。如今她还在不懈的努力,所有的任课老师都认为她的学习状态很好,而且她也在激励着其他同学共同努力。

【总结与反思】

中等学生有自己独特的思维方式和一定的判断力,对于徘徊在积极因素和消极因素之间的他们来说,他们也同样需要老师们的"偏心",教师要掌握好情感的倾斜角度,把自己的爱心毫不吝啬地献给平凡的中等生,使他们感受到老师的关注,每天沐浴在阳光下。

篇章二:

发挥潜能,激励"灰色"学生快速提升

【导语】

瑞典著名心理学家罗森脱尔曾经进行过一次影响深远的心理学试验"期望效应",他随意挑选了一批中小学生并胸有成竹地告诉他们,你们都很聪敏,十分有前途,大约经过八个月之后,罗森脱尔再次来校时发现,这些学生的学习成绩明显的高于其他班级的学生,也就是说,这些智力水平相仿的学生成绩会明显提高的秘密全在于它既引起了老师对这些学生的期望和关注,又培养了学生的上进心,从而使学生重新调整了自己的状态,发挥出更好的水平。

【案例现场】

小雨性格开朗、外向,是一个很阳光的学生。从课堂上的反应来看,他是一个很聪明、而且反应很快的学生,作业都能按时完成,但是从初一到初二,他的最好成绩是班级第27名,最低成绩达到了37名,因为他很爱在上课时说话,下课爱打闹,精力并没有完全放在学习上。他的成绩和在课堂上的反应完全不成正比,一直让家长和所有老师头疼。

【案例分析】

通过平时观察,小雨是一个很有担当的孩子,而且对于老师交给他的任务他都能完成,当班级有什么事情的时候,他都会非常有责任感地站出来,从他的表现可以看出,他很想改变自己在老师和同学心目中的中等生形象。所以作为班主任,我决定任命他为班委的一员,让他分管班级卫生,而且叮嘱他必须将学习成绩提高,否则很难在班级树立威信。虽然在此之后,小雨的成绩有所提高,但效果没有我想象得明显。经过跟同学了解,和家长沟通,我才知道,从上初二,他的变化很大,贪玩、爱美,对篮球痴迷,每周都要与几名同学相约打球,而且每周必须剪一次头发。

【解决策略】

在掌握了这些情况后,我找小雨深谈了一次,这位同学由于曾经脑部接受过外科手术,留下了疤痕,孩子很在意这个疤痕,觉得不好看,从和他的谈话中我看到了他的不自信。但是我知道最让他骄傲的是他的历史学科,因为他看过很多与历史相关的书籍,知识广博,所以我又让他担任了历史科代表,他的历史成绩很好,而且科代表工作非常负责,只要历史科目发放试卷,我就在班级表扬小雨收作业收得好,同时只要班级大扫除,我就专门在班级表扬小雨认真负责,分工得当,扫除任务能够有效、快捷地完成。

【解决效果】

在班级管理上老师表扬他,在学习上他有擅长的学科,两方面的促进,小雨的自信心完全建立起来,通过与各科老师配合,只要他稍有进步就表扬他,他真的进步了,进入初三后,他的努力得到了回报,第一次月考班级排名第18名,第二次月考第10名,第三次月考第6名,他的成绩正在稳步提升。

【总结与反思】

我没有想到这名学生会有这么大进步,同时让我深深体会到,学生在学习生活中的积极性需要老师的调动,中等生这个平凡而又特殊的群体也不例外,学生的潜能是需要老师挖掘的,中等生的潜力也是不容忽视的,激发他们的潜力,给他们一个改变自己的机会,给予他们更多的期待和关注。

化作春泥更护花

王春雨

【导语】

在我教育事业的旅途中,我始终不能忘记那一个个经我教育转化后的学生,在他们的身上,我感受到了做教师的光荣与自豪……

【案例现场】

刚接班时,班上有个叫小杨的学生,上课时经常无精打采的,要么搞小动作,要么影响别人学习,提不起一点学习的兴趣;下课追逐打闹,喜欢动手动脚;作业不做,即使做了,也做不完整,书写相当潦草……每天不是科任老师就是学生向我告状。于是,我找他谈话,希望他能遵守学校的各项规章制度,以学习为重,按时完成作业,知错就改,争取进步,争取做一个他人喜欢、父母喜欢、老师喜欢的好孩子。他开始是一副爱理不理的样子,后来口头上答应了,还在班会上作了自我批评。可后来一段时间里,他又一如既往,毫无长进,真是"承认错误,坚决不改"。此时我的心都快冷了,算了吧,或许他是根"不可雕的朽木"。但又觉得身为班主任,不能因一点困难就退缩,不能因一个后进生无法转化而影响整个班集体,必须面对现实!教师的责任心告诉我不能就这么算了。他无进步,或许是他并没有真正认识自己的错误,没有真正要做个他人喜欢的人的念头。

【案例分析】

个体原因:

一是小杨自我观念的局限。

源于小学教师对他的刺激,他曾经哭着对我说:"老师,我是不是世界上最笨的学生,我是不是没救了?"我惊奇于他的观点,后来他告诉我小学老师这么说他。

二是小杨学习方法不得当。

小杨不管学什么都只是死记硬背,事倍功半。

85

三是情绪问题的干扰。

小杨生活在紧张、焦虑和烦恼中，如果他被这种情绪主宰，那他就没有办法学习，这时就需要家长的帮助和鼓励，但遗憾的是有85%的家长不但没有帮助他，反而去批评他，使他的情绪"雪上加霜"。

家庭原因：

1. 监护人未尽应有的职责。

父母是孩子的第一任老师，父母的言行将直接影响着孩子。但是，小杨的父母通常是双双外出经商，托孩子的爷爷或奶奶看管小杨，而老人则一味溺爱，对孩子缺乏严格的管理。

2. 家长缺乏正确的引导与沟通。

小杨父母在外忙于工作，对于新事物的接受较慢、较少，而小杨接受新事物快，思想新潮，因此，两代人之间的沟通存在着许多障碍。做父母的对孩子情况知之甚少，甚至认为只在物质生活上对孩子的满足，只求孩子安全，而很少关心注意或根本不注意对孩子的思想、心理上的监管、约束和引导，从而造成小杨以"自我为中心"，蛮横不讲理的坏习惯。

3. 家长与教师缺少交流。

小杨的家长很少主动与老师、学校联系，对学校的教育思路知之甚少，更谈不上配合学校教育，因而学校也无法了解学生在家的情况，使家庭教育与学校教育脱节，甚至连孩子在哪个年级哪个班都不知道，更别提教孩子的教师是谁了。

【解决策略】

一、优先关怀

后进生形成的原因因人而异，教师对他们各方面应更加关心。由于小杨同学家离学校很远，经常迟到，我经常找他谈话，希望他尽量少迟到。在行为习惯上，我经常督促他；学习上对他悉心辅导，主动问他有无疑难问题，经过一段时间的帮助教育，他较以前有了一定的进步。

二、优先提问

在实际教学中，教师课堂提问让优秀生包场而冷落后进生的现象司空见惯。久而久之，后进生势必听课注意力分散，身在课堂，心在窗外。我对小杨同学优先提问，在提问时注意了以下几点：一是由浅入深，先提问一些他能回答的问题，以激发他的兴趣；二是注意启发，通过老师的启发，使他把问题回答得完整；三是充分肯定他的优点，即使有些问题回答得不完善，也要用鼓励性的语句肯定他，使他充满信心。

三、优先批改作业

批改作业是教师检查教学效果的必要手段。优秀生作业书写规范，错误少，教师批作业是一种享受；后进生作业马虎潦草，错误百出，教师批得头昏脑涨。因此，常有优秀生作业优先批改，后进生作业压到最后批改的现象。我决定对他的作业优先批改，并实现弹性管理：一是设计弹性作业，让他做基础题，作业量也少于其他同学；二是安排弹性时间，对他的作业利用下课时间尽可能面批，随时订正。三是实行弹性评价，作业正确的打"√"，错误的打"？"避免挫伤他的自信心。结果，有段时间，他的作业做得很好。

四、优先表扬

后进生虽然缺点较多，但他们同样希望受到学生的尊重教师的表扬。因此，我积极捕捉小杨同学的闪光点，在他取得进步时，在他获得成功时，及时肯定，衷心祝贺。一次他利用午休时间提早做完作业，并及时让我批阅，我表扬了他。有一次，在校乒乓球比赛中他获得第二名，我又在全班表扬了他。以后他逐渐变得关心集体了。

通过以上的优先措施，小杨同学取得了一定的进步。后进生转化是一个系统工程，需要教师首先从自身对他们的态度做起，用爱心感化他们，悉心帮助他们，相信后进生会越来越少。

【解决效果】

通过仅仅这半年来的教育，小杨有了一定的进步，正如人的性格不是一朝一夕就能改变的一样，要他彻底改变是要经过长时间的努力。现在，他在学习上有了份责任感，学习目的有了稍许的正确认识，能按时独立完成作业了，虽然质量上还需加强；他的劳动委员的工作也能积极参与进去了，现在他犯了错误能认识到错误在哪儿。但改的力度可能还不够；不过他的抵触心理在减弱，他现在仍缺乏刻苦学习的精神，缺乏坚强的毅力，抗挫折能力较弱，对于他今后的教育仍是

中学班主任工作成功案例集萃

长期的,我希望他会成为坚强、有知识的身心健康的人才。

【总结与反思】

情感是沟通教师与学生的桥梁。事实上有许多这样的后进生,在社会上,他们常常是被歧视的对象,在家庭中他们常常受到父母的训斥,在学校里他们常常受到老师的嫌弃。由于他们受到太多的批评、训斥、指责甚至惩罚,因而他们就与人们之间产生对立情绪,教师的指导在他们身上很难奏效。因此,要做好他们的工作就得处处体现尊重、体现"爱"。在处理小杨同学这件事上,我觉得自己又有了新的收获,对学生的亲近,能得到孩子的信赖。在和学生谈话做思想工作时,使学生放松心理后进行教育,使教育在和谐的氛围中进行,情感得到沟通,达到了更好的效果。

教育转化后进生的过程是一个充满爱而漫长的过程。有一则寓言:北风与南风比威力,看谁能脱掉行人身上的大衣。北风猛吹,人们冷,把大衣裹得更紧;南风送暖,使行人觉得热而脱去大衣。而后进生大多数性格较强硬,如果单纯用严格的纪律去约束他们,以冷峻的态度去教育他们,他们往往会产生抵抗、对立的情绪。相反,在教育转化他们时,如果饱含爱心、并注重方式方法,以温暖之心处理事情,熏陶他们,不断用爱心化解他们的戾气,帮他们找回学习的兴趣和自信心,发掘他们的闪光点,让他们找回积极上进的心。同时,要多用点"罗森塔尔"效应,尽量让学生了解、喜欢你。因为如果他们喜欢你这个人,且知道他们受到了怎样的关心,他们就会为你而努力。那么,你的努力将会达到事半功倍的效果。转化工作的核心是情感交流。情感能否沟通关系转化工作的成败。爱心是打开心灵的钥匙,情感能使人心心相近,心心相通。教师必须树立起为了学生的一切的责任感,把后进生视为自己的弟妹,视为自己的子女,视为期待雕琢的璞玉,渴望甘露的孱弱花朵,和风细雨精心培育,真心诚意地关心爱护,以自己满腔热情在后进生的心灵深处点燃起熊熊火焰,以自己诲人不倦的精神,把他们培养成为新世纪的有用人才。

对于"最难啃的硬骨头"要永不言弃

李 杨

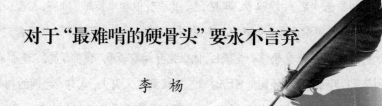

【导语】

教书育人是教师的天职,相对于"教书"而言,"育人"是一条更需付出耐心的漫长道路,在这条路上教师必须对学生"不离不弃",因为这关系到一个孩子的未来!

【案例现场】

后进生的转化工作是班主任工作中"最难啃的硬骨头"。因为这样的学生不仅学习成绩差,而且在行为习惯、心理品质上也存在不少问题。由于在学习上长期落后的经历,使他们产生了强烈的挫败感,所以他们就会为受伤的自尊心找一个宣泄的出口,打架、谈恋爱,他们甚至会毫无理由的敌视成绩好的学生,也把老师视作他们的假想敌。这种"变形的心态"促使他们与老师、同学处于对立状态,让他们不能融入到集体当中,严重影响了个人的健康和班级的管理建设。我所带的班级中就有这样的学生。

小刚,男,14岁,初二学生。学习成绩差,性格暴躁、倔强,自尊心极强,逆反心理十分严重。经常和同学、老师甚至是自己的家长发生冲突。且不说老师批评他,就是老师和颜悦色的找他谈话,他也是怒目相视,目光中充满了愤世嫉俗,认为老师"别有用心"。

在一天晨读时间,他和另外一名男生迟到,在他们回座位的途中我叫住了他们,想问问迟到的原因,另外一名男生闻声停了下来,他却仿佛没听到一样继续往前走,看他那副目中无人、打死不开口的样子,我深吸口气压住心中的怒火,"老师只是关心你,想问一下你迟到的原因,没有其他的意思,你不至于用这样的态度对待老师吧?"他把书包往桌子上重重一摔,"迟到就迟到了,有什么可问的!"看到他这种态度,我强压住怒火,告诉自己要冷静,现在处理只会让自己更加难堪,于是我告诉他们先上课,下课后再谈。下课后,我把他叫到操场上,找了一个没人的角落,因为我知道有第三者在场他是不会开口的。而此时的我,心情也平静了很多,我笑着问他:"你今天早上怎么迟到了呢,身体不舒服吗?"他看我笑脸相迎,脸色缓和了很多,但也只是看着我不说话,我告诉自己,要忍住要有耐心,我也静静的看着他,过了好长一段时间,他才冷冷地开口:"昨天晚上和我爸吵架了,没睡着,起晚了!"我一听他和家长起了冲突,心里一紧,我知道此时绝不能再刺激到他,我避重就轻的说到:"你一晚上没睡好,今天肯定没精神,课间就别出去玩了,趴桌子睡一觉吧!"他很诧异地看着我,我笑了笑,"偶尔有特殊情况迟到是可以理解的,但不能把自己的怒气转嫁到他人身上,人与人之间的相处贵在真诚以待,赌气不是解决问题的最好办法,老师相信你不是故意想与老师对抗,是不是?"他默然的看了我很久,没有说话,但我在他的眼神中看到了一丝愧疚……

【案例分析】

该生的叛逆行为是长时间学习跟不上进而内心烦躁的一种表现,也是进入青春期的一种表现,这样的学生往往把家长和老师的批评、帮助理解为与自己过不去,认为伤害了自己,因而就会表现出严重的敌对倾向。分析其原因主要有三个:

1. 家庭原因:

小时候父母离异,先跟着母亲,后来因为母亲出国又跟着父亲,而父亲的精力都在工作上,经常出差,孩子经常一个人在家,只有保姆按时给孩子做饭,父亲即使回家,和孩子也谈不上两句话。就如该学生所说"父亲只给他钱,他唯一不缺的就是钱。"父子俩见面的机会都不多,哪谈得上父亲对他的教育。老师也多次联系到他父亲,但不见任何成效。父亲照顾孩子一般都缺少体贴入微的细致,更何况一个顾不上孩子的父亲呢!父亲不管,母亲不在身边,这样的家庭,缺少关爱,造成孩子的性格十分孤僻、怪异、甚至愤世嫉俗。

2. 学生自身原因:

(1)由于上课基本上听不懂,所以对学习失去兴趣。我找该学生进行了多次的、推心置腹的谈话,告诉他只要努力就来得及,告诉他不要放弃,但他说:"上课听不懂,作业不会,对学习没有兴趣……"。学习习惯是从小养成的,小学时已经不想学习了,初中就更难了。

(2)自控能力很差,没有目标,缺乏动力、意志力。每次和他谈话,当时他是有所感悟的,也多次说:"老师我肯定改!"但是不多久实在是控制不住之后就又走回老路了。他心里想悔改,但意志力不强,总是无法长久坚持,半途而废。由于家里条件好,要什么有什么,所以他根本没什么目标、追求。

（3）长期养成的不良习惯很难连根拔除。积习是最难改变的，孩子从小就自由散漫惯了，基本上是自己的事情自己做主，孩子没有一个掌舵的人是很难把握前进的方向的。

3. 老师原因：

由于年轻气盛，当事情发生的时候，不能立即冷静地处理，怒火往往把事情弄得更糟，使师生针锋相对、关系紧张，因此错过了最好的教育时机。老师由于自身的阅历所限，心理承受能力不强，再加上一心想带好班的企图心，所以得不到学生的配合就开始对他产生排斥，后来对他的叛逆就越来越失去了热情和耐心。老师和家长的沟通能力也不强。看到家长是这样一种状态，也就失去了和家长联系的心理，甚至对这样的家长也产生反感。久而久之，就只有靠自己单方面的教育了。

【解决策略】

我深知以后教育他的道路是非常坎坷的，要使他改变绝非易事。在对他的教育上我觉得自己做得不够好，有时候我会想是不是有经验的老班主任在处理他的问题上会比我做的更细致，于是我经常向一些老班主任请教，那些有经验的老班主任告诉我，对于这样学生还是需要不断地鼓励、引导的，当然更多的是宽容，最重要的是把心态放平和，不要急功近利，要循序渐进。所以他越是自暴自弃我就越是耐心、热情，具体措施如下：

1. 学习大禹治水，以疏导为主：教师要正确对待这类学生，避免直接批评，不要与他发生正面冲突，要注意保护他的自尊心，采取以柔克刚的教育方式。当他犯错误时，不要当着全班同学的面点他的名字批评他，这样的学生"爱面子"，那老师就可以给他"留面子"，当全班同学的面和他正面冲突不但不能解决问题，反而会使矛盾激化，引起对抗，使学生走向极端。老师要在私下交谈时动之以情，晓之以理，耐心帮助他分清是非，意识到自己的错误，并愿意主动地去改正。

2. 经常、持久地心理辅导：小刚这种顽固的逆反心理不是一、两次说服教育就可消除的，平时多留意观察他的情绪变化，经常与他交流、沟通，深入了解他的内心世界，把他们埋藏在灵魂深处的问题疏理出来，给予正确的引导。但在谈话过程中，老师切记对他的一些行为，比如讲所谓的哥们义气、早恋等，要同情的批判，先拉拢他再说服、教育他。

随着社会的发展，在班主任的工作中，我们肯定都会遇到许多特殊的孩子，对于这部分比较特殊的学生的转化是班主任工作的重要内容。如何让班级变得和谐、有凝聚力，首先就要解决这些特殊的群体，要抓住机遇，有的放矢，耐心地工作，才能教育个别学生，取得整体的进步。特殊学生的教育绝不是一次就可以一劳永逸，要付出更多的时间和精力去慢慢引导，不能躁进，要知道老师的不放弃就是对他最大的鼓励，水滴石穿，相信一定可以感化他。

【解决效果】

通过一年半坚持不懈的劝导，加上适时的机会教育，这个叛逆的孩子改变了，他知道努力了，姑且不论学习成绩如何，但行为习惯上已渐渐走上正轨，而且懂得了关心、体贴老师，虽然偶尔也还会犯错误，但态度已完全不同，不会和老师对立了，和同学的关系也缓和了，会主动向成绩好的同学请教问题了。

【总结与反思】

孩子的健康成长是受多种因素影响的，孩子不能选择父母，但孩子可以选择老师。既然孩子选择了我们，我们就要肩负起孩子在这特殊的青春期健康成长的重任，让他们在成长的路上少走弯路。从教育过程中我深深感到，教师在"育人"的过程中，只要付出一百二十分的耐心，并且持之以恒的、发自内心的关爱学生，学生就一定会被打动。在学生成长的道路上，我们是引路人，一定不要让孩子有被抛弃的感觉，要让他感到自己的重要的，不可缺少的，他才能找到迷失的自我，才能重新回到快乐的集体当中，和这个集体一起成长！

小组合作模式下的后进生转化

张 野

【导语】

一直以来，后进生的转化一直是困扰教师和班主任的一个难题，而我虽然教学经验已有三年，但作为班主任仅仅有四个月的时间，所以与其谈经验，不如谈一谈我的一些做法和目前的效果，以供各位前辈批评指点。

后进生虽然作为一个特殊群体,但有客观存在的土壤和必然性。以我校为例,初中义务教育阶段的学生,按学区分配来的较多,学生质量参差不齐。个别学生对自己自暴自弃,不交作业,上课不听讲,下课打闹,边缘化,孤立化,影响一个班级的稳定和积极向上的风气。

【案例分析】

一、后进生的概念:

所谓后进生,我认为是指学习动机不明确,缺乏学习策略,甚至对学习产生厌恶,同时是非观不明确,不会正确处理同学关系与矛盾,没有或缺乏集体观念,自暴自弃,对自己成为异类毫不在乎,甚至有些同学乐于自己处于与众不同的位置等等。同时不愿接受学校老师的教育,不愿与同学和睦相处。

与"后进生"相关的其他概念有差生,双差生,成绩不良学生,表现不良学生、后进生这个概念,是60年代前后出现的,此前用差生、双差生的比较多。后进生指思想行为、学业成绩、智力发展等方面低于合格水平,存在这样或那样的问题和缺陷的学生。教师或家长往往称他们为暂时表现差的学生,或暂时后进生。包括由于学习态度不端正,存在厌学思想,或智力迟钝、身体不好等原因造成的"成绩不良"学生;思想觉悟低、存在不良品德习惯,或经常有过失行为的"表现不良"学生;以及学业成绩不好、思想表现亦差的"双差"学生。

而真正的后进生是指在教育的主导影响下形成的一部分特殊学生。只有那些在思想品德和学习方面都达不到教育培养目标对该生年级段所提出的基本要求的学生,才是后进生。

二、关注后进生的原因及意义:

原因之一是小学处于不同学校的学生,接受的教育模式也不同,习惯养成的程度相差很远。有些同学甚至连作业都不知道要写要交,桌面桌堂脏乱无比,字迹凌乱,上课不听讲,溜号,画画,吃零食,下课疯闹是家常便饭,个别同学甚至出口成脏,随便给人起外号,发生矛盾就动手打人。

原因之二是家庭环境较复杂,以我班为例,我班有三分之一的同学来自单亲家庭或家庭不和谐,父母吵架打架,或在离异前打架,两家互相指责,对孩子的心理造成很大的影响。有些孩子心理扭曲,看问题偏激,对周围的人充满怀疑。有些孩子已经是后进生,而另一些孩子有可能是潜在的后进生。即使有些现阶段表现不明显,但随着他们心智越来越成熟,对学校老师越来越了解,这些问题会日益凸显出来。应提早做出防范。另外有很多家庭条件不错,因为只有一个孩子,对孩子的教育和要求停留在非常低的水平,在经济上完全满足孩子的要求,加上隔辈的溺爱,孩子比较自私,不懂得关心别人,没有责任意识。

原因之三是社会环境的影响,如:1. 自由化思想。2. 腐朽的生活方式。3. 不良社会风气。4. 一切向钱看。5. 不健康的书刊、影视及其他"娱乐"活动。6. 赌博与封建迷信活动。7. 流氓团伙和落后团伙。8. 读书无用论等。

原因之四为学生的自身原因,如:1. 缺乏强烈的求知欲。2. 道德无知,是非模糊。3. 自尊心损伤。4. 意志力薄弱。5. 学习基础差。6. 学习方法不适应。7. 不良社会交往等。

现在初一的学生都是十一至十三岁的少年,如果在这么小的年龄就对自己自暴自弃,被边缘化被孤立,会造成不可挽回的后果,并且会影响一个班级的稳定和积极向上的风气。这是我们做老师的不愿见到的。所以,虽然对后进生的转化是一件长期而艰苦的战役,我们依然要对其给予一定的重视。

【解决策略】

我认为转化后进生首先要建立坚实的感情基础,在尊重其人格的基础上,组织教育合力,运用班集体的力量调动后进生自身的积极性,对其有针对性的进行教育。如我班的王某,开学伊始便连续犯错。军训时多次装病,不愿训练,要求回家,上学后校服经常不拉拉链,"小圈套大圈",作业不交或交了没写,满口脏话,给同学起外号,造谣生事,随便拿同学东西不还,吃午饭桌子弄得很脏也不及时清理,甚至有时会把自己吃剩的饭菜放到别人桌子上就走。与同学发生矛盾时,动手打人,甚至有一次企图去掐别人的脖子。他刚来到我班时着实让我很头疼,而且上课习惯非常不好,经常溜号并寻求说话的机会。习惯不好的孩子在我班并不是少数,但他们大多为男生,生理年龄不小,但心理较幼稚。

转化后进生的主要方法有:1. 综合治理,分级管理。2. 重视新开端。3. 抓住闪光点。4. 针对个性特点,选择突破口。5. 针对后进生心理特点,开展工作。6. 逐步开发后进生的智力。7. 长远规划，逐步提高要求。8. 成立帮教小组。9. 调动非正式小团体的积极因素。10. 认真进行学习辅导。11. 讲究批评的艺术。

以上方法在日常管理中会视情况、环境以及学生个体特征进行综合运用。

我大致的做法是，首先，我不给任何一个孩子下定义，争取在每个学生身上找到闪光点。开学伊始就明确表示，小学各位同学的表现都是过往，初中是一个全新的开始，每个人的口碑和人际关系，老师对你的评价都是源于你自己的表现。并根据军训表现把孩子分成十个小组，每组六至七人，特别强调没有按入学成绩分组。然后逐条地把班级日常管理的规矩交代给大家。根据学生日常表现，进行加减分制度。这样试运行到期中，学生对分组管理制度基本能够适应时，重新进行分组。到那时，组长便会综合考量一个学生的综合表现，包括学习成绩，作业上交情况，上课听讲发言情况，个人卫生情况，受奖惩情况以及与同学相处融洽度等方面进行考量来选择自己的组员。这样每个学生都明确地知道将来要重新选组，而自己能否被选中是基于自己的平时表现。这样在开学伊始，大多数同学都能努力按要求去做。

王某在开学伊始就给所在小组扣了不少分数，每次扣分虽然小组成员不说什么，但是对他的态度并不是太好。随后只要王某有一点点进步，我就会在全班面前大肆表扬，并给小组加分，这时全班会响起雷鸣的掌声。王某的自信心也日益建立起来。但顽劣的本性仍然没有改掉。随后我又任命他为仪容仪表长，专门负责检查校服穿着和发型指甲。这样他自己就不能出问题了。规范了大约两周左右的时间，王某的仪容仪表已经非常好了。

针对王某不爱学习，不愿按要求上交作业的情况，我是这样做的。首先，在他没有按要求交作业时，不是一味地指责他，而是对他表示理解。在小学六年养成的习惯不可能一朝一夕就改掉，但只要能在期中考试之前有明显进步就是胜利。同时与其家长沟通，发现其家长对孩子的学习还是比较着急的，但是父母亲的教育理念不一致，一个太急一个太缓，一个太强硬一个太柔软，并且他们有时甚至当着孩子的面讨论对孩子的教育问题，争得很不愉快。我先是与家长进行了两个多小时的长谈，对其教育方式进行指导，最后给家长提供了一些针对王某作业的改进办法。以作业为突破口，建立起孩子的自信心，在同学中树立起一个

中学班主任工作成功案例集萃

正面的形象,为他创造一个较积极的舆论导向,促使其不断进步。在家长的配合下,王某的作业上交情况一日比一日好,虽然其中有反复,但是我会对其进行学法指导,他的进步还是比较大的。由于作业做得好,给小组加了一些分数,王某自己也日益自信起来。

【解决阶段性效果及后续解决之法】

王某在期中考试之前的进步还不是很明显,仍然在品质上存在一些问题,骂人打人,随便拿别人东西,吃完饭不收拾等等。所以在组长挑选组员时,他被剩了下来,我没有把他单列出一组,而是把他强塞给了一个小组,组长还有点不高兴。这件事对他有一定的打击,事后我与他和组长分别进行了谈话,先稳定组长的情绪,再帮助王某分析被剩下的原因,并且给他提出改进的方法。谈话重点落在态度上,即对学习的态度,对同学的态度和对班级责任的态度。这样,王某知道了自己应该努力的方向,也知道自己不能让这个接受自己的组长失望,加上周围同学和其他组的学困生都在努力学习,他也产生了一定的危机意识。期中以后表现明显好转。听讲效果也比以前好了很多。甚至还找我背过英语课文。在期中后的小组长总结中,多次提到王某的表现有所好转,甚至能改掉值日逃跑的毛病并主动要求值日,主动找老师背课文为小组加分了。虽然成绩提高还需要一定的时间,但是目前的学习态度是好的。组长的功劳也是值得一提,在我的要求下,组长每天都帮助王某把作业项目抄在记作业的小本上,以免其忘记记作业,并且放学后经常给王某打电话,督促其把作业做好。这样,王某虽然在每次大练习时仍然几乎都是班级最后一名,但是成绩没有下降,反而有略微的提升,并且书写比从前工整很多,学习态度明显转变。

值得一提的是上海社会实践。我并没有因为他平时表现不好而阻止其参加社会实践,尽管已经预料到他会给我惹下一些麻烦。但我不想剥夺一个孩子想跟集体活动的愿望。上海实践期间,王某表现一直不是很好,晚上熄灯后仍然有和同学玩手机、说话不睡觉的情况,也给小组扣了不少分数,我没有批评他,而是对他表示理解,因为他从前没有受到过与同学同住一寝的训练,所以有些规矩遵守起来有些困难,但为了大家和班级的利益,希望能够尽量克制自己。他对我没有对他进行严厉批评感到很惊讶,而后的活动中态度有所转变。在其他活动中,我也不断地向其讲道理，讲集体意识，并适时地给予表扬。当然，期间也有一些我无法容忍的事，对于关于品质的问题，我一律严惩，并通知家长，留下证据，给他以威慑力。在回程的火车上，王某表现得比去上海时好很多，知道听指挥拿出作业来写了。9号晚上，王某发烧了，这是他小学二年级以来第一次发烧，突然间，本来精力充沛爱玩爱闹的王某蔫了。我想这是一个接近师生关系的好机会。于是带他穿越好几节车厢去找校医，带他回到自己的辅位躺好，把药喂他吃下，给他灌了一瓶热水放在床头。半夜两点，我起来给他测体温，烧还没有退，于是把他叫起来，喝水，上厕所，再吃一片退烧药，安顿他睡下，把被子帮他盖好，并把自己的棉衣也盖在他身上。第二天上午，王某的烧退了，他像变了一个人一样，下床的第一件事就是拿出古诗书来背。我知道他虽然没有口头说出来感谢的话，但是他是在用行动来对老师表示感谢。从那以后我说的话他特别听，跟我也亲近了许多。有时他不自觉地犯错误，看到老师一个眼神就明白了会马上改正。

现在的王某与刚入学时的他已经转变了很多，虽然还存在很多问题，但是在态度上已经表现出了很大转变，对自己的要求也严格了起来。

【总结与反思】

如前所述，我认为小组合作对转化后进生具有比较好的作用，然而在小组加分变量的把握上还需再科学细致些。下一阶段我们希望实行更加科学的小组分配，力争达到同组异质，异组同质，人人有职，人人监督，形成一个整体，争取让后进生都有自己发挥的空间，不让后进生掉队。然而小组只是带动后进生的一个方面，在其他方面如家庭，情感，人际关系，社会因素等方面，我也需要时刻关注并给予适当的引导。

观察细节对症下药，感化问题学生

曲春秀

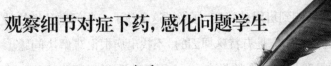

【导语】

当今的社会发展速度之快，人们生活压力也在与日俱增。正因为经济发展了，人们生活水平提高了，家庭和社会就出现了一些问题，这些问题直接影响到

中学班主任工作成功案例集萃

孩子。比如家庭中夫妻离异、社会上拜金主义、读书无用论等都会影响学生。更严重的会影响学生身心和世界观的形成。作为班主任的我们，不光要教好所任学科功课，还要充当心理医生的职责。附中的学生家境都比较好，家庭有问题的孩子也就比较多，这就要求班主任不仅每天要钻研自己的学科业务，还要花大量的时间去研究每个学生，特别是那些有问题的孩子，帮他们解决生活中的困惑，帮他们建立正确的人生观和世界观。要想让学生能努力学习，首先要解决的是孩子的思想和心理问题。

【案例现场】

我的上一届，班里有个女孩，开学不久就有一些特殊反应，初秋下大雨天躺在操场上，任由雨水浇打，浑身上下湿透，冻得嘴唇都紫了，我叫家长赶紧带来干衣服换上，结果换来的是一顿咆哮："这么点事，你干吗找我家长"；不久又传出她喜欢我们班男生的消息，当我找她谈心，想要给予疏导时，她却笑着告诉我已经不喜欢那个男生了。在我没有批评的交流中她又透露了现在喜欢另一个男孩的信息，当时我都不知该如何批评或是劝导了；在各科课堂上，她经常说话，我的课她不敢说，就传纸条。哪个老师好好和她说，她还答应得很好，之后该什么样还什么样。哪个老师如果稍微严厉要求她，她就是一个横，感觉非常霸道；逐渐的围绕在她身边的几个孩子也开始不学习，仪表发式越来越过分。后来通过多次和她谈心我才知道，小学时，因为点小事班主任老师管她，结果她当着全班同学的面把班主任骂哭。事后她也很后悔，老师没因此放弃对她的管理，她也向老师道了歉。但行为习惯和任性的习惯却没什么改变，为此她妈妈也很担心。但逐渐我发现这孩子有两大优点：善良、不说谎。

【案例分析】

看到这个孩子这样，初一时我很焦急，她这样不光是影响自己的成长和发展，还会影响到班级的稳定。了解了这个孩子一些问题和性格特点后，我觉得她这样的性格，一定是有特殊原因的，不找出病根很难解决问题。

于是我请来孩子的母亲，一方面反映我所观察到的孩子的问题，希望家长配合管理；另一方面想通过她了解孩子在家里的一些情况。通过谈话，我才知道孩子是生活在离异家庭和母亲生活，平时妈妈忙，放学就去课后班吃饭学习，晚上由妈妈接回家，家就是睡觉的地方。母女很少交流，孩子的教育都交给学校和课后班了。孩子和奶奶感情很好，只是周末能见到奶奶，孩子的父亲更忙，几乎半个月见一次孩子。孩子的爸爸对孩子要求很严厉，但根本不知道孩子这几年的变化。父母谁也没意识到，孩子有比物质更需要的东西，那就是家的温暖，虽然父母离异的现实孩子能接受，但成长中的她需要的是与父母交流和来自父母的及时关爱。但是这些恰恰是父母没有意识到的，孩子情感的这片空白最终被那些同龄的孩子占领了，无论好坏她都接受了，这是一个渴望被爱、情感极其脆弱，但外表却武装得很坚强的孩子，再加上逆反期，也就有了今天的言和行。

【解决策略】

了解到孩子的性格特点，以及问题的根源，那么就要对症下药了。

首先，我坚持每天中午和学生一起练半小时字，这样既能提高学生的书法又能让班级里个别学生从浮躁中走出来，使全班学生的心都恬静下来，不给学生调皮捣蛋的机会和环境。

其次，我想办法切断这个女同学和外班那些习惯不好的伙伴的联系。差不多一周要和她长谈两三次，先改善我们的师生关系，然后通过给她讲故事，以及引导她共同分析故事，逐渐引导她对待事物要看阳光积极的一面，不要只看事情的负面效应。帮她分析自身的毛病，找出改掉毛病的方法。

再次，我和孩子的母亲商量，先不要过分关注孩子的成绩，注意多与孩子沟通交流，要把孩子当成朋友，不要经常批评孩子。发现孩子进步要及时鼓励，帮孩子找到自己，逐渐树立自信。建议孩子的父亲在双休日要多陪孩子，与孩子交流自己工作的优秀源于努力，希望她父亲帮助孩子制定人生目标和学习目标。

班级四次组织学雷锋活动，我都鼓励她积极参与，无论是给汶川地区捐书，还是到省孤儿学校捐助活动器材，无论是清理街头野广告，还是为摔伤的一名农村女孩捐款，我都劝说她参加。在这些活动中，她一次又一次地体会到自己的价值，体会到自己的生活其实很幸福，体会到和那些孤儿比起来，她还有父母的关爱，父母没有放弃她，依然爱着她。在这些活动中，孩子的内心发生了细微改变，从抱怨中走了出来。

最后，我动员班级里品学兼优的同学多和她交往，改变一开始那种避而远之的做法，让她知道在班级这个集体里是有温暖的。体会到这是一个整体，她是其中的一分子，班级是另一个家，要爱护它不要去破坏它。

【解决效果】

在我和同学们的努力下，班级的学习风气好转，课堂秩序改善，科任老师都夸学生长大了懂事了！过去那个任性刁蛮的小姑娘不见了，出现在同学们面前的是一个有爱心，能学习的学生了。她的变化也影响到其他几个偏激的学生，她们也逐渐阳光起来。虽然有时她们还是要犯毛病，但同学们都不会去再放大她们的毛病，都会原谅她们。令人高兴的是，每次犯毛病都会主动承认错误，让我感到努力没有白费很是欣慰。初三毕业前夕，四模考试的语文作文她写的是我，她妈妈打电话告诉我，在孩子与她交流时孩子说"是我们老师改变了我的一生"。现在这孩子在高中学习特别努力，第一次物理测试还得了满分。

【总结与反思】

作为班主任，我们不仅要教好所任学科，还要面对大量繁杂琐事。了解每个学生，注意观察细节，尊重孩子的个性差异，配合家长和孩子耐心、融洽地沟通，是解决问题学生思想的关键。孩子初中阶段正确的人生观、价值观的初步形成对于孩子的高中甚至一生都极为重要。附中毕业的孩子，不仅会有优异的学习成绩和学习能力，更要有优秀的品质。这就是附中人交给家长和社会的答卷。

顺势而为，做好问题学生的转化工作

罗 欣

【导语】

班里的B同学是个非常聪明而且调皮的孩子，在小学的时候就是老师口中所谓的"问题学生"，在学校都是出了名的，当听到别的老师跟我介绍他的问题时，我的头也发麻。怎样和他相处？我把消除他对我这个班主任的戒备心理选择做为"突破口"。

【案例现场】

在开学初的一段时间里，我私下里不时地观察他、了解他，他也在暗中打量着我的言行和对他的态度；其实B同学也有可爱的一面，与别的孩子不同的地方是他的心理更成熟、更老练一些，本质并不坏。在一次体活跳绳比赛时，由于他没带跳绳，索性他脱离了体活队列，一个人在操场上游荡，我发现后，立即走过去，请他与我一起比赛跳绳，让他摆脱了没有"合作者"的窘境。

【案例分析】

我觉得：学生犯了错误，简单的批评解决不了根本问题，班主任应该尝试着帮助学生去发现、解决、改正自己的问题。通过多安排他完成一些"额外"工作，有意去强化学生的责任意识和自律能力，让他感觉到自己的价值体现，逐渐获得老师认同和信任。

【解决策略】

有意淡化他的戒备心理，有时他做错了事不问他原因、只告诉他怎样做才能做得更好，慢慢的他变得活跃起来，他开始主动承担一些班务工作。慢慢的他的学习、生活中改变了不少开学初的一些坏习惯，在一段时间内他的成绩有了明显提升。

【解决效果】

问题解决后，总会出现新问题。由于他一段时间内有了些进步后，有点盲目乐观了，很快在期末考试中把数学考"砸"了，自己本想成为班级的一匹"黑马"，当成绩出来时，他自己都不敢相信成了白马。过后，他悄悄地走到我的跟前，对我说："老师，对不起，我这次没考好。"我没有说什么，只是把批改过的试卷给他看，由于他没有按照我的要求进行复习，致使成绩非常不理想，我耐心地帮他分析完原因后，他默默地回到自己的座位。放学时，他递给我一个纸条，什么也没说就跑开了，打开后上面写着"老师，对不起，我辜负了你，但是请你放心，我以后肯定会听你的话，认真学习的，请相信我。"

【总结与反思】

我深知当一个班主任容易，当一个尽心尽力的班主任不容易。每个学生在自己的世界里都是独一无二的花朵，让哪个掉队都是为师者痛心的事，我会用精心去弥补经验的不足，用感动去重拾学生丢失的信心，在工作中体会师者的幸福，用心体会，用爱感化，在艰难中孕育美丽，在汗水中播撒希望！

第四辑

放飞心灵，打开闭锁

李忠强

【导语】

进入青春期的初中学生，生理发展快，心理变化大，性意识觉醒，出现了第二性征。对异性逐渐产生浓厚的兴趣，思维方面也由儿时的形象思维变为以抽象思维为主的多种思维方式。"成人感"不断增强，有些中学生一改过去热情、开朗、奔放的天性，性格变得孤僻起来，整天戴着一副成人的面具去追求少年老成的效果，有话不愿对人说，紧闭心扉，心理专家把这种状态称作青少年的闭锁心理。

【案例现场】

学生小A是个天性腼腆的女生，她几乎很少与同学说话，上课回答问题声音小得可怜。班级集体活动很少参加，当你与她交流时，她闪着怯生生的眼睛，像一只受了惊吓的兔子。

【案例分析】

小A的痛苦源于家庭的不和，父母感情不和，父亲性格暴躁，母亲性格懦弱，为了照顾小A辞了工作。父亲经常喝酒，一不高兴就拿孩子和母亲出气。长期在这样的环境之下，小A性格就发生了内在变化。她尘封了自己的心扉。

青少年的闭锁心理，是心理发展过程中的正常现象，并不是什么异常心理表现。在闭锁心理的支配下使他们不愿意启齿，但不等于他们真的不愿意让别人了解自己，他们都希望父母、老师能把自己作为朋友来理解，体谅自己的心境，他们渴望与别人交流，互换意见，然而在现实生活中，他们看似幼稚的想法往往并未得到大人们的理解，而这种交往受阻时，他们便把自己的内心封闭起来或在同龄人中寻求心灵的慰藉，以求得内心的一片栖息之所。或通过写日记的方式来宣泄不满情绪。

事实上，这些中学生表面上对生活中真正打动他们内心的人和事视而不见，但内心却充满矛盾和痛苦。这种由封闭心理造成的心理痛苦，远比其他痛苦更难受。

【解决策略】

处在青春期的少男少女们由于人为地压抑自己的感情，有意地把它封闭起来，使他们失去了青春的风姿和天真气息，其实他们从内心深处也想摆脱这种不良的心理，那么怎样克服自我封闭的心理呢？作为教育者又应该怎样做呢？

一、作为中学生应该做到如下几点：

1. 要勇于和善于表达自己的情绪和情感

有的中学生，把闭锁心理当作保护自己的"盾牌"，认为这样可以使自己不受外界干扰，可以减少困难和烦恼，他们不知道这样做会使自己的性格发生变化，从而影响今后的工作和生活。其实生活中有许多令我们心动和陶醉的事情，中学生应适时地把这种情绪和情感表达出来，对于自己的不足和缺点要敢于暴露，不能遮遮掩掩，要敢于亮出自己、推销自己，否则就如同自我摧残，而当你打开心灵的这扇窗时，阳光就会撒满你的心田。

2. 尊重信任他人

中学生生活在校园里，必须要与师长、同学进行交往，如果你对人际交往表现得冷淡化，这说明你对人的信任感和天真的直觉已被自我封闭的心理毁灭了。所以你应努力去寻找生活的乐趣，学会放松自己紧张的生活节奏，注意尊重信任他人，有苦恼找同学或老师聊聊，和陌生的同学热情地打打招呼，和朋友们一同出去郊游，同学、朋友有困难时，要主动表示关切和安慰，使自己不至于走向封闭的深渊。

3. 要学会生活，心存感恩

生活中不是缺少美而是缺少发现，生活就像一面镜子，你向它微笑，它也向你报以微笑，要学会用孩子的眼睛去看待生活，要想走出封闭的自我就要走向大自然，去享受阳光、雨露和花草，去感受大自然赋予自己的一切，学会感恩。

4. 要学会调节，缓解压力

中学生要面对各种考试，平时的压力是可想而知的，适度的学习压力是有利于学习的进步和提高的，但一定要注意调节，不要整日奔忙于一个明确目的或一个难题，那样做会很累的，要懂得快乐是人生的一个重要价值标准。特别是当中学生遭受挫折后，闭锁心理便把受挫后的烦恼积压起来，精神宣泄的渠道被堵塞，使中学生出现精神和神经系统的病变，这时候更需要学会调节，从而缓解压力。

二、作为老师和父母还应配合中学生做好以下几点：

首先，要尊重他们自立、自强、自尊的愿望。凡属他们自己的事情，都要让他们自己去决策，父母和老师不能包办代替，而只起参谋的作用，更不能把自己的意志强加于他们身上。

其次，家长和教师应当充分理解他们，少用训斥和命令的口气对他们，而应尽可能以朋友的身份去鼓励，指导他们，多用平等、协商的口吻去交流，以使他们顺利度过青春期，保持良好的心理状况。

再次，教育者要特别注意中学生的择友圈，帮助他们掌握交友的原则。由于中学生识别能力差，一旦交上了不好的朋友，染上恶习，就会影响他们的健康成长。

【解决效果】

经过多方面的努力，特别是与小A父母的接触，在帮助小A性格转变方面，家校达成了一致意见。按照上述方法进行了尝试，并在实践中反复修正。如今的小A脸上已经多了更多的发自内心的微笑，父亲把酒彻底戒了，母亲又找到了工作，小A感觉到家庭生活重新有了新的生机。小A的成绩也越来越好，后来小A主动参加了学校的文学社，用她自己的笔触书写更美妙的人生！

【总结与反思】

教育者要掌握这一时期学生的心理、生理特点，找准他们的困惑点，了解他们的内心需要，只有这样才能真正帮助他们。但在现实生活中，的确有的教育者没有认识到这一点，更没有处理好这个特点，以致影响了孩子的发育。总之，中学生的闭锁心理是客观存在的，帮助中学生克服这种不良心理状况有助于青少年的健康成长。只要广大教师、家长和青少年朋友携起手来，共同努力，相互理解，彼此信任，就会还中学生朋友一方晴朗、亮丽的天空！

帮学生度过烦躁期

王继伟

【导语】

网上曾经流传这样的一张帖子：要善待那些成绩优秀的学生，因为他们可能是将来的科技精英或诺贝尔奖得主；也要善待那些成绩平平的学生，因为他们将来可能成为一名教师或你的同事；同样要善待那些表现不令人满意的学生，他们可能会成为商业巨头，有朝一日可能会为母校投资；至于那些桀骜不驯、不服管教的学生，更要善待他们，因为他们可能就是明日的政坛领袖。如何与学生进行交流，帮助他们成长，一直是社会、学校、老师、家长不变的话题……

【案例现场】

学生A是个头脑非常聪明的孩子，很有才华（思维活跃，文理科成绩都很好，曾经用古文写了一篇很流畅的检讨书，让老师感觉这并不是一名初中学生写的）。对学习很有兴趣，但上学期有两个月的时间非常顽劣，愿意接话、前后交流、上课看小说、说一些不着边际的话、甚至编造故事、私底下开老师的玩笑。他希望当班级干部，但没有毅力，不能坚持，性格浮躁，做事不让人放心，经常乱来，被老师撤职了三次。由于学习不够专心，学习成绩不稳定。任何人的话都不听，多次谈心、批评，几次找家长，家长也眼含热泪束手无策。

【案例分析】

这个孩子应该算是比较典型的青春期男孩子的特有，但也是比较极端的表现。不愿意受到别人的约束，向往自由，老是觉得大人说的都是在限制自己，自己已经长大了，应该有自己的生活方式和思考空间，做事应该凭自己的感觉，要"我的青春我做主"。具有强烈的表现欲，希望成为所有人的关注焦点。无论是成功的回答问题，还是故意搅乱课堂，以及平时的大小错误，无非就是一种哗众取宠的心理，也就是虚荣心在作怪。每个孩子都会有，只是表现形式以及自制力不同。而这样的男孩子更需要一种男子汉似的精神引导和成为一个什么样的人的人生目标。每个孩子心理都开着一朵花，只是绽放的阶段不同。作为老师，应该给予其正确的引导和调试，而不是像避瘟疫打老虎那样一棒子打死。

【解决策略】

1. 谈心。我首先站在一个朋友的角度跟他谈，给他讲一些例子，讲一些班级中和社会中的人和事例，让他能感受什么是真正的男人应该做的事；其次是同他谈父母、家人、老师对他的期望和在他身上所花费的精力，让他知道周边的人都在关心他，为他付出；之后再帮他一点点分析这段时间他的表现，哪些是让老师和家长、同学感到满意和欣慰的，哪些则是不好的，甚至令人讨厌并对别人产生不良影响的。

2. 课堂关注。在上课的过程中，我经常会提问他，甚至是"刁难"他，因为他反应很快，但是不够稳，经常会出错，我经常问他："你觉得这样做正确吗？是否详尽？""还有没有更好的办法？"久而久之，他觉得我在不断地关注他，不管问题解决得如何，虚荣心都得到一定的满足。另外，为其设定学习榜样，比如班级中哪些同学比他成绩好而且稳定，应该向他学习。通过这样的刺激，他觉得学习动力很强，而且课堂上分析问题的思路在不断拓展，开始形成一种习惯，轻易不对一个问题说"再见"，总是尽量考虑得很周全才下结论。之后的几次考试都没有出现低级错误。相比以前能打120却只打了一百零几分的状态有了很大的提升。

3. 营造周边环境，树立人生目标

一个人的成长有很多因素，其中非常重要的是个人目标和成长环境。很多时候身边的朋友会在很大程度上影响一个人。我发现A同学和B、C等同学关系要好，所以私下找他们谈，让他们帮我分析A最近的表现，挖掘根源，希望他们在平时的交流中能不断影响他们，让他能分辨是非，知道什么该做，什么不该做。在平时只要有机会，我都会跟他聊一下有关于社会现象、人生经历、目标等话题，虽然每次时间都不多，但明显感觉到一些人和事还是引起了他的兴趣，并且默默的在心中为自己树立榜样和目标，也在不断的努力……

【解决效果】

通过这一段时间的努力，A同学的行为方式有了很大的改变，虽然还是比较顽皮，但逆反心理基本消除，上课时变得更为活跃，也经常能和老师同学进行很激烈但很友善的交流，我想我的目的基本达到了。

【总结与反思】

1. 以人为本，付出真爱

其实每一个学生都是善良的、淳朴的，没有过多的想法，有的只是自己能自由些，有些成就感，也能得到别人的关注和承认。作为教师，适当的批评是必要的，但更应该知道问题出在哪里，如何解决。要"以人为本"，走进他们的内心，关注他们的心理。在日常的学习中，我不断地关心他的表现，用"今天过得怎么样？""上课收获大吗？""你今天穿得有点少啊，要注意保暖。""你最近好像长个了，胖了点，要注意加强锻炼，不能太胖啊！"等语言来拉近我们的距离，让他感受到老师很关心他。

2. 生生互助，友情感化

不能忽略同学们的力量，其实更多的时候还是孩子们在一起。环境和榜样的力量是无穷的。同学的力量很多时候比老师的说教要强大得多。因为同学的友好关系一旦建立起来，就会无话不谈。一个人往往在思想方法和行为方式等方面能对另一个人产生影响，就是因为"相信"二字。

3. 因材施教，循序渐诱

这个孩子的头脑、学习成绩、分析问题的思路都是非常好的，也就是一个很有才华、很有前途的学生，唯一欠缺的是不够稳，这是性格的影响，需要慢慢改变。所以我通过在课堂上的关注、课下的引导甚至通过打赌他这次考多少分的方式来刺激他，慢慢的让他的学习习惯有一定的改变，情况也好了一些。当一个人有了一定的目标时，精

中学班主任工作成功案例集萃

力就会不断地投入到实现目标中来，花费到其他方面的精力就会减少，从而让他不再那么关注调皮捣蛋的事。

4. 树立正确的人生观、价值观

我觉得一个人，尤其是在初、高中阶段，人生观、价值观的树立是极为重要的，因为它会决定一个人将来的路如何走。所以，这方面也是我在班级管理中最为重视的。除了平时渗透如何做人、做事之外，我建议他们平时多关注电视、网络上的国内外大事小情，并可以自己对其进行分析和判断。尤其希望他们关注发生在自己和他们身边的一些小事，因为小事更能看出一个人的品质。现在的孩子时间都很紧张，平时难得看书或报纸、电影，但我希望他们读一下路遥的《平凡的世界》，看一下《士兵突击》这部电视剧，试着把自己当作主人公，体会一下这种心境。

5. 欣赏学生并让学生欣赏自己

初中阶段的孩子是最容易叛逆的，心理的躁动和不安分以及强烈的要与众不同的愿望不断加强，自卑和自信通常是并存且可以相互转化的。在某些方面的出众会不断地强化他们的内心，从而带动其他方面的不断修饰和进步，这个过程需要老师不断地对其进行赏识教育，有意无意的将其闪光点展现甚至是放大，对其本人是激励，对别人是鞭策。

6. 允许学生犯错

教育是心灵的艺术，教育学生，首先要与学生之间建立一座心灵相通的爱心桥梁，在内心知道，无论他犯了多大的错，这个孩子都是好孩子，不能下"这个孩子不行了"的结论。这样才会产生热爱之情，充满了人情味，让学生感觉到你不是在生硬地干涉他的生活和自由，而是在关心他的成长，为他的将来考虑。这样，才能让他卸掉敌意，放松地和你交流，也才会有好的效果。

在教育观念不断更新的现在，作为一名教师，尤其是班主任老师，有责任帮助学生树立信心，明确人生目标，不断调整自己努力的方向，成为一个合格的对社会有贡献、有尊严、有能力适应社会发展的人。我希望自己能不断钻研，努力学习，为祖国培养一批又一批合格的接班人。

叛逆的孩子，我懂你的心

李 丹

【导语】

有一则寓言：一把坚实的大锁挂在大门上，一根铁棒费了九牛二虎之力，还是无法将它撬开。钥匙来了，瘦小的身子钻进锁孔，只轻轻一转，大锁就"啪"的一声打开了，铁棒奇怪地问："为什么我费了那么大力气也打不开，而你却轻而易举地就把它打开了呢？"钥匙说："因为我了解它的心。"进行心理教育，班主任应善于走进学生的心里，去用"一把钥匙开一把锁"。班主任应该用自己的爱心去培养学生健康的情感，培养学生良好的性格。对于心理有异常变化的学生，如何用爱心、细心和耐心帮助他、感化他呢？

【案例现场】

我班曾经有一名学生在初二突然自控能力变差，喜怒无常，时常爆发，大哭，甚至有自残现象。他与同学玩篮球，经常动手打人，别的同学都不愿意和他玩；上课老师检查教材，他没有带来，老师询问原因，他踹倒课桌，摔门而去；考试成绩不理想，他跑出教室，躲到教学楼外一角，号啕大哭；手臂上有伤，据家长说是在家里砸墙所致。该同学发泄过后，往往后悔不已，痛哭流涕。无常的表现让任课教师和周围的同学觉得他像一颗定时炸弹，敬而远之；父母每天看着他的状态，也是忧心忡忡。情况无法扭转，他的表现更是变本加厉，不可收拾。

【案例分析】

初二年级的学生比较毛躁、逆反，但是他的反映太过异常，一定有什么原因。通过与他本人的谈话，与家长的沟通，以及与他较好朋友的交流，侧面了解了一些信息。总结起来：自身性格偏激，学习压力过大，家庭变故所致。他的家在外地，为了到长春最好的学校求学，父母在长春租房，因父母工作较忙，只好由爷爷来陪读，照顾生活起居，留奶奶一人在老家，每周末父母从外地赶来陪他过周末，但是爷爷突然病故，他本来离开父母和朋友在长春就觉得孤单，家人的投入精力也让他不安，尤其爷爷的去世使他把这一切都归罪于自己。但是他的基础不好，成绩在班里始终中等，没有达到自己和家人当初定下的目标，觉得内疚，对不起家人。同时自身性格有问题，较为内向，不会与周围的人很好地交流和及时的排解，因此情绪始终处于崩溃边缘，愈演愈烈，自己也苦不堪言。如何排解压力，让他走上正轨呢？

【解决策略】

引导他学会反省自我，正确认识自己，评价自己。同时始终贯穿"爱"的教育，用爱唤起他内心的爱、不会表达的爱，让他用一颗爱的心去与父母、老师、同学相处。

1. 话疗。多次谈话，告诉他成绩不是唯一回报的方式，健康的成长同样是家人期望看到的，走进孩子心里，让他觉得老师是理解他的，是可以信赖的，努力帮他打开心结。

2. 补课。找出困难学科，与任课老师沟通，讲解难题，布置任务；让几个课代表和他结成学习小组，解决学习困难。

3. 构建和谐的人际关系。首先尽量避免他在同学面前情绪失控，因为这样在他平静的时候会觉得很没有面子；让同学主动接触他，了解他，理解他，关心他。其实，他的内心极其依赖他人，很脆弱，外表坚强或努力表现得坚强，但是遇到问题，无法解决，很容易达到承受的极限，乃至爆发，因此让他卸下伪装，活得自然。

4. 转移注意力。参加学校活动，为他报名参加国旗班，篮球队；让他注意力因要面对自己喜欢做的、新生的事物发生转移，尽快帮助他走出这一段不稳定期。

【解决效果】

通过这一系列的工作，首先调整了他的心态，帮助他解决了学习上的困难，重新树立了自己的形象，理顺了人际关系，找到了兴奋点，让他每天都很快乐，做自己的情绪管理员，感受自己的点滴进步，同时明确前进的方向。在这一过程中，他更加热爱班级，尊重老师，体谅父母。对人、对己都学会了宽容。通过自己的努力，他在初三毕业考上了师大附中高中，一路坚持，如今就读于中国公安大学。从普通班的一名问题学生，最终转变成为一名品学兼优的大学生。

【总结与反思】

如果一味将"严师出高徒"奉为真理，那就可能导致简单粗暴，甚至走向极端。每一个人的心，都像上了锁的大门，任你再粗再硬的铁棒也撬不开，唯有无微不至的关爱，才能将自己变成一把细腻的钥匙，进入别人的心中，了解别人，感动别人。教师的爱要符合孩子的心理，适合孩子的特点，用他们需要的方式去爱他们，走进他们的心里，感召他们，问题自会迎刃而解。作为教师也因学生的转变而由衷地感到骄傲和自豪。尊重学生，尊重学生生命个体，走进学生的心里，让学生和教师共同享受着教育的精彩和深刻。

你了解学生吗

陈得海

【导语】

走上教师工作岗位已经八年，做了七年的班主任，提出这样的命题，是缘于在班级管理过程中，发生在我和学生之间的很多事情颠覆了我对学生的理解，得出一个结论就是：即使在做班主任，其实对学生也不是完全了解。下面讲一个关于班主任管理方面的小故事，与大家分享！

【案例现场】

事情发生在上学期初，我刚刚接手初二十七班，当时同学们给我的深刻印象是：头脑敏捷但有点邪性，性格开朗但偏向没有规矩。中途接手的班级基本上都是这个特点，所以首周开始全面整顿，逐渐深入下去，慢慢就会发现问题点主要集中在几个同学上，多数学生素质还是不错！有了重要目标，开始逐个击破。

【案例分析】

这个小故事发生在两名女同学身上，学生甲和学生乙很要好，形影不离的那种，性格开朗却充满叛逆，透过她们的眼神，你看得出其中隐藏的灵性。据说初一的时候各方面还是不错的，可是最近行为上变化极大，导致学习成绩直线下降，初步判断：肯定是心理上、思想上有了变化，意识决定行为嘛！找机会和她们谈话，总是敷衍塞责，深层次的东西不会向你透漏。表明她们还是比较成熟一点的，小看她们了！我暗暗意识到：这样的孩子肯定是有是非观念的，难道她们想试探一下新来的班主任？接下来，无论是课上的听课状态、课后作业的完成、课间的活动范围，还是作为值日生的积极性，我都对两人有更多的关注。关注多了，问题自然就多了，主要表现在课上感兴趣的东西学得很好，不感兴趣的东西经常溜号；课后作业总能按时完成，抓不到任何把柄；课间经常站在门口交谈，阻塞交通；对自己承担的值日工作不上心，总得受到提醒，才意识到该做什么！所以总体判断：学习能力不差，甚至可以说挺强；行为习惯不好，可以说很差。了解了病情，开始对症下药。

【解决策略】

孩子犯错误，上帝都会原谅的！我的做法是：一次犯错提醒，两次犯错警告，三次犯错毫不留情地批评，同时有适当惩罚。当然她们两个也成为我批评最多的同学，但是鉴于都有前两次的铺垫，她们也没有发泄的机会，看得出一直在忍耐。从她们的表情上就看得出内心的变化，最初还有点嘻嘻哈哈，满不在乎，觉得是倒霉，第二次没想到老师还会抓，已经觉得不好意思，但明显对于我的管理表现出抵触，但又无话可说，她们的表情告诉我："你怎么这么较真！"第三次等我劈头盖脸、毫不留情地批评完以后，乙同学竟然痛哭流涕，以至于泣不成声，我很惊讶，以前打过很多次交道，从未哭过，难道说的话有点过头了？孩子受不了了？但又不像，如果是，应该有一种愤怒的情绪，她更像是一种感动，带着好奇，我已经从训斥转移到她哭的原因上，但是就是不说，并且越哭越厉害。我想这也是一种情绪的发泄，没再追问。等到平静下来，她挤出一句话："甲跟我说，其实陈老师挺好的，管我们不也是为我们好嘛！"接着又是泣不成声。我晕，原来她哭是因为她终于领悟到甲说得对。在这种情况下，相应的惩罚措施在她那里已不成问题。

【解决效果】

后续观察：甲和乙无论从行为上还是学习上都有了很大变化，活动积极，学习努力，乙成为了英语课代表，并且工作做得井井有条，外语成绩显著提高（应该讲原来就不弱，只是现在回归常态了）。期待她们有更好的表现！

【总结与反思】

可是我到底好在什么地方呢？或许是我的坚持！或许是我给她们改正错误的机会，或许是我的奖惩有度！反思一下，如果当时我只坚持了两次，没有了第三次的监督，她们会觉得老师只是说说而已，老师已经淡忘了。如果第三次也只是提醒或警告一下，她们会觉得老师也不过如此，就这几招儿，也不会有太大触动。所以我觉得这一次的疾风骤雨是必要的，是及时的！人们总在谈赏识教育、激励教育，但是我认为没有惩戒的赏识与激励是无力的！

看来，你对学生的"好"需要一个过程，学生领悟到你的"好"需要一个更长的过程，如果有学生能将你的"好"传递给其他学生，或许就能缩短这个过程。那么作为班主任，是否可以在这里做点文章！

此时无声胜有声

王春雨

【导语】

很欣赏白居易的两句诗："别有幽愁暗恨生，此时无声胜有声。"很多人习惯于管理学生时疾风骤雨雷厉风行大声吼叫，然而，无声的教育也许更有效果……

【案例现场】

班主任要嘴勤腿勤，要像老婆婆一样唠叨个没完，似乎是大多数班主任的铁律。但我不太同意这个观点。随着接触时间的增长，学生们逐渐意识到了：我们的老师也不过如此。到这个时候我们似乎就对很多学生无奈了。为了避免这个现象，将一点经验和大家分享。

我现在所带这个班有名学生叫小波，听说小学时就算是个"首子"（一些小学生模仿黑社会，对比较能打的有一定组织能力的孩子的敬称），而且人长得也比较高大，最初我就知道他会成为我工作中的一个重点。之后的相处也证实了这点：脾气

113

翚，经常违反纪律，个性极强，常与外班调皮捣蛋的一些学生来往。开始时，我对他说教。有一天，他又犯错了，我将他叫进我的办公室，但他就是那样不在乎地等待我的批评。正好办公室没老师，我看着他，什么话也没说，就那样平静地看着他，因为说实话，我不知道说啥，但是很奇怪那时我一点不生气。我发现，他慢慢有了变化，从刚才的满不在乎到有点局促不安。又过了一会儿，他低下头，偶尔抬头瞟一下我，我知道他在窥测我的内心，但我还是很平静地看着他的脸，就好像在欣赏一幅画。他的头越发低了，也更加不安了。良久，我的声音打破了沉默："你可以走了。"他抬起头惊讶地望着我。"你可以走了。"我重复了一遍。他默默地走了。但这次他竟连着几天表现很好，我不失时机地表扬了他。后来尽管他有反复，但经过我又几次的沉默疗法，他变了。现在，他是个好学生，同班里的其他同学一个样。

分析：沉默有时也是一种力量；沉默有时更能使学生明白老师的心。

适用范围：常规疗法效果不大或者没效果时。

使用禁忌：目光决不可带有气愤、轻视等。

【案例分析】

个体原因：

一是小波本身有义气，情商不低。

能在小学就呼风唤雨的学生，情商一定是出类拔萃的，而且必然是讲义气的。正是因为这种义气，让他不明是非经常打架，而自己错误地认为在为朋友两肋插刀呢。

二是小波学习方法不得当导致学习上了无兴趣。

因为心思放在交朋好友上，学习是次要的。所以导致成绩越来越低，越来越学不会，越学不会越觉得学习没意思，于是走上歪路。

三是某些电影的影响。

小波平时喜欢看电影，尤其是与之年龄不符的"古惑仔"系列。在他幼小的心灵中天真地认为，只要胳膊粗力气大就可以称王称霸。

家庭原因：

1. 小波的父亲是一名警察，经常给孩子灌输一些武力至上的思想。

这个父亲不太懂循序渐进教育的思想，高兴的时候给孩子讲自己浴血抓歹徒的故事，不高兴的时候，对小波拳打脚踢凶神恶煞。

2. 小波的母亲是一名医生，每天忙于工作疏于管理孩子。

小波母亲教育思想很特殊，她认为只要孩子有足够的钱花，其他的一切顺其自然。即使是小波把别人打得头破血流，她也不责备孩子。这种溺爱式的管理让小波逐渐变得暴戾、恣睢、无法无天。

【解决策略】

一、捧出一颗爱心

由于小波缺点较多，常受到教师的批评、同学的嘲讽、家长的责骂、亲戚的歧视，长期缺少温暖和爱，成了被关怀遗忘的角落。所以对他首先应"捧出一颗爱心"，对他真诚关心，热情爱护。当然，爱绝不是对他不良品行习惯一味迁就。因此，经过长时间的反复抓抓反复，取得了很好的效果。

二、多赞扬

促使后进生转化，仅有一颗爱心是不够的，还应该掌握转化工作的艺术。这里着重谈谈转化工作艺术之一——赞扬的艺术。

小波的心理往往比较复杂、特殊，他视教师为"天敌"，抱定戒备心理。当教师板起脸孔、大加训斥时，这种戒备心理常常转化为反感，甚至对抗。有时虽然口头上认了错，思想问题并没有真正解决。真诚地、不失时机地赞扬他的每一点进步，则往往有利于思想的交流，感情的沟通，取得良好的效果。

美国心理学家吉丝雷耳说："称赞对温暖人类的灵魂而言，就像阳光一样；没有它，我们就无法开花成长。"用赞扬的方式开始批评，就好像牙医用麻醉剂一样，病人仍然要受钻牙之苦，但麻醉剂却能消除苦痛。

三、常抓不懈，目标适度

作为一个教育工作者，我们应坚信"世无朽木不可雕"，小波虽然顽劣，但不是不可教育。我经常给他设置一些稍微努力就能实现的目标，他感觉到了老师对他的信任，毛病越来越少，进步越来越大。

【解决效果】

通过仅仅这半年来的教育，小波有了一定的进步。现在，他在学习上有了份责任感，学习目的有了稍许的正确认识，能按时独立完成作业了，虽然质量上还

中学班主任工作成功案例集萃

需加强；他的卫生委员的工作也能积极参与进去了，现在他犯了错误能认识到错误在哪儿。但改的力度可能还不够；不过他的抵触心理在减弱，他现在仍缺乏刻苦学习的精神，缺乏坚强的毅力，抗挫折能力较弱，对于他今后的教育仍是长期的，我希望他会成为坚强、有知识的身心健康的人才。

【总结与反思】

正如"教无定法"一样，我认为管理也无定法。肯定有一些班主任老师会有更多的富有创造力的方法。但是，我们应该认识到：所有的方法，基本前提是我们爱学生，尊重他们，理解他们，平等地对待他们。我心目中班级管理的最高境界应该是班主任老师"无为而治"！

把班级建成一个朝气蓬勃、积极进取的集体，是每位班主任苦苦探索和孜孜以求的目标。而班主任和学生之间应该保持怎样的距离，众说不一。笔者在多年的班主任工作中潜心研究初中学生心理，认为班主任和学生各是剪刀的一叶，班主任和学生的距离就是"剪刀差"。初一年级是学生对中学生活的适应期。新的学校、新的环境、新的教师、新的同学，一切无不从"新"字开始，同时也是新的风气、新的习惯形成的关键时期。这一阶段班级工作抓得好，极有利于养成良好班风，良好的学习习惯。因此，在和学生的交往上，要做到"离多接少"。此时的学生，大都愿意把自己的长处、优点显露给教师，而不良习惯在新环境中处于自我抑制的隐蔽状态，不敢冒头。学生也愿意在师生共同制定的班纪班规中约束自己，展露才华。这段时期班主任在了解学生，学生也在了解班主任，他们通过班主任处理每一件事的方法来摸清班主任的脾气。班主任此时应和学生保持"离多接少"的距离，对学生严而有方、严而有度，让学生觉得老师很严。这一时期中，班主任认真带领学生做好班级的每个第一次，形成良好的开端，对以后的工作大有裨益。

到初二年级，学生进入初中生活的转折期。随着学生对环境的熟悉，自身的缺点、毛病也开始暴露，松懈情绪出现，同时从生理心理上已基本跨入青春发育期，学生情绪不稳定，动荡分化较为剧烈。学生对教师的态度也发生明显的变化。此期的班主任和学生间的距离，已不再是初一那样"离多接少"，而已在相互了解中逐渐缩短，形成一种"若即若离"的距离。对学生的教育本着晓之以理、动之以情的原则，让学生觉得老师虽严，但严而有据，严而有爱。在工作中能洞察学生的思想变化，想学生所想，急学生所急，及时为学生排忧解难，引导学生走出误区，进一步提高班主任在学生中的威信。

初三的到来，对学生而言是人生道路的转折期。他们渴望得到教师的理解与信任，尤其是教师的支持与鼓励，这一时期绝大多数同学对学习有一种紧迫感，学习压力和心理负担均较以往增大。此时班主任应和学生多接触、多谈心、多理解，保持"离少接多"，缩短师生之间的距离，站在学生的角度去思考，走到学生中间和他们打成一片，建立亦师亦友的亲密、和谐、平等的关系。教育中掌握"以教为主，教训结合"的原则，讲究工作方法，注意营造良好的教育氛围。"感人心者，莫先乎情"，此时班主任工作更应细致深入，从关爱学生出发，与学生推心置腹地交谈。让学生感到师爱的温暖，体验到被信任和被尊重的幸福感，对班主任产生由衷的尊敬和爱戴，并乐于接受班主任的要求和指导，使班主任真正成为学生人生道路上的朋友和指导者。

从初一到初三，班主任和学生之间由不了解到逐渐了解，再深入了解的整个过程，班主任和学生之间的距离也经历了最远、渐近到最近的变化，这就像一把张开的剪刀，班主任和学生各是剪刀的一叶，剪刀张口最大处，两刀叶相距最远，处在初一，师生距离最远；慢慢随着岁月的推移，两刀叶之间距离缩短，师生间距离逐渐缩短；到初三结束，刀叶交叉并拢，相距最近。在对学生了解得越来越深的过程中，班主任对学生的教育如丝丝春雨，润物无声，已深深浸入学生的心扉，班主任也已成为学生的知心朋友。

用赏识这滴雨露催开艳丽的花朵

范丽影

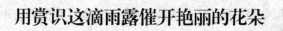

【导语】

如果说"爱是教育的前提"，那么赏识就是爱的前提。它源自于我们心灵深处对教育教学工作的热爱，对学生的那份疼爱，是老师与学生精神相融、心足交汇的桥梁。作为一名班主任，只有尊重、赏识自己的学生才能真正走进每个学生的心灵，在班集体这一方沃土上催开艳丽的花朵。

【案例现场】

我班学生小J，学习、行为习惯都很差，上课爱有小动作，爱左顾右盼，影响周围同学学习，放学以后喜欢在学校逗留，利用值日生值日的时间和其他同学在班里打闹，严重影响值日生值日，常常不能按时回家。爱搞恶作剧，一次趁班里女生值日的时候偷偷地把她的书包放在了男厕所。经常有不能按时完成作业的情况，在学校骗老师；在家里骗父母。还有一次因为我把其在校违反纪律一事告知家长，小J便心存怨恨，作业写得十分潦草，并在结尾写着"就这字"。结果每逢考试各科成绩都很不理想。

【案例分析】

我提醒自己没有学生生下来就注定是差生，每个学生身上都有自己的闪光点，于是我便努力在他身上寻找，决定开始我对他的赏识教育，通过和其他同学聊天得知小J对朋友非常仗义，我便偶尔在一些小事上向他求助，拉近我和他之间的距离，上课时也会通过让他回答一些浅显的问题来提高他学习的自信心，培养他的学习兴趣，刚开始，我的赏识很见效，能换来他一两天的认真，后来渐渐的时间在缩短，到最后，我对他的赏识完全失效，他又回归了以前的无所顾忌的状态。

这次赏识教育没有达到理想的效果，以失败告终，对此，我进行了全面的思考。

1. 为什么他不能按要求严格要求自己？

好的习惯，坏的习惯的形成都是一个长期积淀的结果，小J的学习、行为习惯差可以说根深蒂固，更何况十三、四岁是一个自制力较差的年龄段，没有一定的外在压力的制约和束缚很难改变。

2. 为什么他学习成绩不理想？

一方面，他较差的学习习惯会对他的学习成绩产生一定的影响；另一方面，他小学的基础较差。每个学生背后都有不同的故事，不同的家庭环境，不同的社交氛围都会对学生的性格、习气产生影响。通过和家长之间的沟通，我知道小J在小学时考试经常不及格，作业也写得十分潦草，应付了事。结交的朋友也都是平时约在一起玩的。

3.为什么对他的关爱不能让他感动？

在生活中，很多人会因为某一件事的触发或刺激或宽容或赏识或共鸣而从此以后不再怎么样，我对小J如此关爱和赏识，他怎么没有一点感觉？实践表明这和老师的赏识方法有关，更和学生的情感态度有关，不是所有学生在赏识教育之下都有很大的改观。

【解决策略】

结合以上的思考，我全面的调整了自己的教育策略，结合小J的实际情况，我不单单把赏识教育落实到语言和行动上，更注重深入到小J的心里。

1. 以生之助，友情感化

小J是一个讲朋友义气的人，虽然身上有种种缺点，可是在学生中间的人缘却不错。同学之间一旦建立起友谊的桥梁，他们之间就会无话不说。而同学的帮助对一个后进生来说有时胜过老师的力量。在学生这个群体中，大部分学生不喜欢向老师求助。因此，我安排小J和班级成绩优异、性格开朗、乐于助人的小C一桌，让他感受同学对他的信任、关心和帮助，感受到同学是自己的益友。通过同学间的相互影响这种教育方法在小J的学习上达到事半功倍的效果。

2. 全员督促，矫正行为

对于小J沉积已久的陋习，除了因势利导外，我采用了严格管理与全员督促的策略，如果他在课堂上出现不良行为时，我采取同桌协助提醒、课后反思的方法，且予以当众批评，让他知道自己和其他同学是一样的，没有特殊性。如此强制管理，使小J收敛了上课无所顾忌的行为，大大提高了他的听课效率。

3. 用心沟通，培养感情

任何一种教育方法，只有被学生真正接受才能转化为内驱力，真正的起到引领的作用，从这个角度讲，被赏识的对象有丰富的情感、较好的领悟力是赏识教育成功的关键，我经常推荐一些有关父爱、母爱、师爱类的文章给小J读，经常和他讲诉我的成长经历的几个关键点。与此同时，我还坚持和他谈心，让他感受到老师对他的亲近和期待。

【解决效果】

通过长期的努力,到了期末,小J不管是品行还是学业都取得了较大的进步,被评为了班级的进步标兵。

【总结与反思】

赏识教育的目的在于促进学生成长。班主任在面对失败时,不能急躁,更不能放弃,不但要从语言上赏识,更要从行动上赏识,从学生的角度出发,切实的帮助学生克服困难。此外,赏识要有原则。教师不但要从情感上走近学生,更要培养学生丰富的情感,增强学生对人对物的领悟能力。

做幸福快乐的老大

范琳琳

【导语】

集体活动能够让全体同学树立共同的目标,共同的目标可以说是一个班集体的灵魂,全体同学都能齐心协力向着一个共同的目标迈进,一起努力、一起奋斗、一起成长,我们就可以说这样的班级班风才正,否则就会成为一盘散沙,什么都做不成。

【案例现场】

2011级31班在初一上学期,入学不久,孩子就显现现代中学生,尤其是城市孩子的典型特征,凡事以自我为中心,不喜欢参加集体活动。在活动中不敢于表现自己,声音小,气场弱。整体综合素质极差。我对学生培养的目标是具有领袖风范的综合型现代中学生,然而这样的现状实在是令我万分苦恼。

【案例分析】

一个班级不开展或很少开展活动,是永远也不可能成为一个真正的集体的。

孩子不喜欢参加集体活动的原因是多方面的:有的孩子是性格原因,黏液质和内向倾向性的学生由于羞涩和自卑对班级活动冷眼旁观；有的学习是唯一目标，也对集体活动不感兴趣的；也有自命清高型；这类学生自认为天下第一，对同学和老师不屑一顾，对班集体的活动自然不放在心上，也有的是一直以来对学校或班级组织的活动不感兴趣，觉得千篇一律，没有新意。

但是无论是什么原因，归根结底要看活动对孩子的诱惑力，有了兴趣孩子就会突破自己的障碍，走进集体活动，锻炼自己的交际能力，提高班级的凝聚力，形成良好的班风。

【解决策略】

1. 开展与众不同的活动，让学生感受老师特别的礼物，更加喜爱老师，更加热爱生活，也让学生"活"起来的同时增强班级凝聚力。为了让学生喜欢参加集体活动，增长自己的综合能力，班级的每一次活动我都会精心安排和设计，让孩子们在长时间的校园学习和课外班辅导的单调生活中，享受一份意外的收获和美丽，同时缓解学生的焦躁，拉近师生的距离，可谓是一举多得。

阳光明媚的日子，我按捺不住自己内心的喜悦，天气真是好极了！我就带着孩子们躺在操场上，带上录音机听音乐、晒太阳、跳兔子舞。我们相互依靠在彼此身上，享受这阳光、友情和班集体的爱；我们结成一排，手搭着肩，一同的节拍，一同跳动的脉搏；下雨了，我们就冲到操场上淋雨；全身淋湿了，我们还要在雨中大笑。下雪的日子，我们去赏雪、堆雪人；我们享受大自然的美好，体会彼此的深情。孩子们又说我是"浪漫主义班主任"。他们认为和老师在一起有无限的快乐。所以我安排的所有活动大家都响应。所有的集体活动他们都积极踊跃参加，在大家的热情参与下，我们班获得了军训队列表演标兵班级、内务标兵班、舞蹈特等奖等奖项，并在跳绳比赛、班会等各项活动中均取得了优秀的成绩。

2. 要在活动中通过指导和示范树立自己的威信，才能一呼百应

开学典礼王开心同学要以新生代表的身份发言，我就亲自示范入场、表情及向大家问好的语言、语气，我还清楚地记得，教室里一片掌声。因为我参加过很多的演讲比赛，在师大我是演讲与主持学会的会长，其实当初并没有想那么多，只是想给大家示范一下而已，没想到在训练学生的同时还建立了自己的威信。

中学班主任工作成功案例集萃

运动会到了,孩子们临时编排舞蹈,时间紧任务急,孩子们就打算用几个有舞蹈基础的同学立竿见影的排练,但是又担心人数少,不能取得优异的成绩,这正是检验我短期教育效果的时刻,机会是不能错过的。我决定要排成全班64人的大型舞蹈,孩子们觉得3天时间简直是天方夜谭,就在他们迷茫的时候,我就借助自己的记忆把以前编排的大型舞蹈重新简单化处理,先是分批教,再亲自示范舞蹈动作,孩子们看到老师的点石成金,训练刻苦,万分崇拜,短短两天全班参与的64人舞蹈就诞生了,班级的每个人都得到了锻炼。效果还不错,还获得了文艺节目特等奖。同学们感谢老师解了燃眉之急。感激中带着一丝崇拜。毕竟是孩子嘛。

在其他的活动中孩子们设计好思路,就主动请求老师的指导,体操比赛我要求他们做成机器人状,大家不懂,我就示范,上海文艺汇演他们就来问我,我就指点道:这样的活动所有人都有备而战,那么我们制胜的法宝是什么?节目要新,于是我们的时装走秀就诞生了,服饰、发型、台风、步伐一一指导,孩子们认为老师很神通,就这样崇拜到连老师衣服的品牌都清清楚楚,可爱的孩子们啊!

每次都能出奇制胜,与众不同,孩子们自然会在活动时一呼百应了!

3. 有了一点点的成绩时,别忘了用深情的语言嘉奖他们

作为一名班主任,想带好一个班,贯彻好学校的各项要求,想最大限度地调动学生的积极性,想让他们在各项活动中锻炼自己茁壮成长,没有灵丹妙药,靠自己再有三头六臂也休想成功,唯有对学生坦诚、信任,打心底深处相信他们、尊重他们、嘉奖他们,让学生打心眼里相信你是爱他们的。也许是语文教师的关系,也许是自己本身就是性情中人,愿意多愁善感。家人和同事们常常说我的讲话像情诗,起初,我自己并没有感觉,而今,回首时也感到有几分滋味。对学生教育要让学生感受到老师的一片苦心,这样不仅教育有效,还不会让自己伤心。这也正是我一直以来依旧激情的原因,不要吝惜深情的语言。

比如说我班的间操,尤其是冬季的跑操,孩子们每天都能最及时到达,并且高质量地完成。冬季跑操根本不用我出去。他们依旧整齐、迅速。回来时总是得意地向我炫耀,我们表现得很好,我想这样的效果应该源于初一时,他们跑操回

来时，我对他们的一番情话吧，那天，我回到教室说："你们知道吗？我现在想拥抱你们每一个人，你们表现得太好了。每天的这个时刻都是我最盼望的，希望你们给我更多可等可盼的时刻。如果你们看见我在操场上蹦跳，那是我掩饰不住内心的喜悦。"以后的每一次跑操，他们都不时地用目光看着我，在我蹦跳的时候，他们也得意地用眼神望着我，时不时的还有飞吻飘来。那么神采飞扬！后来我在自己的日记中记叙了这件事。我把自己的随感读给他们听。我看到了他们的自豪和幸福感。也感受到了他们在老师的心中重要性。知道了老师的爱，那是言语间的流露。

再比如孩子们唱歌时，唱的兴起，我就在黑板上写下："31班的歌不能听，"然后故作神秘地在大屏幕下面的黑板上写下两个字。孩子们看不见这两个字，很奇怪，我就拉开大屏幕，连在一起读就是"31班的歌不能听，上瘾！！！"他们就唱得更起劲。

所以我们的班任何一场大型活动，都是人人参与，各个表现，我除了夸他们还是夸奖他们。

【解决效果】

从此以后我不再说教，不用命令，用心灵沟通，和学生在快乐中出色地完成一项又一项的活动，每一次活动背后都有许多可圈可点的美好故事。这些方法最大限度地调动与发挥每个学生内在的潜能。现在每个学生都愿意积极参与班级组织的各项活动，不做最好，决不罢休。就在这样的活动中潜移默化地培养了学生的集体荣誉感、责任感、自信心，增长了能力与才干。

【总结与反思】

一提到我们班的孩子，我就会很兴奋、激动，因为他们真的是太可爱了，与他们朝夕相处的日子里，可以说我们都是在幸福和快乐中度过的。我在感恩树旁写道："感谢上苍给我这段美好的日子，感谢你们——我的孩子们，是你们让我幸福快乐！——琳"

班主任工作应该是新奇的，极具创造性的，我要努力成为一个充满诗意、充满浪漫情怀的班主任；让我的工作有魔力、有磁性。我在总结自己的工作时曾经说过："我的灵机一动和创造性的发挥，是因为我喜欢学生，所以常常突发奇想，似乎整个人都变得聪明起来。"以后的日子里,我将带着31班的孩子们向着我的目标走去,让我的孩子们德育、智育、美育三丰收,成为具有领袖风范的中学生。

给调皮鬼的爱心处方

王　慧

【导语】

按照教育传统,家庭教育是家长自己的事情,教师并没有指导家庭教育的任务。可是现代社会独生子女的家庭结构很容易带来孩子的个性问题、社会化障碍、非智力因素的欠缺;师大附中的名校效应带来的学生家庭条件相对优越,也很容易腐蚀孩子,造成他们畸形的消费欲和幸福观;占一定比率的单亲家庭也会出现各种各样的家庭教育障碍。因此,班主任必须在教育学生的同时,学会协调家长与孩子的关系,做一个家庭教育的指导者。

【案例现场】

松松是班里最高的男孩,挺拔帅气,有很强的表现欲望,总是在课堂上发出一些怪调或者怪论,引得同学们阵阵发笑。各科老师对这个孩子都是又爱又恨,爱的是他天才的表演力,每个学科公开课的时候,他都是那个给课堂增色的最大亮点;恨的是他旺盛的精力和破坏力。几乎每隔一段时间,就会有老师到我这里来吐苦水,松松某节课把实验器材弄坏了,某节课扔纸团打了前排同学的脑袋……

对他的教育,我也真的是绞尽脑汁,谈过话,调过座位,也罚写过检讨,可是都像一个个有期限的紧箍咒,到了时间就自动失效了。最后的法宝应该就是沟通家长了,可是我一直都联系不上松松的母亲,打她的预留电话一直都没有人接听,发短信也没有回过,后来我尝试给他的父亲打了一个电话,把孩子在学校的情况反映给他听,希望他有时间能够来学校跟老师共同解决问题。他父亲的态度很恭敬,不但表示一定回家严格管教孩子,而且还很详细地给我讲述了松松特殊的家庭情况,原来松松的父母在他七岁的时候就离异了,松松一直跟着父亲和爷爷生活。他的母亲在几年前就调到外地工作了,很少跟孩子联系。孩子上小学的时候,就经常因为上课小动作多和纪律不好被老师批评。他的父亲对这个问题多少有些麻木和放任。但是随着孩子年龄的增长，他也开始意识到长时间的注意力不集中和多动表现会影响孩子的成长。他表示一定配合老师的工作。

【案例分析】

这次的沟通，让我多少找到了松松的行为成因。一般来说，单亲家庭的孩子，尤其是与父亲共同生活的男孩，大多需要更多更细腻的关注。他往往是通过调皮吸引教师的注意力，就算得到了批评，也在他的心理层面弥补了心中残缺的母爱，并不在意。我们班的任课教师，大部分都是女性，而每次松松在课堂上就算把老师气得七窍生烟，下课后他都有办法让老师消气原谅他，可能这样与老师的沟通途径成了他获取老师关注的主要方法。

【解决策略】

知道了病根，我开始试着对症下药。

第一步，团结所有老师的力量。我跟各科老师商量，暂时忽视松松上课时的小错误，不让他的行为吸引教师的注意力也吸引同学们的关注。但是如果松松在课堂上影响了正常的教学，那么就让他暂时离开教室冷静冷静，并且绝对不会再让他只用跟老师道歉的方式来解决问题，而是要跟他约法三章，三次违纪以上就要请家长来学校陪伴上课。

第二步，团结同学的力量。我多次在松松搞怪出洋相的时候，对那些发出阵阵笑声的同学们表示，他们就是让松松不能克服自己缺点的元凶，因为他们的哄笑才让松松有了成就感，有了下一次违纪的冲动，所以孩子们对于松松的玩笑慢慢就少了一些响应。座位安排上，我让几个特别安分的女孩子围绕在松松周围，偷偷跟她们约好，松松说什么好玩的笑话也不许上课的时候笑，不给他当课上违纪的观众。

第三步，我开始计划着改变一下这个孩子，我要给他建立正面积极的人生观，要有荣誉感才能有羞耻感，才能发自内心地不做课堂上讨厌的调皮鬼。我先安排活动让这个过分活跃的孩子有一些释放的空间，我让他组织班级同学排练节目参加年级和学校的文艺活动，每天课间都要策划节目内容，挤出课余时间排练；我鼓励他带领班里的男孩子们跟邻班举办篮球赛，我带着班里的女孩子们

中学班主任工作成功案例集萃

去当啦啦队，为他们的每一次胜利欢呼。由于身高的优势，松松成了年级的小名人，很多孩子都知道我们班有一个抢篮板很厉害的男孩。

最后，我辗转联系上了松松的母亲，原来她并不是对孩子毫不关心。只是因为想与松松联系的时候总是要经过他的父亲，这让她觉得很尴尬，而且自己在外地工作，半年左右才能回长春一次，想对孩子好一点都没有办法。我跟她商量着，以后她想给孩子买点吃的用的，让她直接邮寄到学校来写我的名字，由我转交给松松。每周约定一个中午的时间，让她和松松通过我的手机聊一次天，了解了解孩子的情况。跟松松的父亲我也做了几次长谈，劝他把夫妻间的事情与对待子女的关爱区分开来，不要妨碍松松与母亲的互动。他的父亲很尊重我这个班主任的意见，在寒假的时候，还破天荒地答应把孩子送去母亲那里玩一阵子。

【解决效果】

经过全方位多角度的配合，松松明显地成熟起来。他理解了获得别人认可的正确途径，开始在意自己在别人眼中的形象。不会再不分场合地开玩笑胡闹了。尤其是与母亲的联系重新建立起来，让他一下子感受到了失去多年的母爱，他在学习上更有目标，也更愿意创造出更好的成绩与父母分享了。

【总结与反思】

对待反复违纪的孩子，一定要先耐心找到问题的关键，分析问题生成的原因。尤其是当这个原因与孩子的家庭教育缺失相关时，班主任应该对家长的教育权威和教育能力进行评估。看看能不能通过家校联合的方式帮助孩子。如果家长的能力有缺欠或者不知道教育的方法，那么班主任就必须扮演一个家庭教育指导者的角色。因为只有这样才能从根本上解决一个问题。我改变的是一个淘气的松松，但是我相信我送给他的一定是一个更美好的明天。

"好胜心"染色记

王　慧

【导语】

　　成就动机是要求获得优异成绩的欲望。具有强烈成就动机者,精力充沛,探新求异,全力以赴地欲求成功。一般地说,孩子越自信,好胜心越强,其成就动机也就越强烈。培养一个孩子的好胜心本来是一件好事,但是很多女孩子的母亲在培养孩子向上的斗志和好胜心的时候往往灌输了女权主义的一些思想,让孩子在与同龄人的竞争中增加了不必要的压力,让自己的好胜心变了颜色。

【案例现场】

　　叶子是一个特别的女孩。当班主任的第一天我就能感受到她与同龄人相比显得过于激进的好胜心。那天是周一,学校举行了升旗仪式。班里的几个男同学忘记了佩戴红领巾,给班级扣了分,并且被值周班级在升旗式上通报批评。因为不是什么严重违纪的行为,我没有特别在意,只是小声嘱咐了几个男孩子下次不要忘记。当学生回到班级,我还没进班就在走廊里听见叶子在大声地呵斥这些给班级扣分的同学,义正词严地说他们给班级抹了黑,说他们回班之后还好意思笑,实在不知廉耻。当时我就蒙了,一点小事怎么能用这么严重的词形容同学呢,也许有集体荣誉感是好事,也是我们一直追求的教育目标,可是现在的叶子,是否太激进了呢? 我把当时情绪激动的叶子叫到了办公室,她平静了一会,告诉我她刚才太生气了,觉得男同学太不珍惜集体荣誉感。我也没多说什么,只是告诉她不应该说那么重的话,批评同学要有度。

　　后来随着我对叶子更细致的观察,我觉得她的想法确实有些问题。她对男同学总是怀着批判挑剔的态度,甚至有时非常有敌意,对女同学却非常好,细心周到,女同学都把她当成大姐姐一样地依赖,男同学却避之唯恐不及,非常讨厌她。任何事情如果把男女同学给区分开,叶子的胜负之心就非常强烈。比如有一天年级需要几个男同学把办公室的几张大桌子搬到五楼会议室,我在班级门口就随意喊了一声:"男同学出来几个帮帮忙。"叶子马上就站起来说:"老师为什么非要男同学啊,女同学一样能

中学班主任工作成功案例集萃

帮忙。"然后就跟着一起去干活了。班里的男孩使坏，别人都是两三个人搬一张桌子，叶子一个人搬着一张大桌子根本就走不了楼梯，气得她在楼梯口大哭起来。我赶紧安抚她的情绪，好不容易才劝她回班休息。

在学习上叶子的好胜心体现得更明显，如果某一次考试的成绩让自己失望，她会特别沮丧，甚至一整天心情都特别低落。可是在她眼中"特别糟糕"的成绩，其实都是班里的前几名。有一次数学老师上课时讲了一些课本之外的拓展内容，讲课前就提示同学们听不懂这道题也没关系，可是叶子特别较真，当班里的另外一个男孩子的答案得到老师认可的时候，叶子气得一下子把卷子撕得粉碎，一个劲抓自己的头发。

【案例分析】

孩子有一定的好胜心是好事，但是如果这种好胜心太强烈了，容易让孩子像一根时刻绷紧的弦，疲惫不堪。叶子的好胜心就是这样，而且她跟男孩子的竞争意识也过分强烈，我担心会影响她日后的人际交往能力。一般来说，女孩子的人际交往模式多是模仿母亲，我相信叶子的性格和行为特点也与此相关。

【解决策略】

我趁着某天休息日的时候去叶子家做家访。叶子的母亲热情大方也很健谈，三言两语就跟我说清楚了家里的环境。叶子的母亲经营着一家规模很大的服装店，收入不菲，是家里主要的经济来源。她非常要强，是典型的白手起家，对叶子的教育也总是围绕"女儿当自强"这样的主题。

了解了叶子的家庭教育背景，我开始聊起了叶子在学校的表现。叶子的母亲明显不认同我的观点，她觉得自己的女儿非常优秀没有任何问题。不过她特别感谢我为了孩子做的一切，我惊讶地发现叶子把我跟她之间的每一件小事都特别认真地向母亲汇报，比如我曾经给过她一个香蕉或者一个苹果，我曾经因为她主动值日在班里表扬她，我曾经在运动会的时候把手机和钱包交给她保管等等。同时她的母亲也对她原来的小学班主任非常有意见，据叶子母亲回忆，她的小学班主任非常偏向班里的一个男孩，无论叶子怎么努力表现，都得不到老师的认可。我想也许就是这样的家庭教育经历和学校教育经历，才养成了叶子现在的处事方式，以及对男同学的竞争意识。

跟母亲的沟通显然没有收到我想要的效果，我只好自己下功夫了。首先我偷偷给自己制定了一个谈话计划，争取经常找叶子聊天，潜移默化地改变她有些偏差的好胜心。我告诉她其实男生和女生各有优缺点，在日常交往中应该互相学习和借鉴。女孩子心思细腻，书写工整，懂事听话。男孩子大方开朗，幽默风趣，有团队精神。我还告诉她一个人再优秀也是在某一个方面，就算是国家领袖、社会名流也有自己的弱点和短板。而且人和人之间的比赛是要设计内容和场合的，不能把人生的经历都设计成一场场的角逐，那样会让自己忘记欣赏成长路上的风景。

其次，每次班里的男同学要进行篮球赛或者足球赛，我都要求叶子带着女同学做啦啦队，因为她的嗓门洪亮，被我任命为喊口号的啦啦队长。我还让她拿着班费去给男孩子们买些矿泉水并且发给大家。叶子跟我的感情很深，不愿意拗着老师只好听话。元旦的时候，我还给她买了很多张贺卡，鼓励她写给班里的所有男同学，并且在班会的时候郑重地送给他们。原来背地里叫叶子"恐龙叶问"的男生们，还大方地给她鼓掌致谢。

【解决效果】

叶子的QQ个人说明以前是"我是最棒的"，现在的个人说明是"不错过风景的眼睛"。她开始慢慢懂得给自己减压，不是那个什么事情都求胜的较真女孩了，而且对于男同学的态度也有所改变，不再像仇人一样地什么事情都要求男女平等了。叶子的母亲曾经给我打过一个电话，觉得叶子的变化她特别高兴，孩子的笑容也多了，更快乐健康了。我觉得，这就是我的"好胜心"染色计划最好的成果。

【总结与反思】

在日常教学活动中，往往是不求上进的孩子们让教师头疼，怎么唤醒他们的学习自觉，让他们在人生道路上有向上奋斗的动力是我们最大的难题。可是一些由于家庭教育或学校教育偏激所造就的，过分好强好胜的孩子们，更加应该得到班主任的关注，因为心理的健康，自我调整能力的增强，对一个孩子而言，可能比成绩的出色更加重要。因为只有不过分沉重的好胜心，才能带着孩子走得更远。

爱耍酷的班级佼佼者

——让每一朵花都绽放

姜 葳

【导语】

曾经在网络上看到这样一个故事：有一个事业陷入低谷的商人来到一所茶楼，一位年轻的服务员接待了他，向他建议这个季节喝菊花茶对健康有利，一会儿，一壶茶送上来，茶壶是玻璃的，可以看见菊花一朵朵在水中缓缓舒展。但特别的是，在泡茶的时候服务员总不愿多放，有时甚至会将花数一数。企业家认为她很吝啬，但服务员的回答却很有意味："我只是想让每一朵花都能绽放。"此时他惊奇的发现茶壶中伶仃的菊花全部舒展开来，绽放在水中，将空间都填满……商人顿时茅塞顿开，他找到了公司不景气的原因，最后通过自己的努力成为一名出色的企业家。

教师——一个天底下最崇高、光荣的职业，人们都将他称作哺育花朵的园丁。在学校这个花圃中，不是每一朵鲜花都能在晨曦绽放，最先绽放的往往都是那些最先汲取"养料"的花朵，在万花丛中总会有几株含苞的花蕾，看起来是那样的不和谐。按照园艺工作者的观点：它们是应该被剔除掉的，它们的存在影响着一个群体。然而，教育却不允许放弃每一个学生，我们原则是让所有的学生都能享受到教育的乐趣，让每一朵花都绽放！

【案例现场】

苏×是一名有个性的男生，在班级的同学眼里他是一个很爱耍酷的男孩儿，有时候在班级因为一件小事也会和同学争执，甚至是班主任老师。

某次语文课，我让他和另外一位班长上黑板给字词注音，苏×完成非常好，于是我号召所有同学向他学习。这时学生中间发出了异样的声音，他的脸色也很难看。这种现象在平时不会出现，苏×一直是我所器重的班长，所有活动都首先想到他，给他创造锻炼的机会，在同学中的他威信也较高，突如其来的异样声音让我感到不解，为了不影响教学进度，我强压下不和谐的声音，正常授课。

课后，和一些同学沟通了解到事情的原委：上节课因为同学一句玩笑，苏×在课堂上大吵了起来，言语比较激烈。经科任老师调节后仍然没有改悔，反而语呛科任老师，弄得老师也下不来台，科任老师在课堂上严厉的批评了他，并且当众质疑他的班长身份，同学们也不明事理的跟着起哄，作为班级的佼佼者苏×心里的落差之大可想而知。

【案例分析】

处于青春期的学生心理波动大，有时候任何一点小事也会激起他们的冲动情绪。这是由于学生本身没有调节能力，遇到事情往往是凭主观臆断去处理而没有冷静的去判断，最后是伤了自己也影响了别人。

【解决策略】

私下里，我和苏×的关系很好，可以说是良师益友，他对我也是十分信服，这就有了沟通的可能性。事情发生后我并没有马上找他谈话，而是有意识地"雪藏"了他几天，让其他班干部代行其职，并从侧面观察，看苏×的反应。

对于一个在班级"恩宠有加"、"高高在上"的男孩，这种落差可想而知，果不其然这几天他恍恍惚惚，上课也无精打采，同学们对他的态度也大有不同。我觉得时机成熟了，当天午休将他叫到了办公室。我并没有直入主题揭他的短，而是给是恭维了他一番："听说你最近做了别人想做却不敢做的事儿？大家都传开了，说你简直就是古代的绿林好汉，有性格敢作敢为，而且从不后悔！"此番言语一出他顿时哑口无言，聪明的他早就料到为什么要来办公室，只是对于我的言语有些不知所措，从前巧舌如簧的他如今却理屈词穷了，苏×低下了高昂的头。

他的士气已泄，我便抓住机会继续发问："作为一个男人（当然现在的他诚然不能成为男人，但作为班级男生的"领袖"人物这个称谓，还是可以让他挽回一些自尊心的。）说话做事就要敢作敢为，事情既然发生了就要勇敢的承担结果而不是畏首畏尾……"几句话下来苏×的眼眶红了，他几乎是哭着向我诉说内心的苦闷。

我耐心地听他将牢骚发完，并帮助他擦干了眼泪。待他平静后帮他分析整

中学班主任工作成功案例集萃

件事，提出解决的方法，耐心的疏导并排遣他的压力。经过一番开导，他认识到了遇到事情首先要保持冷静，要有容人之量，听得进批评之言，正确看待老师的教导。

【解决效果】

经过调节后，苏×主动向科任老实承认了错误并向同学道歉，我又亲自和科任老师沟通，代表学生向这位老师道歉。整个事情圆满解决，学生、老师和解了。

【总结与反思】

作为教师，除了教书更要育人。要认识到：一个没有高尚情操的人，即使有再高的学问，也难以成才。在平时的教育中要及时注意并了解学生的思想动态，及时的分析原因并对症下药。对待学生应该像朋友一样真诚，只有这样才能让每一个花朵都能绽放出美丽的容颜。

第五辑

学校的意义

韦迎春

【导语】

学校的意义是什么？有人认为学校是专门的教育机构，学校是学知识的地方。而我认为学校对每一个人的意义会有不同，它应该是生命成长的最佳场所。

【案例现场】

新接手的初二九班有这样一个女生：叛逆性极强，做几乎所有违纪的事情，上课睡觉、说话、顶撞老师、看电子小说，破坏公物，逃课。又很走极端，家长批评，竟然离家出走；与学生发生口角，竟然坐在五楼的窗台上声称要跳楼。这样的孩子家长又不配合。有一次学校给她处分，她母亲竟然大闹学校，反对处分。怎样开始我的教育？

【案例分析】

这个女孩为什么要这样做？这是我首先思考的问题。从心理学角度分析，与老师作对，公然违纪，她想以此种特别的方式吸引别人的注意，那么她应该是一个被忽略的人。她行为偏执，离家出走，声称跳楼，并不是因为心理阴暗，不珍惜生命，而是她想通过这种极端的方式赢得关爱，她的内心是孤独的。她母亲的反常行为不仅没有使孩子受到教育，反而纵容了孩子，疏远了学校教育与孩子的距离。她之所以这样做，不止是一时的糊涂，而是因为她对孩子教育的缺失所导致的一种亏欠，这种亏欠心理使她不理智地站在对孩子庇护的立场，即便是孩子的错误，她也要庇护。

【解决策略】

（一）寻找外在诱因

经过仔细观察和调查，我发现她的乖张行为只是为了引起一个人的注意，一个很特别的男生。这个男生父亲去世，母亲改嫁，由年迈的爷爷奶奶照管，沉溺电子游戏不能自拔，对学习毫无兴趣，沉默且逆反，并且这个男生对她的表现很厌恶。在一次逃课违纪后，我约见了男孩及他的爷爷奶奶，我与男孩谈心，提出劝告，并表达期待，最后男孩选择了当兵入伍。对于男生的不辞而别，她的行为发生了很大的变化。她发呆、颓废、古怪，但是已经不再胡闹。

（二）谋求与家长的合作

想对这个女孩实施有效的教育，必须谋求与家长的合作。但她的母亲很难沟通，甚至误解学校的教育，站在了教育的对立面。我于是约见了他的父亲，不想告状，不想指责，只想探讨对孩子的教育方案。我们的出发点是一致的，对孩子的教育思考；我们的担忧是一致的，孩子内心的孤独，行为的偏执；我们的宗旨是一致的，孩子的健康成长。临行时，他向我深深地鞠躬，表达一个父亲的愧疚和托付，表达家长对学校的信赖和期望，我在震惊的瞬间也深感为师的责任与人性的光辉。

（三）思考学校的意义

她基础薄弱，文化课落下太多，课堂上无心听讲，也不喜欢学习。但是每天她都很早来到学校，又随着其他同学一起放学。这样每一天重复的学校生活对于她来说究竟有着怎样特殊的意义呢？我能不能为她而换个角度给学校一个别样的诠释呢？

1. 学校给她一个安全的空间

我所提出的"安全空间"不止是一个存在的环境，更是一个潜意识中不设防的安全自由的场所。首先她存在的环境不存在互相伤害，不存在危险的危害的隐患,这是一个班级风气的问题,不排斥歧视任何一个不同层次的学生,包括同学之间以及师生之间的关系;然后是一个心理安全区,不需要有任何的戒备心,能够在教育的阳光雨露中自我舒展,自我调节。于是我与任课教师沟通,不要因为她没有完成作业,上课溜号而批评她;不要强硬地没收她手里的课外书。用宽容和呵护给她提供一个真正安全的静谧的空间。这个空间,静谧到只有琅琅的读书声,谆谆的教诲,纯净得只剩下知识与思想的传承,心灵与智慧的碰撞。这样的空间足以让心灵安宁,找到栖息的场所。当她的心灵不再浮躁,行为也就不会偏执。她渐渐地沉浸在阅读中,课桌上的书由饶雪漫、郭敬明、韩寒,换成《复活》、《简爱》、《呼啸山庄》等经典名著。阅读的力量是不可估计的,它可以平复痛苦,安慰孤独;也能获取与时俱进的知识信息;更能促使你不断思考,永葆有一种思想的活力。如何让思想的源泉流动起来,进而推动一个孩子快速成长?我选择了与她交流,交流书中的各异人生和人生中的多种选择。当我跟她谈起马卓和毒药的时候,她诧异地看着我:"老师,你也读饶雪漫?"我笑而不答,"你认为马卓今后的路要怎样走?毒药应该改变自己呢,还是一如从前?"她放下芥蒂,从她的角度侃侃而谈,我们谈小说,谈作者,谈历史,谈文学。我能感觉到她在思考,或许也在憧憬自己的未来。整个交谈中,我对她看法的认同,让她获得了尊严和自信,她扬起的眉梢,闪亮的双眸,激动的声调都预示着一种成长的力量,她完全可以成为一面旗帜,走在队伍的前列。

2. 学校给她一个希望的空间

思想变成行动,才有力量。每一个孩子在成长过程中都必须面对困境和尴尬,比如异性交往的原则把握,何不让她的丰富阅读迸发力量?我决定由她主持召开一次主题班会:"异性交往之我见",她有丰富的素材,独到的见解,深刻的剖析,她在谈学生异性交往的原则,也在破解中学生早恋的谜题。同学们的赞许和掌声将重塑她的价值观,她惶恐地站在讲台上,原来一个混世魔王竟然能受到如此的尊重!正如她所编写的剧本所说的"我们不是坏孩子",她可以成为优秀学生的一员,这一点让她对未来充满希望,对未来充满希望成为衡量她生命成长质量的一个指标。我用宽容的心解读了学校对于她的意义。学校是给她一个可以让思想自由徜徉的安全的空间,给她尊严和希望的地方。

【教育效果】

正如杜威所说,人类本质里最深层的驱动力就是希望具有重要性。她很想融入集体,并成为推动集体进步的一份子力量。班级大扫除,她不怕脏不怕累,刷地、换水,脏水弄湿了她的鞋子、裤管,她都不在意,我知道此时她是幸福的。转眼到了初三,同学们学习越来越紧张,她主动承担每节课间擦黑板的任务,那块她不经常看的黑板被她擦得整洁铮亮,我知道,能为班级做事,她是快乐的。2008年的圣诞节,她悄悄地跟我说,这是初中最后一个圣诞节了,庆贺一下吧,她用稿费买来蛋糕,分给辛苦备考的同学们,她说:"我爱九班,真希望她永远都存在!"

【总结与反思】

宽容是教育,等待也是教育。什么是学校?一个能给孩子心理安全,点燃他们对未来希望的地方就是学校!

有教无类,用心播种

孙远宁

【导语】

2008年,我作为一名刚刚参加工作的教师就担任了班主任工作,心中很忐忑。在教学上,要做一名合格的英语教师,深知自己还有很多不足,离一名优秀的教师还有很大差距。并且作为一名附中的教师,我校的理念是"不做教书匠,要做一名教育家"。虽然自己刚刚参加工作,不会好高骛远,要一步一步踏踏实实的前进,但对自己的要求不能放松。同时,作为一名班主任,有很多事情等待着我去做。尤其是班级孩子的日常管理。孩子的学习、生活以及情感都需要班主任亲力亲为。在附中,作为班主任,"管是为了不管"。教育不是充斥着严厉的批评,而是用"润物细无声"的方式点化孩子的生命。我虽然没有任何经验,但我做好了准备去迎接挑战,迎接我教师生涯中的第一批学生。

现在这一批孩子已经毕业。我的班级所取得的成绩证明了一切。我的孩子让我懂得，在教育事业上，尤其是班主任工作上，付出和回报是成正比的！我很怀念我的2008级4班！其中有个孩子叫王心。她给我留下了的回忆难以忘怀！我和她之间的故事成为我一生教育工作的宝贵财富！

【案例现场】

王心是2008级新生中很出色的一个。入学考试在名列前茅，班级第二。这个孩子开朗活泼，在开学之初就给我留下了深刻的印象。由于各方面表现突出，性格开朗，助人为乐，很快赢得了同学们的信任和老师的认可，担任班级的班长。在初一开学的第一次军训中，在班级的各项工作中起到了十分重要的作用。我很庆幸得到了这样一名得力的助手。我们之间的信任也很快建立，经常沟通。对她的了解越来越多，她对我也无话不说。可以说我当时认为这就是我要的优秀学生，将来必有出息！

但一切计划都没有变化快！就是这样一个优秀的孩子，在老师认为她还比较小、比较单纯的时候，早于别人出现了早恋的现象。并且在管理和沟通期间，和家长极其抵触，十分逆反。

那年学校检查仪表，她的头发太长，她的父亲强制性地剪掉了她的头发，给她换了个发型，这个孩子当晚情绪失常，甚至坐在窗边要跳楼。父母觉得难以控制，没有办法，晚上十一点把我接到了孩子那里，才解决了问题。

【案例分析】

现如今的孩子，由于社会的发展，成长经历的多样化，孩子的认知和情感都和以前，可以说是我小的时候不一样。所以我不能用以前我的发展模式去衡量现在的孩子。我初中的时候，对于谈恋爱什么都不懂，而现在的孩子可以说无所不知。其次，如今社会家庭环境也比较复杂，不稳定因素也比较多，对孩子的影响也是不容小视的！王心就受到了不小的影响！这个孩子的家庭比较特别（其实在现今社会中也有不少，但我是第一次担任班主任，第一次面对）。

在小学的时候她的父亲就因为感情问题和母亲就有过矛盾，孩子一直记在心里，只不过平时不说。家庭的情感的缺失，让她在同龄人中有了更多超乎友谊的需求。在加上这个孩子平时有说有笑，比较开朗，很容易和男生沟通。慢慢的，她在某个人那里得到了她所需要的关怀和关心！现在想想，孩子也没有做错什么。所以我特别庆幸我采用正确方式方法来解决这个问题，因为我当时也没有类似的经验，只能凭感觉去做，只要用心，一切为了孩子！而这个时期的王心也同样对别人阻止她的交友十分逆反，以为这是她沟通感情和交流的机会。和他人不能说的，不好说的，她都可以和这人说。天天她心里知道有个人在惦记她，她也会感到很满足。这样的机会也不给她，她当然会逆反，而且这种逆反体现在生活和学习的各个方面。

【解决策略】

对于王心早恋的问题，我没有什么经验去解决这个问题。一时间也让我十分头疼。但我想既然她是要寻找心中的满足感，寻找沟通，寻找关爱，希望有人陪着她。也许我可以用其他的方法来起到相同的作用，当然我也深知，我所给的是代替不了一些她认为重要的东西，可是滴水穿石，我得去实践。

我不仅没有撤掉她的班长，反而更加重用她，让她知道她在老师心中的重要性，在班级的重要性，在生活中她也同样重要。我给了她极大的信任，我想让她知道，她必须做好，不能辜负老师的信任。而这一切的基础是，我用真心的付出使孩子真正的感动！记得有一次，她和男朋友发短信至深夜。这件事她的父母告诉了我，想让我"管管"孩子。我也没怎么说她，就是和她在学校圆厅聊了一个下午。聊的是什么我已经想不起来了。但我记得她的眼神中充满了对我的信任，我知道我会赢的。

我整整和王心聊了三年。只要她有问题我就会在她的身边。她开始学习名列前茅，后来跌入低谷，又起起伏伏。无论怎么样，我都没有放弃她。我没有因为学习成绩，因为中考的现实目标而不管她。也许在她最低谷的时候，我真的没有必要花那么多的时间去处理她的事情，但我真的不忍心不去做，也许这就是作为老师的一种责任心！

【解决效果】

现在王心在高中学习生活得很快乐。她和我说，虽然学习压力非常大，但还是很乐观的。孩子长大了，她能在毕业之后和我心平气和地说出自己现在的真实感受，我十分欣慰。我觉得这是教育。教育不是培养出学习的机器，而是让孩子在成长的过程中有所收获。能让他们感受生活，体会情感，一步一步成长。

这里我必须说一下，王心，在很多人认为经历了这么多之后没有希望的孩子，中考583分考入附中自由校区。我一直以她的成功为骄傲。不谦虚地讲，我陪着她考了583分！

【总结与反思】

这个孩子身上发生的一切和我所付出的一切让我更确信了一个道理。在教育孩子的工作中，你的付出和回报一定是成正比的！作为一名班主任老师，班级里的所有学生都是你的孩子，你对他们的关爱每时每刻都在感染和滋润着孩子幼小的心灵。你用真心去播种，换来的是孩子一辈子的信任！

加强家校沟通，帮助家长走出学生管理误区

罗　欣

【导语】

本学期的工作结束了，感觉有些不同寻常，作为一个教龄不算短的老师，丝毫不敢怠慢带班工作，在管理学生的过程中，其实有很多问题需要慎重对待，认真解决。老师也需要学习，更需要提高自己的引导能力和控制能力，当学生出现问题时，不能用快刀斩乱麻的方式去处理，否则表面上看问题是解决了，但却很容易留下隐患。如果与学生及家长沟通交流得不及时，会错过了很多引导学生的最佳时机。带学生多杂事也多，老师需要遇事冷静，了解问题应该深入。这样才能及时准确地解决好个体学生出现的普遍性问题。

家长是学生的第一任老师，家长的身传言教，对孩子的行为习惯影响深远而顽固，由于大多数家长对学生的培养缺乏系统规划和长效意识，导致学生在生活、学习上出现一些惰性和随意的现象。

【案例现场】

无论什么班，总会有几个"扯后腿儿的学生"，他们的转化工作一直都是班主任工作的难点。对班级来讲，只是几个基础薄弱的孩子而已，但对于学生和家长而言，却是沉重的心理负担，他们会担心自己的成绩难以提升，在学习中遇到困难后容易产

生破罐破摔的想法，久而久之，家长也会无可奈何地渐渐放弃。

【案例分析】

为师者，我始终坚信：只要孩子在自己的班里，就要不抛弃、不放弃，师者要具备有教无类的理念，才能带好班，带出好学生。老师在学生成长过程中会经常变动，他们的理念和教育计划只能维系三年或六年，所以，学校和家长在对待学生成长过程中的问题，必须要建立长期有效的沟通联系，把家长对学生的教育的整体规划传递给老师，让老师协助家长完成对学生行为习惯培养和管理约束。在这个过程中，老师也需要改变一下思路，调整一下视角，多从家长的角度去换位思考，推己及人，师把生当子，生视师为母，那么一切工作做起来都会顺风顺水，甚至是水到渠成地去解决学生的问题。当老师就像我们常说的：对待学生不光要有爱心和耐心，更要精心和暖心，与家长一起共同来完成学生的培养教育。

【解决策略】

班里小A同学就是这样的一个孩子，他在小学就是一个让老师费尽心思也调整不出学习状态的孩子，而且家长也不关心孩子的学习与成长，通过和班里同学聊天知道，这个孩子在小学，只要老师找家长，家长不是关机，就是不接电话，再就是外出。最后小学的老师都对他放弃了。我了解到这些后，觉得再这样下去，这个孩子的学习恐怕没有机会提升成绩了。针对这种情况，我在开学第一次家长会上，就专门留下这个家长详谈，除了叙说孩子的优点、给家长信心外，我还对这个家长提出了"约法三章"，那就是：每天必须检查作业、每天必须陪同作业、每天必须指导作业，并要求家长帮孩子建立错题档案，只有先恢复家长的信心，才能恢复对孩子的信心，我还专门督促这个孩子多学多练，循序渐进才能进步。

【解决效果】

在后面的学习中，通过家校配合，这个孩子不断提升成绩，慢慢赶了上来。到后期，家长信心更足了，也加大了对孩子的监督力度。

【总结与反思】

这个实例对我启发很大，只要我们对每个学生都抱着不抛弃、不放弃的想法，用爱心、耐心、关心去帮助他们走出学习的困境，就会开花结果。正所谓"教育充满爱"。当然，老师也离不开与学生们的沟通，及时捕捉学生的思想产生发展过程，及时校正学生思想问题，及时解决学生的思想困惑，多与孩子们沟通、交流。

用真心构建心与心之间的桥梁

刘 越

【导语】

东北师范大学初中部倡导"生命教育"，要尊重每一个生命的个体，教师的职责不仅仅在于教会孩子知识，同时也在于真正地走进孩子的内心，挖掘孩子内心深处的东西，与孩子无距离，用真心构建心与心之间的桥梁。

【案例现场】

初一1班组建于2011年7月19日，在当时分完班点名的时候，有这样一位女同学引起了我的注意。她叫小Z，身高1米6左右，很瘦，很黑，眼睛很小，头发散着，长度到耳朵下面，刘海几乎挡住了眼睛。起初是因为她的衣着打扮，可是当真正要军训的那一天，在操场上点名的时候，当时孩子们分成了两排，拿着自己的行李，分别坐在地上，而我为了点清人数，用一个扩音器点每个同学的名字，点到小Z时，我几乎是用扩音器叫了四五遍，依然听不到她的回答，可是后来我发现，原来她在回答，只不过她的声音很小很小，小到我站在她附近却一直没听到。而且她的表情一直很冷漠，没有一丝笑容。

小Z同学引起了我的注意，作为刚刚走向工作岗位，第一次当班主任的我就有这样的一个想法，想改变她。

到了军训训练营，在分配寝室时，我特意让她当她寝室的寝室长，负责统计寝室人的名单，负责寝室各个成员的起床、睡觉时间等等。目的是为了让她和同寝室人多接触，也为了让我有跟她多接触、多沟通的机会。可是，即使这样，她依然对我有所防备，不愿意与我多说话。在军训的时候，我曾经坐在她的床上，拉着她的手，却看到她的胳膊上有很多细小的疤痕，一道道的清晰可见。而当我问道：你怎么不愿意多说话，怎么不喜欢笑呢？可是她只是很漠然地看了看我，眼睛又像看了窗外，什么都没有说。

在军训结束以后，我得到了班级同学的入学成绩。我发现小Z同学的成绩很不理想，在班级倒数第一，并且满分100分的数学只得了6分。于是，我也想提高小Z同学的成绩，但是问题的关键在于我一定要先走进孩子的内心。

在开学初的某一节数学课上，我提问了小Z同学一个非常简单的问题，让她到黑板上写出"1-100之间含有1的数字"，看似非常简单的问题，可是小Z同学当时只是在座位上站起来，面无表情地看着我，不管我怎么引导，她就是依然站在自己的座位上一动不动。在课堂上，我不能因为她耽误大部分孩子的时间，就先让她坐下，下课再找她谈话处理。

【案例分析】

有了军训这样一次不成功的接触，以及在课堂上提问发生的事情，我觉得我应该调整自己的方法。在军训期间，我了解到小Z同学在净月校区住校。而我也恰好住在净月校区宿舍。所以我觉得这是上天给我创造的便利机会。虽然我上初中的时候没有住过校，但是我很理解作为一个只有十二三岁的孩子，父母不在身边，自己要照顾自己，一个人在外住校的心情。所以，我觉得利用这个有利的机会，多去关心她，了解她，爱护她。同时，我也从其他途径了解到，她的家在松原市乾安县，爸爸妈妈做出口的生意，家境富裕，同时还有一个龙凤胎哥哥，在初一的其他班级，因为爸爸妈妈的生意繁忙，同时家在乾安，而且受到当地"重男轻女"的思想，爸爸妈妈对她不是很关心，而是把精力更多地放在她的孪生哥哥身上。爸爸妈妈又是重组家庭，她也分别有着爸爸妈妈的另外的哥哥和姐姐，而且小Z同学从幼儿园开始，一直住校。我曾经跟她的爸爸妈妈沟通过，当我问到孩子胳膊上的疤痕是怎么弄的，她的爸爸妈妈却一无所知。同时，我还了解到小Z同学的一些不好的习惯，比如说晚自习时不学习，影响其他同学，顶撞生活老师等等。

【解决策略】

通过以上对小Z同学的了解使我清楚地认识到，要想让她的成绩有进步，还是要走进她的内心，给她更多的关心和爱护，让她感受到不同于亲情却胜似亲情的温暖。

于是我经常利用晚上和周末的时候去她的寝室看看，多关心她的生活。天气冷了，我会叮嘱她多穿衣服，到周末了，也经常问她有没有很厚的要洗的衣服，我可以帮她洗。渐渐的，我发现她跟我的话开始多了起来，有的时候会去我办公室问我作业什么的。

同时，我还利用中午时间给她补习功课。我发现小Z同学的基础很差，小学三四年级学习的带分数和假分数的互相转化，她一无所知。而上了初中学习的有理数的混合运算等等，对于她来说更是难上加难。于是我从最基础的东西开始讲起，讲完题了，我就利用空闲时间和她谈心。我对她说，她对于我来说很重要，我特别希望能在课堂上能听到她发言的声音。

终于，"功夫不负有心人"，虽然她不是主动举手，但是我听到了她回答问题的声音，我真的很开心。

如果说这是一个好的开始，那么去上海社会实践是一个好的标志。跟小Z同学接触最多的就是上海社会实践。在火车上，我带着她和其他同学一起玩游戏，一起打扑克，我把她安排在我身边，在参观上海科技馆时，我一直陪在她的身边。

而在"东方绿舟"里住时，晚上没睡觉的时候，我和她一起谈心。有一天晚上，我们坐在"东方绿舟"的长凳上，借着皎洁的月光，我给她讲起我的成长经历，她听了很受鼓舞，也给我讲了很多小学发生的事儿。同时还告诉我她胳膊上的伤痕是怎样弄的，我觉得我成功了一半。

而有一天晚上，她没坐上班车，我知道之后立即从班车上下来，打车回学校去接她。正巧当天学校检查仪表，她的头型不合格，接到她了我亲自带她去剪头发、吃饭，她也很感动。

【解决效果】

通过我们的交谈，慢慢的，她开始变得开朗起来，课下的时候，我能看到她和同桌之间的交流，而在学习上，虽然她进步比较小，但是我看到了她学习的积极和主动性，她的练习册丢了，她会找同学借，把题目抄到纸上重新做，这就是她的进步。

【总结与反思】

如上所述，初中阶段是孩子养成好的行为习惯的最重要的时期。同时，对于一名教师而言，教会的不仅仅是知识，更多的是要真真正正地了解孩子，走进孩子的内

中学班主任工作成功案例集萃

心。对于小Z同学的问题，作为一名刚刚参加工作的教师，我找到了自己的归属感，这也是我对学生的责任。同时，教育的个体存在差异，对于不同的孩子，我会思考一些其他的方法。"世上无难事，只怕有心人"，我相信，只要我坚持，我会攻破一个又一个难关！

爱的教育

岳　露

【导语】

许多教育家论述过"爱的教育"的格言，苏霍姆林斯基说："没有爱，就没有教育"，鲁迅先生说："教育植根于爱"，而巴特尔也说过："教师的爱是滴滴甘露，即使枯萎的心灵也能苏醒；教师的爱是融融春风，即使冰冻了的感情也会消融。"当我还是学生的时候，我并不能理解这些名言中所谓"爱"的重要意义；如今，当我已经为人师长，我才真正感受到了教育中爱的深刻含义。

【案例现场】

长长的刘海儿遮住眼睛，很少才能露出的眼睛里充满了不信任，说话声音小到听不清楚，这是小微给我留下的第一印象，而接下来一周的军训则成了我们俩第一回合的"较量"。小微是个早熟的女孩，当很多女孩都热情地围着我问这问那时，她常常会和几个高个儿女孩在一起说些悄悄话，也总是拒我于千里之外的样子。随后，在高强度的训练中，小微的种种行为也令我十分头疼。腿总是踢不高、臂总是伸不直，站得总是歪歪扭扭，对于老师和教官的批评也总是无动于衷，还经常用中暑或是胃痛的原因要求休息。和她过早成熟的心理相比，我的那些亲切的谈话和严肃的批评都显得那么幼稚，而对于我这个刚刚走出校园的年轻班主任而言，曾经在书本中学到的那些管理方法似乎都已经失去了作用。我意识到军训的较量仅仅是个开始，回到学校后我还会遇到更多的问题。

初中的学习生活开始了，孩子们都表现出了或多或少的不适应，但是很快都能进入状态。唯独小微上课趴着睡觉，不能完成家庭作业，交上来的卷子和本子上从来不写姓名，大练习的成绩也没有及格过，还经常和几个女孩子凑到一起议论新老师们。尤其是小微的刘海儿，依然长长地遮住眼睛。工作以前，我一直以为自己能够改变学生，一定能让他们都拥有正确的人生观和价值观，可是这一次的碰壁让我开始怀疑自己。但是教师的责任感告诉我，不能放弃任何一个孩子。我坚持找小微谈心，即使她不理不睬；我坚持关心着她，即使她心不在焉。直到一天中午，我终于找到了改变这一切的切入点。

那天中午刚刚下课，我像往常一样去班级看谁没去吃午饭，却看见小微一个人趴在教室里，我问了才得知她的胃病又犯了。我把她带到办公室，给她喝了杯热水，后来才知道小学的时候她父母工作都很忙，没时间给她做饭，她就经常自己吃方便面，后来就落下了胃痛的毛病。我忽然意识到，这个看似叛逆、固执的女孩可能太缺少父母的关爱了。我叮嘱她一定要带个水杯，每天都要喝热水。从这之后，我与小微的关系也有所改善了，她开始渐渐地信任我，愿意与我谈话，长长的刘海梳了上去，作业也能写完，教师节还送给我一束鲜花，令我感动不已。但是小微还是缺乏耐性，过些日子就又懈怠了，我发现可能我还没有找到解决问题的根源，于是我开始观察她。一次，在学习林清玄的《在梦的远方》一文时，谈到作者的母亲经常一遍又一遍地回忆儿子小时候发生的事，这便是母爱的表现，所有的孩子都在认同地点头，只有小微低着头然后摇头。还有一次，我们去上海参加社会实践回来的路上，我们倡导孩子也给父母写一封信，因为在来之前我们已经建议家长给孩子写一封信悄悄放在行李中。可是，小微的父母因为工作忙没有写信，当第一次离家远行的孩子们读着父母的信抱头痛哭的时候，小微则一个人静静地坐在角落里。而当孩子们都给父母写起回信的时候，小微也觉得无话可写。当我们一起讨论上海之行的收获时，小微竟说出了金钱能买来一切的一番话，让我和学生们都十分震惊。看来小微的问题出现在家庭的教育上。

从上海回来之后，我开始与小微的母亲进行沟通，这位固执的母亲一开始还在不停地抱怨孩子，认为他们已经满足了孩子所有的物质需要，当听到孩子的抱怨她也十分委屈。于是，我给她讲了小微的种种表现、小微危险的价值观，又介绍了其他家长是如何关心孩子的，这位母亲终于醒悟了。在小微家长的配合下，小微的进步特别快，上课仔细听讲，回家认真完成作业，眼神里也终于露出了孩子般的可爱。我及时表扬和鼓励，也经常与她的家长沟通，不仅让孩子有信心，也要让家长看到了成效。

【案例分析】

像这样缺少家庭关怀的孩子有很多，一些父母片面地认为给孩子提供物质就已经足够了，其实不然。许多孩子由于缺少关注常常表现出厌学和玩世不恭的态度，这就需要教师拿出爱心和耐心，帮助家庭走出"情感危机"，为孩子提供一个健康、向上、和谐的家庭环境。

【解决策略】

1. 爱是一切方法的基础，没有爱的教育是不可能实现的。用教师的真情感动一个孩子，是解决问题的根本方法。

2. 观察孩子的情绪变化，在孩子逐渐接受的前提下，进行心理疏导。

3. 寻求家长的配合，在家庭教育中找到存在的问题，从根本上解决问题。

【解决效果】

期末考试成绩出来了，小微不仅全都及格了，而且有的科目还得了高分，这对孩子、家长，还有老师都是一种鼓励，让我们更加有信心。一个学期过去了，当然我们还有很多问题要继续解决，还有很多困难要继续挑战，但是我相信爱是更好的动力，父母的爱、教师的爱都成了孩子健康成长的源泉。

【总结与反思】

通过这件事，让我明白了一个道理：没有爱的技巧方法不堪一击，而有了爱的技巧方法则会产生意想不到的魔力。

平等、尊重、幽默

——化解师生矛盾冲突的灵丹妙药

卢国峰

闲暇时，经常和同事讨论如何应对课堂中的突发事件，如何化解师生之间的矛盾，创设和谐的课堂氛围和师生关系。解决的方案林林总总，各具特色。我觉得最好的方式就是能够矮下身来平等地看待和尊重每一位学生。

不应该抱定"师道尊严"不放，总觉得老师应该高高在上，容不得学生在自己的课堂上犯错误或顶撞自己。其实我们为什么不能尝试着放下"师道尊严"呢，放下"师道尊严"并不是不尊重老师，而是换一种平等的方式和学生交流。

【导语】

在课堂教学中，学生难免犯这样或那样的错误。教师在纠正学生所犯错误时，双方可能由于情绪激动及言语不当产生矛盾，甚至冲突。这样不仅不能解决问题，还可能影响正常的教学。如何做才能既解决问题又不引发矛盾冲突呢？希望通过下面的案例同各位同仁探讨、交流。

【案例现场】

一天，我正在初三某班的课堂上讲课，突然平静的课堂上传出一声响亮的手机铃声，班级立即出现了短暂的骚动。

【案例分析】

手机一直是学校明令禁止的物品。但是总有学生不顾规定私自将手机带到课堂。分析其原因：一是家与学校距离比较远，担心孩子，带手机是为了与家长联系方便；二是有课外班课，便于与老师和家长联系；三是学生为了上网或闲聊，家长无法管束等。

客观地讲，学生带手机弊远大于利，但是特殊情况下也要区别对待。现在发生在课堂上的手机铃声事件又是什么原因造成的呢？

【解决策略】

如果按照我以前的做法，一定首先揪出手机主人，然后暴批一顿，结果无外乎学生短期内不敢再犯同类错误，同时处理中也会耽误其他同学的时间。如果遇到个性突出的学生，碍于面子，还可能在课堂中发生师生之间的正面冲突。也许那天我心情不错，所以没有按照以往的方式处理。我灵机一动，对着铃声发出的方向笑着说："哪位同学一会儿'佳人'有约，能不能等下课后再联系。"同学们听完后哄堂大笑。铃声再也没在接下来的课堂响起。

【解决效果】

下课了，张同学来找我，说："老师，不好意思，不是有意的，忘了放震动。"

中学班主任工作成功案例集萃

【总结与反思】

经过此事后，我一直在想，老师如果不把自己摆在学生之上，是不是学生在课堂中犯的一些错误，我们就不至于无法接受，也就不会在课堂上雷霆万钧，也就不会出现师生正面冲突的问题。这样做，并不是向学生示弱，相反，是以一种学生能够接受的方式来处理问题。所以，我觉得老师试着改变一种处理问题的方式，或许就会收获一份尊重，收获一份轻松和愉悦。

一个都能不少

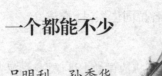

吕明利　孙秀华

【导语】

新课程的核心理念是一切为了每一位学生的发展，这里的发展是指学生的全面和谐发展、个性分层发展和可持续终身发展。东北师大附中初中部的教学理念是生命的教育，我想它正是对新课程理念的实践与探索。

【案例现场】

"厌学"一词，我想对于教师来讲并不是陌生的，尤其是对于我们教初中的教师更是再熟悉不过的了。2009年8月接任了一个新初一年级的班主任，这个班到了初二年级的时候，记得有一天班级的xx同学没有来上课。当我顺嘴问道"咦！xx怎么没有来上课呢？""他不念了！"个别同学小声嘀咕着……"为什么会这样？"边说着我迫不及待地打通了他的电话，电话那端的他怯怯地说："老师我是咱班成绩最差的，总拖班级后腿，再说我也跟不上，我不想上学了！"放下电话，我久久思考着他的话语……"不想上学了！"他为什么会产生这样的想法呢？

【案例分析】

常言说"治病要对症下药"，通过电话里的一番对话，我知道他厌学的最主要的原因是成绩差。通过我对他一年多的了解，我知道他成绩差最主要的原因是学习态度不认真和学习能力差造成的，具体表现在：

一是自身的惰性，本来小学的基础就不好，上了中学后遇到问题不想动脑

148

筋,看到作业,头脑发晕,大喊不会做,缺乏钻研精神,更别说刻苦了。

二是玩心太重,虽然他已是初二的学生了,可是他的心智似乎还停留在儿童的边缘,记得他曾经对我说"老师,人要不是不长大就好了,那样就可以总玩了"。玩是人之天性,但总是先玩后做作业,结果一玩就忘了时间,想起学习时已疲惫不堪,后来干脆不学。

三是上课不认真听讲,老会走神,上课的时候他总会不由自主的溜号,他的这个毛病令所有科任教师头痛不已,这样他的学习当然就跟不上了。

四是自卑心理,学生在校接触最多的是同学,对于学习成绩差的学生来说,更是在意同学对他的态度,得到同学的尊重,自尊心就会建立起来。如果同学之间是充满敌意的和相互拒绝的,就会感到孤独、焦虑,对自己的能力缺乏信心,产生自卑感。因为各种原因,经常遭到排斥,就会造成自卑、冷漠、敌对、孤芳自赏等不良性格。为了缓解这种紧张状态,他会采取攻击、逃避、压抑等行为方式。这种行为方式对紧张的心理虽然起着防卫作用,但都是以"否认"、"伪装"的形式出现的,具有"自我欺骗"的性质,一旦成为个体应付挫折和解决问题的习惯和态度,就不能正视现实中存在的问题,也难以对造成挫折的各种障碍予以克服,反而使自卑心理合理化。

五是教师的因素,他总会认为自己天生就是"笨",而忽视了自己的主观努力,甚至有时还会认为自己的成绩不好,老师一定不喜欢他。因此他就更自卑了,从而采取了逃避的态度——不来上学。因为中学生的大部分时间是在学校度过的,在教育活动中教师起了关键的作用。由于受片面追求升学率思潮的冲击,教师对少数心目中的"优秀生"产生日益明显的偏爱心理,而对多数属于中间状态和落后状态的学生则表现冷淡,甚至厌弃态度,教师的态度使学生面对教师因惧怕产生逃避的心理倾向。师生之间缺乏沟通,情感冷漠。再加上多数教师认为学生的心理问题是家庭造成的,教师的作用是让学生掌握更多的知识,因此,教师把精力和时间放在给他补习功课上,并不关注学生的情绪和情感体验。中学生更喜欢情感性的东西,更渴望得到成人的喜欢。如果教师埋怨他、指责他、冷落他,久而久之,在他的心理就会自认为"我就是不行,我就是笨。"有这样心理的学生,面对学习的时候就会破罐子破摔了。

中学班主任工作成功案例集萃

【解决策略】

第二天上课时分，我把xx同学的话转述给了全班同学，一石激起千层浪，在全班同学的集思广益后，班委会同学制定了对他的帮扶计划……

一、师徒结对，选派班级里品学兼优的同学做他的同桌，且担任他的师傅。这个师傅首先要帮助他的是端正学习态度，监督上课认真听讲，不溜号。后来xx同学和他师傅共同想出的解决问题的办法是"如果他溜号，师傅就掐他，以便提醒他"。其次师傅还要辅导他的功课，帮助他完成每天的课后作业。

二、为了帮助他战胜自卑心理，班级召开了主题为"你的优点我来说"的班会。也就是要求把你了解到的某个同学的优点写到卡片上，然后大声读给那个同学听。班长把xx同学的优点大声朗读着"幽默、帅、有阳刚之气、集体荣誉感强、值日认真、热爱班级、大公无私、宽容……"此时我看到了眼睛湿润的他。

三、让我和他做好朋友，在班委会同学的号召和努力下，有些同学下课后就主动找到他，要和他做好朋友，让他感受到同学的认可，体会到同学的友谊。

【总结与反思】

同学们不知道的是，其实在帮扶计划开始之前，我已到他家进行了家访……因为我认为：若想让他能够回到班级，且能够安心学习的话，首先要让他感受到老师对他的关爱和喜欢。

（1）情感交流是基础

著名的外语教学专家J. H. Stern说过，情感对学习的作用至少与认知技能同等重要，甚至更重要些。J. H. Schumann甚至认为，按照这种观点，无情感的作用，即使有良好的学习潜力，学习的积极性也不会调动起来。如果教师对这些学生采取冷漠态度，他们就会自暴自弃，学习的态度就一落千丈，学习态度不端正，无论别人在课堂上的表演有多精彩，对于他们来说都是零。这也就是我们所说的"亲其师而信其道"。

（2）改变态度是关键

"态度决定一切"，所以还要从改变他对学习的看法入手，多与之谈心，多予以赏识和鼓励。并且利用学生的好胜心理，拿他和同等学生进行对比，对于他的点滴进步要及时提出表扬和鼓励，这样，慢慢地他就会自信起来。但是要注意的问题是千万不要急于求成。我和xx同学私下有个约定："如果个别题目，经过他认真的审题与分析后，仍然做不出，我允许他的作业"留白"，因为我知道学生情况各不相同，思维也千差万别，我们不能要求他们个个是神童。"

(3)培养兴趣是桥梁

"兴趣是最好的老师"。xx同学对生物课很感兴趣，我就任命他为生物课代表，这样做可以增强他的自信心。

(4)因势利导是方法

那日卫生大扫除结束后，看着汗流满面的他，我做总结时，不但大力表扬了他，同时宣布由他担任本班的劳动委员。现在的他每天认认真真负责着班级的卫生，并且乐此不疲。

现在的他每天按时到校，忙碌着自己负责的事情，一会组织同学打扫卫生，一会到办公室送作业，一会到办公室帮助老师做些事情……班级里的清扫备品是他去买的，窗台上的花草是他侍弄的，我的办公桌上的小金鱼是他送给我的……每每看着这些，我就很庆幸自己的当时的"一个都不能少"的决定。

东北师大附中初中部生命的教育的理念告诉我们，"生命因接受教育而精彩，教育因尊重生命而深刻"。我想，如果我们每位教师都能够尊重学生个体的差异，尊重学生个性的不同，尊重学生的成长规律，为学生着想，以学生为本，那么我想若干年后，当学生回忆往事的时候就会骄傲地说"是东北师大附中为我的一生幸福奠定了基础！"

与家长沟通的艺术

叶　琼

人类文明演绎到今天，合作已成为社会生活的新主流。孩子是学校与家庭相联系的纽带。这就告诉我们，教师与家长的沟通，直接影响着孩子的成长，也影响到教师的工作、班级的管理乃至整个学校的工作，因此，要获取预期的教育效果，不仅仅要孩子"亲其师，信其道"，还要运用各种方式与不同类型的家长做好沟通。现有几个案例和大家一起共享。

一、"自家萝卜型"家长

【导语】

俗话说:自家萝卜天大个,孩子都是自己的好。家长眼里自家的孩子什么都好,孩子所做的平常事,在有的家长眼中都是天才的举动,一旦出了矛盾,那也是别家的孩子不好,是老师学校的不好,是社会的不好,自家的孩子绝对不会不好!这种情形,相信读者也曾见识过,其中危害,就不赘述了。

【案例现场】

明明最近一直不好,今天因为上课说话,又被我批评了,明明很不服气,当场矢口否认说话,我非常生气,准备和家长联系。

下午,我还没有打电话,家长就来了,家长一再强调:孩子肯定没说话,从小到大从不说谎,最近孩子心理压力很大,孩子很自尊,老师不该伤害孩子自尊……

【案例分析】

显然孩子在我没有和家长联系之前,已经和家长有了充分的沟通,而且家长已经充分信任了孩子的话,并对我有了一定的看法。

【解决策略】

我对家长说,你先坐,我想和孩子先聊聊。我找到孩子。很真诚地对学生说:孩子,你有错误,咱俩好沟通,可是你妈妈误会这件事,这让咱俩很尴尬啊!我知道你是害怕才向妈妈说了假话,你考虑得不够全面,如果你不说明真相,问题将十分严重,你愿意让妈妈误会老师吗?妈妈误会老师,是你错误地传递了信息,你一定要真实地向妈妈说明情况啊!否则,你妈妈就会和老师有矛盾,这是你不希望出现的。

【解决效果】

孩子终于想通了!和妈妈说明了原委,妈妈很不好意思,也对孩子有了新的认识。家长后来和我成了好朋友!

【总结与反思】

解铃还需系铃人,有时必要的迂回是为了争取更好的合作!

二、挑剔型家长

【导语】

应该说现今的中国人比以往任何时候都更重视子女的教育,这倒不仅是传统的惯性使然,而是竞争日趋激烈。因此,家有学子,户有考生的家长们把教育这根神经就绷得更紧了。毫不夸张地说,中国的家长在对待子女教育上的无私奉献并不比犹太民族逊色,所费财力、精力不说,心力所耗尤多。因此,有些家长特别挑剔。

【案例现场】

有位同学妈妈找到我,说要求调座位,我详细问了一下情况,按学生的意愿立刻做了调整。谁知,过了一个星期,忽然校长找到我,说有的家长告状说班级同学不串座,有孩子说话,影响他孩子学习。后经了解,这个告状的家长正是找我串座的家长。

【案例分析】

为什么把座位调了,还会有如此的情形啊? 经了解,原来是家长的失误,调座后这个孩子同桌解决了,可是,隔个过道,又碰到一个比原来更让他烦的孩子。他再找老师要求调座,又不好说话,只能通过串座将孩子调走。

【解决策略】

刚开始弄清事情的真相,我心里很烦,很不平衡。后来想,家长就是为了自己的孩子,顶多是不择手段。我们还是要好好的沟通。一则让他知道我知道你的想法,二来也要让他知道所有的沟通,都需要正常的渠道。于是,我主动给家长打了电话,告诉他,我真的不知道孩子遇到这样情况,希望以后有事直接沟通。当时,家长很不好意思,很尴尬,甚至有些担心,怕我对孩子不好。事隔几天后,我班级搞活动,我就打电话,希望帮忙借车,他很热心地帮忙。我们的关系一下拉近了。

【解决效果】

家长一下子放心了! 觉得和老师的关系拉近了。

【总结与反思】

班级管理中,必要时家长参与能拉近老师和家长的距离。

三、崇尚暴力型家长

【导语】

"棍棒下出孝子"，仍然有部分家长崇尚用武力解决问题。特别在孩子调皮不听话的时候，在气头上，对孩子拳脚相加的，仍然大有人在。给孩子造成的心理阴影，逆反心理以及长大后崇尚暴力解决问题的恶劣影响，很难消除。在这种环境长大的孩子，大部分都崇尚武力！

【案例现场】

学生某某，小学时就是"小霸王"出名，丁点小事就大打出手，为此小学单独为其办班，并让家长全天陪读。家长很是恼火，常常对该生施以棍棒，孩子越来越暴躁。

【案例分析】

这种家庭教育下的孩子，内心极其脆弱孤独，还伴有自卑和无助，因此打仗是其一种获得满足的方式，是一种发泄。这类学生认为只有通过打仗才能自我保护，才会在同学中有相应的地位。而家长却深恶痛绝，孩子一有暴力行为，家长就一顿暴打，孩子就更暴力，恶性循环！

【解决策略】

爱护这个孩子就像爱自己孩子一样，实行温馨教育，有了暴力行为不通知家长，有意在孩子面前回避家长。

【解决效果】

孩子很感动，有了很大的转变，然后再找家长谈，家长也很信服。家长也改变了对孩子的教育方法，不再轻易打孩子！

【总结与反思】

不要动辄什么事都找家长。

四、《大话西游》唐僧型家长

【导语】

这样家长相对比较温和，但又失之偏颇，整天絮絮叨叨了，好比是《大话西游》的唐僧念经，两个小鬼实在受不了，只好上吊自杀了。现实之中，有的家长的确过于唠叨，整天磨磨叽叽，不知所云。

【案例现场】

中考前夕，王同学的家长找到我，没说几句话就掉下了眼泪，说孩子不听话，天天说什么都等于没说，我也不知怎么能让孩子好好学习。

【案例分析】

这类家长是想为孩子尽力，但是由于找不到恰当的渠道，就唠叨，因此失去威信。

【解决策略】

与家长交流时，需要家长为孩子做什么，就直接将任务布置给家长，越具体越好。其余的事情，告诫家长由学生自己解决。

【解决效果】

家长给孩子很多有益的帮助，自然孩子和家长的感情就好起来了。因此，还对家长多了一份理解，这时家长的许多建议孩子自然就会听了！

【总结与反思】

有些家长不是不想为孩子做事，而是不会做！

第六辑

用心灵赢得心灵

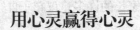

王 爽

【导语】

书籍能净化人的心灵，无言中流淌千言万语。任何一部书籍都是一个固定的活的灵魂，让我们在心灵干渴时，畅饮一杯活水，温润心扉，叩响心弦。转眼在班主任岗位上已走过四个年头，回想刚刚大学毕业就担任班主任之时，到如今已经放飞自己的第一批学生，一路走来虽不算风风雨雨，但也是磕磕绊绊。在学习中摸索，在摸索中前行，读书告诉我要用心才能换回真心。

【案例现场】

班主任面对着班级的学生，面对着教学任务、管理任务，压力不小。从我自身来说，刚刚走上工作岗位，初为人师，接受班主任这一工作的确在心理上有很大的压力和莫可名状的东西。如何正视自己，正视学生，一时间成了我心里的重负。

【案例分析】

回想刚当班主任的那一段时间，真是天昏地暗，自己对自己的工作不满意，领导也为我着急。作为班主任在教书的同时，最重要的就是育人。其实，根据自己二十几年并不长的生活经历,我知道我的班主任对我的影响是多么的深远。教会学生如何做人,更重于教会学生一个公式,一个概念。

【解决策略】

年轻班主任的自我修炼

阅读书籍,寻找自己。

1. 自身角度:开始学生犯错误,我只知道着急,盲目地批评,不知道怎样批评才能将正确的道理内化为学生的自我约束。阅读告诉我"班主任要善于倾听学生","用你的语言打动人心","班主任应学会心理换位","班主任要善于反思","人格魅力,班主任工作的灵丹妙药"等,这些妙计,让我在学会调节自己的同时学会如何调节学生,如何处理好和学生之间的关系。

2. 教育角度:我调整了自己的教育方向。当我换一个角度去思考的时候,我觉得所有的孩子都是可爱的,都是能进步并且在进步的。我给班级的每个学生都设立了不同的目标和方向,并通过心灵的沟通和感化,让他们找到最适合自己的道路。

3. 管理角度:"把管理权下放给学生","要善于煽动学生们的热情","得力助手一定要很优秀","如何塑造班级文化","如何培养学生的责任感"等,都成为班级管理的好计策。

【解决效果】

1. 我班里有一个孤儿,他在很小的时候被领养了,可养父母自己已有三个孩子,当他知道自己身世后,就开始自暴自弃,以差生自居。我第一次找他谈话时,他就明确地告诉我,他不爱学习,也不想学习,他不需要任何人管他,他没有目标、没有理想。摆出一副藐视一切的姿态,我当时真是不知道怎样才能走进他,因为他已经关闭了自己的心门。在他又一次犯错误后,我抓住契机执行计划。面对着我,他还是一口一个"我不在乎我自己""我无所谓""我不介意""我小学几个老师,都没把我怎么样,你也就不要妄想改变我了",他本以为这样就可以让我放弃。我对他说:"我不管你以前有过多少个老师,但是我知道我现在是你的班主任。你可以无所谓,但是我有所谓,因为你是我的学生。你是我学生一天,我就不允许你如此。你真的可以什么都不在乎吗?但是我告诉你，我在乎，因为你是我的学生。"他收回了桀骜不驯的眼神，默默地不再说话。他其实从心里是需要别人的认可的，可能在养父母那里得不到爱和关怀，所以我想要弥补他心灵上的空缺。这次谈话之后，我事事都关照他，总在班级表扬他的进步，他也越来越有信心了，找到了一个中学生应有的快乐。

2. 我给班级的每个学生都设立了不同的目标和方向，并通过心灵的沟通和感化，让他们找到最适合自己的道路。这样每个孩子似乎都找到了自己，不再是老师眼中的差生，同学们眼中的"拖后腿儿"，他们都有实现自己价值的感觉，不知不觉中有了进步的信心。时不时我会吹吹前进之风，时不时我会炫炫感恩之举，互相鼓励和促进，这都是在给学生积极的心理暗示。就这样，后进的学生变得关心集体，为班级做力所能及的事；先进的同学在这种和谐的氛围之下，更积极向上；中间力量追赶先进的脚步便越迈越紧。当我看到班级整体这种变化后，真是感到无比的欣慰。原来一点一滴的爱和智慧，真的可以凝聚成一股爱的力量！

3. 我在班级设立了"我爱我家服务板"，给学生充分的自由为班级服务，大家热火朝天、争先恐后。我及时地给予肯定和赞美，在良好的心理状态支撑下，他们独立完成了大绳比赛、集体舞比赛，都取得了优异的战绩。这样作为班主任的我就轻松了不少，而学生的能力也增加了不少。

【总结与反思】

四年的时间恍惚而逝，我一直在将这些有良好效益的做法坚持和发展下去。当然，一路走来不能避免有新的问题，新的不如意，但及时有效的阅读总会让我在学习中不断地成长，找到解决问题的突破口。

四年的班主任工作，一串深深浅浅的脚印，广泛阅读，用心经营，让我聆听了这么多优秀班主任的育人智慧，我会不断在实践中体会其妙处。如今，我有了新的学生，新的班主任工作，我需要做的就是不断的实践和坚守。

用心阅读，呼吸书籍的芳醇；用心做事，凝聚心灵的力量！

如何做好中途接班的班主任工作

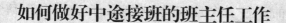

袁忠军

【导语】

记得魏书生老师说过："一个优秀的老师，首先是一个优秀的班主任"。虽然我有十四年的班主任工作经验，但中途接班，无论是对谁，难度都很大；班主任工作不容易，中途接班更难，我作为一名政治老师中途接班更是难上加难，困难摆在面前，但路总要走下去。怎样才能赢得家长和学生的信任呢？

【案例现场】

2009年下学年和2011年的下学年，由于学校的工作需要，我先后两次被学校安排做初三的班主任工作，第一次中途接班，我心里真的没谱，反反复复思考过，很多老师也告诫：最好不接这样的班，"费力不讨好"、"憋气又窝火"、"家长不买账"、"学生不认可"；听到大家的话，我真的退缩过，但考虑到领导的信任，工作的需要，我还是硬着头皮接下了。

【案例分析】

2009年接的初三班级，学生整体素质不错，班级只是在管理上需要加强，凝心聚力，会焕发出新的生机，会创造出新的成绩。

2011年接的初三班级，班级秩序井然，总体成绩可以，但没有尖子生，学生贪玩，学习不努力；很明显培养尖子生是关键。

【解决策略】

中途接班最难的是在于与班级的学生没有情感基础，所以很多问题不好解决，所谓"亲其师，信其道"；怎样才会尽快建立良好的感情基础，是中途接班的关键。

第一，理解和信任从沟通开始

这是一个特殊的群体，只有语文和英语老师继续任教，其他的老师在进入初三全都更换了。首先，我利用进入初三假前的一段时间，积极与前班主任老师、本班的语文老师、英语老师取得联系，详细了解班级基本现状，了解每一位同学的学习特点、性格特征及行为习惯；通过科任老师了解班级课堂上的情况，学生听课存在的问题。其次，我又给每位家长打电话，详细了解学生假期作业完成情况，询问学生的优点、特长以及家长眼中孩子的问题是什么等等；同时给每个家长布置了一项作业，要求家长在初三上课前与孩子进行有效的谈话，帮助学生找到以往存在的问题，明确进入初三对孩子的要求，确立初三学习的目标。最后，就是在正式开学前，提前召开了班委会、团支部、所有学科课代表的班级会议，我们一起分析了班级两年来存在的问题，明确了班级的奋斗目标，制定班级的规章制度。通过这个会议，再加以暑期我利用学生卡片识记每个学生的相貌，所以在开学前，班级50名学生我都能一一对上号。常言说："知己知彼方能百战不殆"。开学的第一天，当我走到班里，给学生排座时，每一个学生的名字我都能叫得出来，全班同学都用惊讶的眼光看着我……从他们的眼光中，我看到了学生对我的尊重与信任！所以，开学初的前两周，班级秩序井然，以往课堂秩序混乱，课下打闹的情景不见了，更让我惊讶的是原先从不交作业的两个男生也天天主动交起了作业；另外，很多学生都在自己的初三计划书中表达了自己的决心。班级在慢慢发生变化的同时，我也经常接到一些家长的短信，表达了对我的支持和认可。

有了上次的经验，当第二次中途接班的时候，我做了更周到的布置，全面了解，迅速融入到班级的学生生活中，拉近了与学生的距离，逐渐建立了与学生的情感基础。

第二，明确班级的奋斗目标，树立正气，扭转歪风邪气

针对班级纪律涣散、没有凝聚力的现实，在开学前的班干部会议中，我们一起制定了班级的奋斗目标，即"争做文明学生，争创优秀班级"。开学初，每个学生结合自己的实际制定了计划，明确了初三的奋斗目标。同时，我给全班学生提出了明确的要求：首先是遵守"三个不利于"，即对自己不利的事不要做，对他人不利的事不要做，对班集体不利的事更不要做。其次是做一个要有"四心"的中学生，即让家长放心，让老师欢心，对同学要有诚心，对集体要有爱心。这些规定和要求，我都是有意培养学生的是非观和责任心，这是初中阶段学生必备的

教育内容，对其今后成长是至关重要的。同时，我结合初三政治课的责任内容，加强学生的责任意识的教育，指出班级以往存在的个别学生与老师发生冲突等不尊重老师、在家与父母发生冲突等不尊重父母的错误行为，动之以情、晓之以理，使他们悔过改错，明是非、知礼仪，让他们在承担责任中尽快成长并成熟起来。另外，我经常深入班级，观察学生在课上的表现，深入了解他们的学习状态，及时指出他们在课上的不良行为；教育他们要珍惜老师的劳动果实。通过一个阶段的教育引导，班级中师生关系和谐，学生渐渐懂得尊重老师，及时收发各科作业，帮老师送电脑，拿教具，主动为老师打水，当老师嗓子沙哑或感冒时，主动为老师送药，让科任老师感动了温暖。在家中，我也跟踪调查，那些原先对父母态度不好或与父母顶撞的学生，也有很大转变，家长也颇为满意。对于那些做得好的同学，我在班会上，大力表扬，弘扬班级的正气，树立典范。初中阶段，是中学生人生观、世界观和价值观形成的重要时期，可塑性很强，只要我们方法得当，有耐心，我相信他们都是可以改变的。

第三，工作要细心、有耐心，对待学生要有真心

初三开学阶段，对每一个班主任而言，都是一个非常好的教育契机。作为新接班的老师，一定要抓住这个千载难逢的机会，最初的一个月，我经常在班上听课，观察他们的学习情况，课下与他们谈心，了解他们的生活情况。对于课上表现好的、学习有进步的学生一定要表扬，而对于那些学习态度有改变的，虽然成绩甚至没什么变化的，更要表扬，给他们以信心！同时，我把这些表扬用短信的形式发给他们的父母，让他们看到希望。以往孩子和家长更多得到的是批评，但当我们换一角度来面对问题的时候，结果往往是不同的。当学生反映午餐质量不好的时候，我亲自和他们一起就餐，了解状况，及时把情况反映给学校，第二天，当我和学生在一起吃着可口饭菜的时候，他们用喜悦而亲切的目光注视着我。学生因病回家，我及时发出慰问的短信，提醒她一定要吃药，第二天，你可以从她目光中读出她对你的感激！对于那些在学习上有困难的学生，更要多关心，多帮助，多鼓励，他们的成绩提高，需要有个过程，班主任要多给他们以学习方法上的指导，切实地走进他们的学习生活，更要做好家长的工作，让家长有耐心，请家教多帮助辅导孩子，只有老师和家长形成合力，才会促其有更大的改

中学班主任工作成功案例集萃

变。短短的一个月的时间，我用自己的真心换来了孩子们的真情，现在班级秩序井然，学生信心足，班级凝聚力日渐形成。

第四，用集体的力量约束个体，用先进个体去带动集体的发展

班主任都知道"抓两头，带中间"的策略，但具体怎样做，却不是千篇一律。针对班级中的个别难管的学生，我们可以从集体荣誉、集体温暖的方式去教育引导，使之更关爱集体、团结同学、理解老师和家长，效果还是蛮好的；真对这些学生，切忌不要简单、粗暴。

【总结与反思】

十四年的班主任生涯，我培养了很多优秀的学生，但我更感激学校给了我中途接班的机会，因为我懂得了一个道理：一个优秀的班主任不仅在于你培养了多少优秀的学生，更在于你转化了多少后进生！

渐入佳境——以心灵赢得心灵

李 洋

【导语】

我在班主任这份特殊的教师岗位上已经走过了四年，从万事摸不着头脑，到现在已经渐渐进入佳境。随着时间的推移，我越来越能体会到班主任工作的细致和重要性，以及班主任在整个班级中的核心地位。班主任对班级学生暴露的各种现象和问题如何处理，将影响到学生的发展和班风的形成。下面通过具体事例说说我在处理班级事务的一些做法。

【案例现场】

我班学生徐齐泽，喜欢唱歌，从初二开始，不分时间场合，尤其经常在课堂上唱歌哼曲。如此这般必将分散她自己上课的注意力，并同时影响多名周围的同学。其他同学也不胜其扰。多次看到这种现象后，我想：唱歌是正常的业余爱好，它能培养人的美感，使人思维敏捷。问题是如何引导学生把这类兴趣爱好安排合理？

【案例分析】

一位哲人说过："人类本质中最殷切的要求是：渴望被肯定。"在教育学生时，教师若能捕捉学生的闪亮点，巧妙应用语言，创设赏识的情境，将会使学生找回自信，并促其学业的进步。

【解决策略】

此时正值第一次期中考试之后，在班会课上我突然提出一个问题："喜欢唱歌的同学请举手。"有些学生不敢举手，他们一定在想：不知班主任葫芦里卖的是什么药？我接着说："只要会唱歌就尽管举手，我建议咱们班可以举行一场卡拉ok大赛。"这时学生可乐坏了，纷纷举手表示愿意参与。可这又苦了不太会唱歌的同学，我又建议："不会唱歌的同学可做本次大赛的评委。"我宣布："本次大赛欲参赛的同学直接找小A同学报名，由她和同桌全权负责组织本次比赛活动，只要有兴趣一定能做好。大赛主持由班长负责。但练习唱歌时间得听我的，只能在放学和晚自修后。"徐齐泽和同桌积极性大增，和我商量了比赛的方案，并极其负责地组织好比赛，同时她本人获得本次比赛的一等奖。

【解决效果】

通过这次活动，既丰富了学生的学习生活，又引导了学生合理安排业余活动的时间。小A的学习成绩属班上落后水平，但该生接受知识的能力较强。初三总复习之初，我与她交流，提醒她若想读好，总复习开始就得紧紧跟上，只要努力学习，发挥出自己的潜能，相信她能读好。经过一段时间的观察，发现她更投入、更用功。在接下来的几次大练习中，该生取得明显进步。

【总结与反思】

20世纪60年代，美国心理学家做过一个著名的实验。在一所小学里，他们声称要评估学生们的未来发展前景，将一份最有发展前途学生的名单神秘地交给教师，还要求保密。戏剧性的事情发生在8个月之后，当初名列"有发展前途"名单的学生的成绩果然进步更快，性格更开朗活泼，跟老师的关系也更好。当教师赞叹心理学家的评估惊人准确时，研究者揭开了谜底：其实那份名单是随机选出来的，跟评估一点儿关系也没有。真正影响学生表现的，是教师无意中流露出的对"天才学生"的关爱和期望。所以，尊重学生的天性，适时地加以引导，给学生恰如其分的鼓励和支持，很大程度上将促进学生的进步。

用真心拥抱阳光，用智慧引领希望

孙玉伟

【导语】

为了适应教育发展，我们必须转变观念，改进方法，由管理型向导师型转变，是班主任的必经之路。班主任要用自己的智慧去启迪学生的智慧，用学生的智慧去点燃学生的希望，用师生共同的智慧去铸就国家的未来。

【案例现场】

2009年，我初到附中，接管了初三·五班的班主任工作。接班前，我了解到班内有一个极具号召力的"滑头班长"——A，他表面上配合班主任的工作，实际上与班级爱捣乱的学生为伍，带领学生们每天享受在"无拘无束"的学习生活中，弄得班级一团糟。科任老师反映说：上课时，班级上课秩序存在很大问题。

【案例分析】

面对这样"扎手"的班级，单一的说服教育起不到任何作用，暴风骤雨的严厉与压制只会更加促成学生们的逆反。于是我决定从转化A入手，再让他发挥他的感召力，引领同学们共同进步。

【解决策略】

接班第一天，我用精练的开场白做了自我介绍，然后又用一节精彩的数学课将自己"引见到"班级中，52个小审判官从一开始的桀骜不驯到数学课后的钦佩与认可，让我感受到我有能力征服他们。数学课上我有意将一个简单的问题抛给A，他不仅答对了，而且语言表达特别流畅，我大加表扬，他很高兴，腰身也坐得直了。

午休，我约了A谈谈，我俩面对面坐在办公室里。对于他数学课上的表现我再次给予肯定，并称赞他和同学相处融洽，之后我又提到了班级曾经的历史，我真诚地跟他说："活泼，是你们的天性，但过度的活泼就是放肆，还有一年就中考了，难道你希望咱们班在中考中名落孙山，被人耻笑？你是班长，应该履行你的职责，首先把自己管好，然后再正确发挥你的职能作用。"A不好意思地低下头，他说："老师，我们也不是不想好，就是管不住自己。而且好长时间不学习了，感觉自己不会的太多了，所以上课就不爱听课。""没关系，我帮你！"我马上说，"你要相信自己，不会的数学题你随时都可以问我，上课如果你溜号了，我会及时提醒你，但有一点，无论什么课你都不能带头影响纪律。""我答应你。"A郑重地说。"我听说，咱班的作业交得不好，你能不能帮我收作业？"我问A。"这事没问题，我保证做好，他们都听我的。"

【解决效果】

第二天早上，A第一个来到班级，站在门口收作业，同学们特别配合他的工作，无一人早自习抄作业，每科作业都全数上交，我见证了他的能力。于是，我利用早自习表扬了全班同学，同时对A的工作表示高度的认可，我呼吁同学们用掌声鼓励他们自己的进步。数学课上，我特别关注A，设置一些他能回答上的问题提问他，他偶尔溜号或打瞌睡我都及时提醒他。

渐渐地，A对学习产生了兴趣，数学课上开始积极发言，对一些有难度的题目也有胆量探索，科任老师也反映说，A进步非常大。我趁热打铁，向A的家长反映了他的进步，并建议家长和我联手帮助A继续进步。A得到了久违的来自家长的表扬和鼓励，他非常兴奋。

两周后，A主动找到我。他说："老师，听说您篮球打得特别好，您能不能跟咱们班学生打篮球，因为咱们班总影响纪律的几个男生都会打篮球，如果您能带着他们一起玩，他们肯定会听你的，这样班级就好管了。"真是一个不错的主意，我爽快地答应了他。

果然不出A所料，在我和同学们一起打篮球的过程中，那几个调皮的男生被我的球技征服了，一有时间他们就要求我和他们玩，我们像朋友一样，在球场上用信任和默契交流。渐渐地，我真的走进了他们的心灵，使他们乐于接受我的引导，积极寻求我对他们的帮助，我的心中燃起了一团烈火。

一个月后，班级面貌焕然一新。

随着班级的稳定，同学们在学习上也步入了正轨，他们意识到了初三学习的

中学班主任工作成功案例集萃

重要性，在班级内掀起了比、学、赶、帮的学习热潮，A的成绩更是突飞猛进。就这样，班级的成绩在一次又一次考试中稳步上升。在备战中考的炎热的夏天里，A为班级安装了四台电风扇，给班级带来了凉爽，更坚定了同学们奋战中考的信念。

精诚所至，金石为开。在2010年的中考中，初三五班采撷了满园的芬芳。升学率100%，其中考入附高20人，A的成绩由原来的中下等，在中考中考取了584.5分的优异成绩，也迈入了附高的大门。

【总结与反思】

随着社会信息公众化和价值取向多元化趋势的发展，各种各样的价值观通过多种信息渠道直接作用于学生，学生思想复杂化是一种必然，过去那种以"压抑"学生个性的管理方法已然行不通，必须进行改革和创新，希望与各位老师分享经验，用我们的真诚和智慧赢得学生的尊重，引导每一个孩子茁壮成长。

正确认识自己，走出成长困境

李春梅

【导语】

曾风靡一时的《苏菲的世界》一书提出了一个看似可笑却非常重要的一个问题："我是谁？"这一哲学命题也困扰了许多的中学生。无法正确认识并评价自己恐怕是处在青春期的学生比较突出的一个问题，也由此给学生的成长带来了许多困惑。

评价自己，实际上是对自己理性化的认识过程。

对于一名学生来说，他生活、学习的学校、班级是他的第一社会实践课堂。在这里，他在不同的情感态度中体验着第一次的社会人生，学生在这里将学会认识自己、欣赏自己及他人，并由此完善自己。一般来讲，不能正确认识、评价自己的孩子最突出的有两类：学习、习惯、性格等出现异常而导致对自己的全面否定；恃才傲物、以自我为中心而导致的对自己的不切实际的评价。

作为教育工作者，我们应该认识到教育不仅是传授知识、培养智能，还包括提高学生的自我评价和评价他人的能力。孩子评价自己和别人的过程，是对己、对人和对社会认识的过程。只有正确认识自己、认识他人、认识社会，学生才能健康成长；只有当学生能够客观地评价自己和他人，找准影响自己成长进步的主要障碍，认识到自身存在的缺点，以及别人的长处和优点，才能处理好与他人的关系，自觉地调控自己的行为，更好地适应社会生活。

【案例现场】

班级英语课组织分组学习。学生们热火朝天地寻找合作伙伴，大多数学生都按自己的兴趣，和平时关系不错的同学组成了学习小组。最后英语课代表统计了分组名单递给我时，如我所料，果然没有看到小宇的名字。当我来到班级，学生们兴奋的余温未平，还沉浸在讨论中，而小宇一个人默默地坐在座位上，似乎这个教室里发生的一切和自己无关。这样的情形已经不是第一次发生。她就像是一棵毫无生气的小草，渴求着自生自灭。

【案例分析】

小宇来自一个特殊的家庭。父母离异，和母亲生活在一起。母亲常年过着优裕的生活，已经丧失了独立生存的能力，婚姻失败后也在经济上依赖于父亲。父亲曾经在商场显赫一时，但是后来由于经济犯罪，锒铛入狱。经济上也陷入困境。由于母亲不善经营家庭生活，导致母女二人生活毫无规律，生活状态比较混乱，迟到、作业不交、甚至上学忘穿校服等情况时有发生。她害怕同学们知道她的家事，更因此而自卑胆怯。孤僻的个性、并不优秀的学业，特殊的家庭背景形成了她自卑而又敏感的个性。所以在集体生活中，她难与人沟通，难以融入到任何一个小团体当中，同学们因为她的性格也比较排斥她。虽然我曾经暗示同学们多帮助她，但是她自己也不动声色地拒绝了这样的感情施舍。

我觉得小宇的成长中缺少了外界对她的关注，一个人只有发现自己的价值，并得到周围群体的认可，使他们得到愉悦的情感体验，才能激发其内在的积极性。班主任要善于发现每一个孩子的优点，对于积极的情感给予保护引导，对于消极的情感采用调节、转移、沟通和转化，在学生的心田种上自尊、自信的种子，就能找到开启潜能和心灵的钥匙，就能为他们铺就一条通向成功的道路。

【解决策略】

1. 与家长沟通，引导家长和孩子用正确的方法沟通，并让孩子理解母亲生活的难处，在相互了解中达成理解与感恩。

2. 用老师的关心和集体生活的乐趣排解家庭纠纷带来的伤害，温暖她这颗受伤的心灵。早晨到校，我在她进班前把她带到办公室帮她梳理一头乱发，整理好零乱的衣服，让她在进入班级时有一个良好的形象。班级活动时尽量为她安排一个合适的位置和角色，以免孤单……

3. 给她创设与班级同进步的气氛和机会，让他融入到班级的氛围和活动中。平时我有个习惯，抓拍班级里一些有趣的镜头作为电脑屏幕图片，这段时间拍摄时有意无意地多给她几个镜头，提高她在班级的"出镜率"。另外，我也更加细心地观察她：运动会上她助威时的表情、一次小小的课堂表扬后的悸动……让我看到了她冷漠背后的热忱。适时表扬，向群体暗示老师的情感态度，也让学生们了解到她的长处。课堂提问时也在她优长的方面，多给她展示的机会，让学生多角度看到一个更优秀的她。

4. 帮助小宇确立她在班级的位置和价值非常重要。由于她的孤僻，她常常沉浸在电脑世界里，练就了一手熟练的网页、课件操作技能。恰好班级创立班刊，我就把这个任务交给了她。她当时的表情并不是我想象中的惊讶、喜悦，而是不屑一顾。但最终她还是答应了。两天后看着她做的零乱但颇有创意的页面，我连夜找计算机老师加工改进，第二天，顺利打印出版，并且在显要位置署上了她的名字。一夜之间她成为了班级的明星。过了几天，一个可爱的小优盘和一张纸条出现在我的桌上：这是第二期的创意，我其实可以做得更好！回想起近两周来她的变化，我知道，她也可以找到自己的位置和信心。

【解决效果】

随着她自身的改变及自我能力的合理展示，同学们逐渐接受了这个有点邋遢、有点孤僻、有点敏感的她。她的才华和能力也一点点的得到了大家的肯定。心情好了，脸上的笑容自然也多起来，带着笑容这张最好的社交名片，她也开始有了几个能来往的朋友。她渐渐地能试着融入班级生活，与人交流，而且利用自己的所长为班级努力地工作着。而且她也找到了一个属于自己的学习小组，并为小组的荣誉而战。

现在的她越来越积极，在生活学习上都更加努力。我知道她正在一点点地进步。

【总结与反思】

每个学生都是一本书，要读懂他需要用心。尤其是对于像她一样的孩子更是如此。孩子的个性要充分重视，孩子的天性要充分挖掘。让他们意识到自己存在的真正价值所在。做好与学生心灵的沟通，让他能够正确认识自己是关键。

让学生达到对自己的正确评价，并在其中健康成长，最前提的条件是老师要正确认识学生并辅以切实可行的方法来改变现状。

一、遇到学生问题首先应该冷静地分析，找出根本原因，才能对症下药。对学生面临的问题应该认真地去查找根本原因，弄清问题形成的过程特点，才能找到解决问题的切入点，让学生能够顺利接受自己的帮助。如果一味盲目地强制性地要求，恐怕只会事倍功半。

二、尊重每一个学生的个性特征，在平等的原则下，发掘其优长，给予充分的肯定，为他开创一个发展的空间。人的个性特征主要反映在六个方面：需要、兴趣、智力、能力、气质、性格。在这几个方面挖掘其潜力，让学生客观评价自己，正确认知自己的价值，不盲目自大，也不过分自卑。

三、在解决问题中，更要讲求科学的方法。心理内化是提高教育质量的关键。要发展人的个性，提高教育质量，就必须特别注意学生的心理内化问题。众所周知，人生来是没有什么品德、知识和智力的。人的一切品德、知识和智力，归根结底都是从外部获得的，而人们从外部获得品德、知识与智力的关键则是心理内化。把社会道德转化为个人品德，把知识结构转化为认知结构，把实际操作转化为智力操作，不仅抚慰个性的心灵，更重要的是让个体具备一定的心理认知能力，以便能够在未来生活学习中找到方向，确立自己的相宜位置，这才是解决问题的关键所在。

因此，作为一名班主任，如何引导学生在健康的心理状态下达到对自己的正确评价，并身心健康发展是其终极目标。为师者，应该深入学生的生活，走进其内心，以朋友、师长的双重身份了解孩子所想，才能理解孩子所为。首先，班主任在和学生的交往过程中，不能采取俯视的态度。尊重学生、理解学生、在班级营造一种民主的、平等

中学班主任工作成功案例集萃

的气氛,将学生看成是一个独立的人。在"任何一个学生身上都有可取之处"这样的心理暗示下,尽量多地发现他们身上的闪光点,并以此作为突破口,重新评价自己在集体中的位置,认识自己的价值,突破自我,完善自己。

抓住教育契机,唤回集体的自尊和自信

韦迎春

【导语】

创建一个充满活力积极健康的班集体不容易,但扭转一个所谓"乱班"的不良班风,就更为困难。如何拯救一个混乱的涣散的堕落的班集体? 我曾尝试从人性的角度寻找策略,点滴经验与大家分享交流。

【案例现场】

初二的上学期,接手一个"乱班",这是一个令任课老师恐惧,年级头疼的,学生自己称为"举世无双""英雄盖世"的班级,数员大将粉墨登场,班风颓败,学生分帮成派,无视纪律要求,我行我素,以与老师顶撞为荣,对批评教育表现出不屑与无畏。这个班已岌岌可危,面临被分掉的命运。第一次站在这个班的讲台时,一阵哄闹、混乱,然后表现出严阵以待与我斗争到底的架势。

【案例分析】

拯救这样的一个班集体,突破口是什么? 从人性的角度我做了以下的分析:放纵与狂野是为了标榜自己,急于标榜自己是为了赢得尊重,千方百计的谋求尊重是因为自尊受到了损伤;不屑与无畏是因为愤恨和抵触,愤恨和抵触源于太多的批评和否定。而这些造成了他们对自己和老师的不信任,这种不信任又戴着防御攻击的面具。所以要抓住教育的契机,挽回这个集体的自尊与自信。

【解决策略】

(一)各个击破,化解敌意

在开学的第一周内,以静制动,主要是观察,观察几个关键人物的性格特点及行为方式,通过观察和调查,找到每个人的还没有来得及设防的心灵缺口，然后俯下身子，跟随他们的方向，用他们能接受的方式开始沟通，让他们慢慢地解除戒备，在悬崖边缘缓慢地软着陆，肯与我聊天、谈事情。这个"愿意"的过程非常重要，至少我可以让他们信任。我的设身处地、真诚与尊重让他们痛哭流涕，原来这些桀骜不驯的"大侠"竟然如此脆弱！眼泪也许不能代表全部的疗效，但至少他们不再敌对和抵触。

（二）整体唤醒，凝聚精神

1. 确立班级目标

针对班级班风不正，学生冷漠，没有人情味，我确定了整体的培养目标：感恩、集体、责任，并逐级做了分析和讲解。要对父母感恩，对老师感恩，对社会感恩，心存感激，学会做人。班级是我们的精神家园，要有集体荣誉感，抛除自私心理，学会做事。要有责任心，要为自己设计未来。一向叫嚣的九班开始停了下来，颓了下来，伴着那种与生俱来的顽劣和嬉闹！但我依然清醒地明白，这个九班还不是一个健康的集体，她颓了下来，但并没有优雅地沉静下来，她还需要一种整体的唤醒。

2. 召开班会

人也许不能改变人，谁也无法强迫他们改变，但事情可以改变人。一次A班上课，秩序混乱，上课教师愤然离去。（学校分层次教学，A班为基础薄弱生）我听到消息后很生气，但同时马上意识到我要寻找的整体唤醒的契机出现了！调整策略，不发火、不批评。既然把老师气走了，上自习吧——一节死一般沉寂的自习课，在这四十分钟要窒息的静默中，我读到了忏悔和自责。然后开始今天的班会，利用这样的事件、这样的情绪、这样的氛围，我选用的道具依旧不是批评，不是斥责，是一种背弃承诺的痛心，诋毁真诚的失望，并留有永远的期待和盼望，以此捷径触及集体精神的深处，于是一场心灵剖白的班会拉开了序幕。是一种闯完了祸后的愧疚吧，是一种不甘心沉沦堕落的挣扎吧，是一个月来心灵抚慰的正视与反思吧。一种良知在复苏，并缓慢地在几乎要陈腐的九班蔓延开来。讲台上发言的学生满脸泪水，座位上是不堪面对的心灵的啜泣。我的泪水和着一种天气和情绪的阴霾擦干了又流，流出了又擦……尽管一遍遍地抬起手拭去腮边的泪，但心里越发敞亮起来："我成功了！"集体的自尊和自信由内而外地被唤醒，真切地存在于他们的心中！这才是一个有灵魂的集体，有感情的集体，有凝聚力的集体！

【解决效果】

学校心理辅导课组织学生心理剧表演，九班原来的那几个关键人物编演的剧本《我们不是坏孩子》被评为一等奖，当广播里公布获奖班级时，全班带着哭腔的呐喊让我震惊：他们多么需要鼓励和认同！这是我们获得的第一个获奖证书。

轮到九班值周了，这是一次延后的值周工作，在此前由于九班不稳定，被剥夺了一次值周的机会。我把它看成一次绝好的教育契机，我只说了一句话：请珍惜学生处对九班的信任。我看见班长郑重地取来绶带，紧张的分配任务，我看见全班同学互相提醒：站姿，问好，清扫……，他们约束着自己的言行，谨小慎微的，生怕由于自己的不小心给九班抹黑。每节课预铃响起的时候，他们排着整齐的队伍，昂着头，屏住呼吸，轻轻地走回教室，然后要急切地去搜寻老师的目光，迫切渴望赞赏和肯定。我知道他们很辛苦，腰腿酸疼，但他们在坚持。一天，两天，三天，五天……，我的目光追随着每一个坚持者，我的心停留在每一处值周生的站位。看着他们在课间十分钟无数次的鞠躬敬礼，问候老师好的时候，我总感到一种力量的震撼，一种真诚的感动。周主任说："看见九班孩子整齐地向老师鞠躬问好，我的眼泪都要掉下来了。"这次值周工作完成得很出色，学生处特意为九班发了值周的嘉奖令，这是我们班获得的第二个获奖证书。如何让他们感知老师与他们的成长同在？我想了一个办法，既想以一种独特的方式传递关爱，又要巩固我所唤醒的自尊与自信。于是在值周的最后一天的大练习时间，我悄悄地把写给每一个孩子的信放在他们的课桌上，我看见他们静静地打开，含笑的阅读，然后悄悄地攥起拳头："耶！我还可以做得更好！"

【总结与反思】

拯救一个班集体，要注入这个集体感情，赋予这个集体灵魂。唤醒的自尊、自信需要巩固，更需要呵护。所以这样的一个集体更需要所有老师的通力合作与默契！给他们一些等待，给他们足够的耐心，他们才会勇敢地坚持下去，还我们更多的精彩和惊奇！

知其心方能救其失

王 厦

刚接手班主任工作之时，我总会因为一些"特殊学生"而感到力不从心。他们或古怪叛逆，或敏感异常……面对他们的错误，我选择了最简单的方式——严厉批评，虽然问题暂时得以解决，但依然层出不穷。小C便是这样一名学生，在和她交流的过程中，我感受到教育方法的重要性，原来问题可以这样解决。

【案例现场】

在老师的眼中，刚刚入学的小C绝对是一个乖乖女：活泼开朗，乐于助人，学习成绩也比较优秀。但一个学期后，小C毫无征兆地发生了很大变化，成绩大幅度下滑，行为越发古怪叛逆，有时甚至不可理喻。班里的很多物品莫名其妙地被她损坏，黑板被她用油漆笔写满了涂鸦……仅仅一个学期，小C为什么会发生如此"颠覆"性的变化呢？

在此之前，我和小C的家长一直没有太多深入的交流，这一方面是由于小C一学期来的良好表现；另一方面，我感觉孩子的家长似乎刻意回避与老师的沟通，不到万不得已不打电话。印象比较深的是孩子的一切问题都由她父亲打理。后来通过小C，我才了解到她的情况：父母离异，母亲远去南方，小C在父亲新组建的家庭里得不到太多的关爱，孩子因此曾多次离家出走，而她的父亲对此似乎并不太在意。后来因为不能很好地与家人相处，小C搬到同班同学小G家里居住。小G的家长很欢迎小C的到来，希望两个孩子在学习上能够共同提高。但不久，小C的异常表现也波及到小G家，家里开始丢失一些东西，小G心爱的物件也被损害，事后证明这些都是小C做的。一向和善的小G的家长对小C也逐渐失去了耐心。

【案例分析】

很多家长反映，从上初中起，有些孩子开始不听话，常与家长对着干。这种与常理背道而驰，以反常的心理状态来显示自己的"非凡"的行为，被称为"逆反

中学班主任工作成功案例集萃

心理"。小C的上述行为显然源于"逆反"，但似乎又高于"逆反"。这些叛逆行为的背后，一定有更深层的心理原因。

得知小C的情况后，我回想起上海社会实践后不久，班级召开的总结表彰主题班会。在个人发言环节，小C谈了她上海之行的感受，当说到我在大巴上为快要睡着的她盖上衣服、关掉空调按钮时，她痛哭流涕，不能自已。同学们一片哗然，有些脸上甚至写满不屑。当时初为人师的我也很迷惑，她为什么会为这一个普通的小细节而深深感动呢？但当时由于缺少经验，我对此并没有太在意。

此时再回想当时的场景，我恍然大悟，是不是因为缺少关爱，孩子才会有班会上的激动表现呢？来自这样一个家庭的孩子，在她活泼开朗的外表背后是不是隐藏着一颗孤独、渴望被温暖的心呢？如果能走入孩子的内心世界，是否可以对孩子有更加深入的了解并给予她最直接的帮助呢？

【解决策略】

我决心试试看。在随后的日子里，我有意识地加强对小C的关注，从几个方面做了尝试。

一、"工欲善其事，必先利其器"

半年的班主任工作让我明白，在处理孩子的问题上，草率行事有时会造成与孩子的对立。在处理小C的问题上，必须做好充分准备，不能打无准备之战。如何准备呢？我隐隐地感到，由于之前对孩子破坏行为的"莽撞"批评，孩子对我产生了抵触情绪。我想，在沟通之前，应该与孩子建立彼此的信任。

往日课堂上积极主动的小C此时已经消失不见，取而代之的是一个沉默寡言，基本没有与老师交流的学生，成绩也随之大幅度下滑。无论如何，在学习上一定不能让她放弃。在新学期的班干部改选中，我依然保留了她的数学课代表职务，希望能借此激发她的学习热情。但这对她似乎不起什么作用。

此前，小C丰富的课外知识和优秀的表达能力一直令我印象深刻，我决定先从我的课堂抓起。在历史课上，我有意地叫她回答问题，最初她用沉默应对，我就改让她阅读材料，再根据情况配合简单的问题，每次都对她的表现给予充分的肯定。渐渐的，在我的课堂上，小C又能与老师进行一些简单的交流，听到有趣的典故也能和大家一样开怀大笑，遇到老师提出的问题也在试图认真思考。

当然，这只是万里长征的第一步。有的同学告诉我，小C很喜欢动漫。我告诉自己这是一个很好的突破口。我开始翻看我儿时收藏的（还包括平时没收上来的）漫画，上网找一些当时最流行的动漫信息，和班级的"资深"动漫迷交流心得。在随后与她的交流中，基本不谈她在班级的表现以及她的学习情况，而是时不时地聊一些她感兴趣的漫画，从她偶尔兴奋的表情里，我依稀看到了往日那个热情向上的小C。

对于她的一些小错误，我不再直接指出，而是时不时地给她递几个纸条，用"如果你能……就更好了"这样的语言，将批评改为易于接受的建议。

一个周末，我接到了游泳馆工作人员的电话，孩子因为企图盗取休息室里游客的财物而被游泳馆扣留，孩子没有说出家人的电话，只报出了我的电话。在前往游泳馆的途中，我详细地向游客解释小C的情况，最终换取了她的理解。虽然这事情令人痛心，但我感觉自己的准备工作已经初显成效，小C开始信任我了，这件事，她选择了我这个班主任帮助解决。

二、用心聆听孩子的心声

教育家苏霍姆林斯基曾说过："要是一个学生向你说了心里话，你的教育工作就有了很大的成绩，而以后情况如何，在极大程度上取决于他怎样看待和感受你对他心灵所做的合乎人性的触动。"

那天和工作人员交涉完后，我和她坐了很久，我没有对孩子的做法做任何评价，我在等待她。大约半个小时后，终于等到她的声音，"老师，我很想让自己做好，可我就是管不住自己，老是想做一些疯狂的事"。"那我们一起努力好吗？"我说。

不久，小C向我提出一个要求，想经常给我发短信。当时她的手机已经被我没收，按照班级规定，我会替她保存至学期结束。我记得一位资深的班主任曾和我说过这样一句话："要想让一些孩子（尤其是一些所谓"问题"孩子）有所改变，必须要学会取舍，不能既要求这个，又要求那个，要把握尺度，抓住主要矛盾"。我决定归还她的手机。

于是在很多个深夜里，一个又一个短信冲入我的手机，我打着哈欠耐心地逐条回复。不管多晚，我都会坚守到互说"再见"。《礼记》曰："知其心，然后能救其失也。"通过短信,我阅读到了很多小C可能无法说出的心里话,了解到小小年纪的她的无助与迷茫,更通过一条条短信渐渐地走入了她的内心世界。

学会倾听孩子的心声是我和小C交流过程中总结出的一个收获。后来的事实也证明,小C其实很渴望表达自己的情感,可是曾经的我往往缺乏耐心倾听她的心里话。通过倾听,我发现了一个不同的小C。

三、坚持群众路线,放手发动群众

通过不断的交流,小C的疯狂行为似乎有所收敛。但这一时期,小C和同学的关系已经僵持到极点,原来和她要好的几个同学现在也很少和她来往,更重要的是,所有的同学都把她看作异类,避而远之。

要想改变小C,我一个人的力量肯定是有限的。毛主席说:必须坚持群众路线,放手发动群众。小G是我首先发动的力量。"以往小C在学习上,尤其是数学上对你的帮助很大,现在她遇到困难了,你能不能也向她伸出援助之手呢?"小G最终同意了。接下来,我组织班委会成员召开了一个特别的会议,号召大家帮助那些需要帮助的同学,小C自然在列。有了大家的帮助,班级里越来越多的学生开始恢复与小C的交流,班级也开始重新接受她。

四、两手抓,两手都要硬

当然,单纯靠学校的力量是不够的,更需要从根源上解决问题。小C当前最大的问题还是缺少家庭的关爱。在和她父亲沟通无果的情况下,我千万百计与孩子的母亲取得了联系,说明了孩子当前的基本情况,并把孩子发给我的一些短息转发给她的母亲,希望家长能了解孩子的心声并尽全力帮助孩子摆脱困境。随后我见到了她在外地居住的姥爷,和他深入地探讨了孩子今后的发展问题。

不久后,我接到电话,家里准备把孩子交给姥姥、姥爷照顾,小C在下学期要转学到大连。

【解决效果】

这时的小C已经发生了很大的转变,学习成绩有了一定的提升。最后的期末考试,她的成绩由原来的38名重新回到了班级的前10名。转学前,小C给我发了一封邮件,"虽然我走了,可我还会惦记着您的!我会记得在我人生中出现过的一位恩师!在以后的求学道路上,我还会遇到很多难题,但我忘不了您对我的厚望,还希望您能指导我,帮助我继续前行!"这是封值得珍藏的邮件,会一直珍藏在我的心底。

【总结与反思】

当然像小C这样的孩子毕竟是少数,但在与她接触的过程中,我这个刚刚工作的班主任更深刻地了解到,其实老师可以走入孩子的心灵,如果你可以用心聆听他的呼声;其实老师也可以获得孩子更多的信任,如果你可以用爱感化他的伤痛。作为一名班主任,我没有太多经验可谈,我只有一份感谢,感谢学校的信任,使我这个年轻的,所谓非主科课程的教师的职业生涯得以丰富和完整。

用真心撑起爱的天空

肖立君

【导语】

在班级管理中,我们总会发现有一些这样或那样的学生,由于生活中某种特殊的经历,让他人变得与众不同,颓废、消极、乖戾、偏激、自闭等,于是,总想能尽己所能,为学生做点什么,试图用真心与爱为他撑起一片纯净的天空。

【案例现场】

2008年9月,我担任14班的班主任,开学时间不长,一个男生给我留下了深刻的印象,这个学生不合群,有着超越年龄的成熟。不愿意和同学们交往,脸上是冷漠,眼神中是不屑与忧愁,渐渐地,老师上课提到忧郁一词,同学们就看他,但往往被他用犀利暴戾的眼神逼回。一次照全班的全家福,相片洗出来之后,我发现他坐在边上,与其他同学保持着一定的距离,落落寡欢,那么格格不入,又那么孤单。看着天真快乐的同学们,他的孤独让人心痛。

他常常不按时完成作业,虽屡教却始终不改。后来逼得紧了,写了一封信给我,信中有这样一句话:老师,我不是厌学,我是厌世。这句话让我震惊,后怕。

【案例分析】

初中的孩子正处于青春期,冲动,易怒,暴躁,如果稍有不慎,极有可能走向极端，所以必须尽快找到解决的办法，改变他的这种情绪。否则，一旦触发，后果不堪设想。

因为他到初中学习不久，与同学交往不多，他的这种表现应当和他以往的经历有关，而且他的这种经历肯定是不同寻常的，想改变他的状况，必须走进他的内心世界，了解他的过往经历，真正地走入他的生活。

【解决策略】

1. 与他谈话交心

我曾经几次试图与他交流，但每一次他都欲言又止，吞吞吐吐，只言片语中，感受到他家里的关系很复杂，最后，他总是说，老师，你不懂，你无法理解，太复杂了。然后是沉默，是长叹，是默默地流泪。但是我并不灰心，一次二次，我发现，他很有思想，也很有才气，同学们是既怕他，又欣赏他，对他敬而远之。所以我经常鼓励他，希望他发挥所长，在班级看望孤儿院的孩子们时，他就表演了拿手的悠悠球，他在试图走出，虽然很不容易。

2. 与家长沟通

每次来校与我接触的家长都是他的母亲。最初是因为作业，他的母亲倒是很配合，每次都来。但后来可能不耐烦了，对我说，找家长对他来说没用，以前也这样过，上五年级时，因为老师找家长陪着写作业，结果回家时，自己不小心从楼梯上闪下，造成孩子早产，其实我不是他的亲生母亲，对他的批评多了，就摔门而去，你还是找他的爸爸吧。从后母的口中，我了解到：他很小的时候父母离异，小时候在爷爷奶奶家，上的是寄宿式幼儿园，后来，父亲再婚，把他接回家，后母待他很好，物质与精神上有所补偿，一度很快乐，他小时候很懂事，上学时很优秀，聪明，调皮，淘气，成绩特别好，尤其是数学。上五年级时后母怀孕，不久家里添了一个小弟弟，家里把重心转移到了小弟弟身上。虽说他物质上的待遇并没有降低，但很显然精神上却有了无法弥补的空缺和失落，而且也可以说受到了很大的伤害，看着一家三口享受天伦之乐，而这种快乐他没有，当年幼小的他从来只是以自己小小的心思想办法赢得他人的欢心，他没有这种无忧无虑的受尽父母宠爱的童年。想想，我心里都觉得难过，生活太为难这个孩子了，他要怎样才能迈过这个坎啊！

3. 与父亲沟通

他父亲话很少，我给他打了几次电话，只是我在说，他的父亲不置可否，感受不到积极的配合，更看不到实际的效果，更是从来不到学校里来。

4. 与爷爷见面

爷爷是个老干部，对于我所说的现象，他认为不可能，和爷爷在一起的时候，他的孙子很阳光，很懂事的，不可能有厌世的想法。所以也没有起到积极正面的作用。用他后母的话说，他的爷爷很好面子，不可能承认自己家里出现问题。

5. 与亲生母亲见面

听说他的亲生母亲回到了长春，我就一直坚持见他的亲生母亲，我觉得，孩子长这么大，做母亲的没尽到过什么责任，在孩子现在这种特殊的状态中，如果说别人可以放手不管，生身母亲绝不能置之不理，可是，他的后母就是不给我她的电话，可能是有某种顾虑吧，并且告诉我，她已联系了心理专家，周六要给孩子做心理上的调整。可巧的是，周五的时候，他的亲生母亲竟然到学校找到我，乍一见面，我就吃惊得不得了，这对母子长得太像了，交谈之下，她的母亲其实颇有见地。她说，必须阻止他们，不能让孩子见心理医生，否则可能会给孩子造成更大的阴影，她会出面管理孩子的事情。后来，她争取到了孩子的抚养权。

【解决效果】

最后，经过他母亲的努力，他搬到自己的母亲家里住，他的妈妈为他做了很多，不仅在物质上满足他，并且在精神上鼓励他帮助他，他在母亲的家里生活得很快乐。当然偶尔也会有一些状况，比如因为说他头发不合格，就把头发剪得很短，但后面却用更短的方式做出了"×"的形状。但有状况我和他彼此沟通，共同想办法。通过我与家长的不懈努力，对孩子的不断鼓励与欣赏，他的心态变得日趋平和，脸上也露出了久违的笑容，逐渐地开始与同学们交往，也找到了自己的好朋友。在班歌比赛中，他自己作词作曲，悠扬的歌声，优美的旋律征服了所有的老师和同学，他也找到了自己努力的方向。现在，他就读于东北师大净月实验校的艺术班，学业成绩优秀，专业上正在努力，将来准备考上海音乐学院。

【总结与反思】

我们不是全能的上帝，但是班主任的责任告诉我们：对于任何一个孩子我们都不能放弃。初中，是学习生涯中最美好的一段，十三四岁，是人生中最纯美的时光，不能让他们的心灵布满阴霾。作为班主任，一定要用自己的真心为学生撑起一片爱的天空，让他们能在爱中滋润成长，学会用爱去温暖他人。

第七辑

用信心、耐心和爱心转化"学困生"

邢 洋

【导语】

实施素质教育，是时代的需要，践行生命教育，是附中的追求。教育的精髓就在于面向全体学生，使每个学生都全面的发展。但由于生理上的缺陷、智力上的因素、家庭和社会环境的影响等原因造成在学生中存在一定数量的"学困生"。由于学习成绩不够理想，他们体验不到成功的满足和进步的愉悦，无法产生学习兴趣，结果导致恶性循环，从而成为学生中的弱势群体。关注弱势群体，转化学困生是全面提高教学质量的关键环节。我在任班主任的这几年中，通过学习摸索，在后进生转化工作中有了这样的体会：做后进生的转化工作，关键是要对他们有爱心、耐心和信心。

【案例现场】

在我的班级里有一个叫小W的男生，初一时他成绩不错，入学考试甚至名列前茅，可是到了初二，他发生了巨大的变化：作业开始糊弄甚至不能按时完成；上课明显懈怠，成绩也大幅度下降，而且他对于考试成绩也不再像之前那样关注和在意了，但是却过分关注自己的外表。

【案例分析】

通过细致的观察和了解，我得知，他家庭条件非常优越，父母很想给他提供最好的学习环境和生活环境，但是由于工作繁忙，对于孩子实质性的关注很少很少，给他的关爱就只限于金钱和玩乐。

【解决策略】

一天，他作业又没有完成，各科老师都向我告状，借此机会我把他叫到了办公室，准备实施我的拯救行动。开始，他以为我会严厉地批评他甚至做好了请家长的准备，所以一副拒人于千里之外的样子，但是我给他搬了一把椅子，让他在我对面坐下。这时，在他眼中我看到了一丝惊讶与感动，也不那么抗拒了。我从一些生活细节开始入手打开他的心扉，询问平时谁送他上学、谁给他做饭、晚上几点睡觉等等，就是不责问作业的事。渐渐的，他跟我讲了他的很多事情，自己的、家里的。我发现他开始信任我了，我也了解了他不是不想学，而是由于渴望得到父母的关注，用逆反的方式去做不合要求的事儿，以吸引老师和家长的目光。学习的懈怠使他成绩很快下滑，这更使他失去了信心，加之惰性使然，他几乎放弃了学习。但是从他的言语间可以听出，他还是渴望被拯救的。于是我表示我是绝对不会放弃他的，针对他的现状，我们一起想办法并达成共识，校内校外共同努力：老师、学委帮他补习，放学后再到托管班去学习防止在家控制不住想偷懒……私下里我也与他的父母取得联系，告诉他们孩子的困惑与现状，请求他们的协助，他们也表示会在繁忙的工作中抽出时间，改变对孩子的关注方式，注意观察孩子的思想变化。大家共同努力，取得了一些效果，他开始转变了，不再不完成作业，不再拒绝老师和同学的帮助，成绩也有所回升。每当他有一点小进步，我都会全班表扬，私底下夸奖，并且常常跟他开玩笑，说他唱歌很好听，以后会有很好的发展等等来让他获得自信与阳光。就这样，一个自闭的男生身上开始散发出灿烂的阳光了，我也由衷的欣喜。可是正当我放心地认为已经大功告成的时候，他突然又回到了原地，甚至更加糟糕，我跟他谈话也没有取得任何效果，我感觉他不再相信我了。百思不得其解的我了解到了关键性的因素——托管班老师不经意的取笑让他觉得心灰意冷，父母由于看到孩子变化很高兴，渐渐的放松了对孩子的管理，减少了对孩子的关注。发现苗头，我立刻联系他的父母，他们也立即重视起来，同时我激将法与激励法并用，说要给他"出口气"，再跟他一起"争口气"，经过我的不懈坚持和努力，他又再次信任我、转变好了，这让我感到既兴奋又感动。

【解决效果】

现在的他虽然不能一下子成绩名列前茅，但至少作业按时认真完成，上课认真听讲，积极参加班级的活动，在圣诞晚会上我还给他提供展示的舞台，让他的歌声得到了同学们的认可。他也重新自信起来，萌发考重点高中的斗志了，这让我欣喜若狂。

【总结与反思】

通过这件事我也总结了一些转化后进生的经验，简单来说就是"三心"——爱心、耐心和信心：

一、用爱心感化学生

丁有宽老师指出，没有爱就没有教育。很多老师对优等生关爱有加，呵护备至，但是对后进生却常常恶语相对，冷眼相待，或者对他们采取不闻不问的态度，这样无疑加重了后进生的自卑感甚至会造成学生的叛逆。亲其师方能信其道，只有真诚地去对待后进生，用爱心去感化后进生，才能帮助他们消除自卑心理，使他们放下思想包袱去重新投入到学习中。

二、低起点、小台阶，耐心对待

教育和转化"学困生"不能急于求成。应采取减缓坡度、增加台阶、小步前进的策略，使"学困生"经过一段时期的努力，逐步达到基本的教学要求。当"学困生"的转变出现反复时，我们不能急躁、气馁，应找出反复的原因，同时还应做好深入细致的家长工作，争取家长的密切配合和帮助，同时教育其他学生学会评价，不要歧视学困生，提倡同学之间的互相帮助，发挥集体的力量，促进学困生进步。

"学困生"一旦有思想上的转化，就要抓住时机，趁热打铁，激发学生对知识的渴望，变厌学为乐学。夸美纽斯认为："求知和求学的欲望应该采用一切可能的方式在孩子身上激发起来"。一旦激发起来，就要防止逆向转化，所以必须持之以恒，对于出现的漏洞给予坚决的堵死，毫不松懈，长期以来，"学困生"的潜力得以发挥，兴趣愈来愈高，成绩就不断提高。

三、给孩子一个份自信、一个位置

一个人只要体验到一次成功的欢乐，就会激起无数次追求成功的努力。其实，每个孩子都有一股强烈的胜利欲望，都希望得别人的肯定或认可。有时一个赞许的目光，一个鼓励的微笑，往往能激励其奋发向上，甚至改变他的一生。尤其是后进生，他们的缺点较多，经常给学校、老师或同学带来麻烦，故此常常会受到学校的处罚、老师的批评或同学的歧视，他们的心理比较脆弱，对问题较敏感，极度缺乏自信。所以适当的赞许或鼓励对他们来就显得更为重要。

在课堂教学中教师也要注意分层教学，要创设情境让"学困生"主动参与，创造机会让"学困生"表现自己的才能，减少"学困生"学习中的挫折感，使他们尽可能多地获得老师的肯定、表扬和同学们的赞许。

班级的活动，也是为"学困生"找位置的一个关键时机。学习成绩不理想的同学并非一无是处，并且很多同学参与活动的积极性还是很高的。关键是教师要给学生提供机会，更关键的给所有学生平等的机会，让学生在活动中获得自信。

"学困生"的转化工作是一项长期、艰巨的任务，是教师义不容辞的责任。作为教师要找出"学困生"的"病源"，进行对症下药，用爱去感化学生，耐心、细心地做好"学困生"的教育转化工作，让祖国的花朵在辛勤园丁的哺育下放出缤纷绚丽的色彩来。只要我们努力，"顽石"也会雕琢成"珍品"。

鼓励与赞赏——教师的法宝

孙 维

【导语】

在学生的心目中,老师的一句鼓励胜过一千句批评,美国的心理学家威谱詹姆斯说过:"人性最深刻的原则就是希望别人对自己加以赏识"。尤其对于初中的学生,他们的身心都处于人生的关键时期。在这一时期,他们承受着学习的压力,又承担着父母过高的期望值,更面临着由生理变化而带来的心灵的迷惘,因此鼓励教育至关重要,任何学生都需要不断的鼓励,特别问题学生更需要给与关怀、关爱和尊重,他们更渴望来自各方面的赏识和肯定。

【案例现场】

我班有个学生张某,他上课从不认真听讲,经常做小动作、说话,缺乏自制力,自习课纪律差,经常弄得周围学生不得安宁,甚至没有学生愿与他同桌,而且这个孩子不懂得调节心理、情绪,内心的感情不知道如何发泄,常选用过激的方式来宣泄感情,用与现实格格不入的眼光看问题。因此,我需要面对的问题接踵而来,每天不是科任老师就是学生向我告状。这一个问题学生弄得我焦头烂额,占据了我班级管理的大部分时间,我在思考,该怎么处理呢?于是,我找他谈话,希望他能遵守学校的各项规章制度,以学习为重,按时完成作业,知错就改,争取进步,他开始是一副爱理不理的样子,后来口头上答应了。可他又一如既往,毫无长进,真是"承认错误,坚决不改",看来只是说教并没有起到良好的效果,他仍然我行我素,于是我想必须得改变策略了。为了有针对性地开展做工作,我决定先让他认识自己的错误,树立做个受人喜欢的人的思想。课堂上我发现他常开小差,虽没听课,但很喜欢凑热闹,瞎举手,一旦提问他,回答问题常是前言不搭后语,常引来同学的哄堂大笑。一次偶然的机会,他居然勉强答对了,我立即在班上表扬了他,可出乎意料的是,面对表扬,他不但没有高兴,反而羞红了脸,低下了头,浑身不自在。下课后,我找他谈话,他悄悄告诉我,他不习惯听表扬,难受。然而这次表扬后,他的表现还是稳定了一段。以后,当他有一点进步时,我就及时给予鼓励。使他处处感到老师在关心他。他也逐渐改掉了一些不良习惯，端正了学习态度。

【解决策略】

1. 因材施教，循循善诱

我深知，这是一个让老师头疼让学生讨厌的孩子，也是一个缺少爱的孩子，外表有一层坚硬的壳，内心深处仍渴望得到理解、信任和肯定。我想起这样一句话：学生看起来最不值得爱的时候，恰恰是学生最需要爱的时候。既然他缺少爱，那么我就给他多多的爱。于是我把自己特别的爱给了这个特别的孩子。从担任班主任以来，我就特别关注他。上课时特意提出简单问题叫他回答，让他在学习上获得一种成就感。课间时我常有意无意的走到他身边，询问他学习和生活的情况，让他感受到我对他的关爱。他犯错误时，我从不一味批评，而是循循善诱，让他把自己的想法说出来，然后和他一起分析他的想法恰当与否。每隔一段时间，我就与他家长联系一次，告诉他孩子在校的表现。表现好我就极力夸大，表现不好，我则轻描淡写。因为我知道，电话那头听着的，除了他家长，还有他。就是这样一个一个的电话，让他觉得原来还有人关心他。"一把钥匙开一把锁"。每一个学生的实际情况是不同的，必然要求班主任深入了解学生的行为，习惯，从而确定行之有效的教育对策。

2. 善于表扬，培养自信

心理学家指出，当一个人得到赏识时，他心里就有了一种成就感，就会对未来充满了信心。而一个有信心的人，会更积极地投入到工作和学习中去。表扬就是一种赏识，对学生具有极大的激励作用。我们班主任不仅要学会表扬学生，还要努力创造使学生获得表扬的机会。如在平时的考试，后进生有进步的，就要及时表扬；在搞大扫除中表现好，也要表扬。纪律有进步的后进生，更应该表扬……在不断的鼓励表扬中，他的自信心会渐渐树立起来。我在对他的教育时还注意结合他的心理特点，有时运用一些特别的方法。比如我慢慢地安排他做了眼操监督员、小组长，他干得还不错，有模有样的。面对生活积极向上了，对待学习充满了自信，对待集体充满了爱心和责任感。

【解决效果】

两年时间很快过去了,我想我的付出已经有了回报,因为他,在关注和鼓励中慢慢成长。如今的他,偶尔还是会犯错误,偶尔还是会控制不了自己,做些让人意外的事,说点让人惊讶的话,但是他的成长,需要更多的时间。面对他的转变,父母、老师、同学都很高兴。

【总结与反思】

1. 转变"问题学生"需要多鼓励,肯定。"问题学生"的思想、心理、行为习惯已造成偏差定势,要转变并非件易事;况且其转变也是反反复复的。为此,教师在转变"问题学生"的过程中,要充满信心,做好打持久战的准备。同时,教师在转变过程中要有"四个心",即对学生要有爱心,生活上要多关心,处理矛盾要当心,做思想工作要细心。

2. 增强家校的教育合力。 "问题学生"的出现与家庭环境和家庭教育有着密切的关系,因此对他们的转化必须得到家长支持和配合。让家长积极参与学校教育与管理,为学校工作出谋献策。在平时即时向家长反映学生在校的各方面的情况。并通过家长了解学生在家庭的表现,了解学生的爱好和特长、对父母及他人的态度、生活观念等,因此,教师应根据其过错的严重程度和个性特点采取灵活的方式、方法进行教育,不能一概而论。

孩子，你慢慢来

陈　思

【导语】

也许，在每个班级中都存在着一个特殊的群体，他们或许恰恰就是班级管理工作中的难题，但是，他们也是格外需要关注、需要爱的群体。

在我教的班级中，这样的孩子很多，他们的经历各不相同，有的因为从小与爷爷奶奶生活在一起，隔代溺爱的问题较严重；有的因为父母离异，从而变得敏感多疑，甚至是不思进取，一心报复；有的因为身体因素，在智力表现上较其他同学稍弱；有的从小行为习惯不好，自律能力极差，由于长期失望，以致父母对孩子的要求仅仅是安全，不学坏；还有父母长期在国外或经常出差，孩子托付给亲戚或家教管理。可以说，我的大部分时间和精力，都分给了这些让人不忍放弃的孩子，他们成长中的每一个细微的变化，都会在我的内心中掀起极大的波澜。每一次他们有了哪怕一点点的进步，我都会及时地表示对他们的赞赏，也特别注意对他们的批评方式，尽量保护他们那颗脆弱的心。

【案例现场1】

我也需要尊重

新学期间操位置调换，体委开了会回来没有告诉我。直到第二天早上从别的班主任口中我才知道这件事，而且经打听我们班的位置还需要特殊排一下队形。急脾气的我有些生气，找到体委问清了位置，并责备了他自作主张没有及时上报，差点误了事。他有些无奈和低落。结果站队时又发现，他的表述有误，不仅全班找不到位置，我抢时间排的队形也不符合实际要求。60多个同学在操场上成了一群无头苍蝇，成为全校最后一个站好的班级。年轻气盛的我当然大发雷霆，回来后当众批评了他。我看到，那十多分钟，他的头一直没抬起来过。我的心里也突然有了一种苦涩的滋味。

第二天间操前，重新给每一个同学定位。我特意打印了一张站位图，贴在教室前面，以为这回万无一失了。还特别动员了学生快点走出教室，到操场站好队，挽回昨天丢掉的面子。可是等我随着学生的洪流涌出教学楼，来到操场的时候，我发现精心布局的队列完全变了。学生高的高矮的矮，好像随便站了站一样。我问几个站在前面的同学，没有看懂我的站位图吗？学生说看懂了，可是体委偏让这么站。又是他！我当时就火了，直接冲到队伍后面把正在整队的他说了一通。他当时就懵在了原地，一米八十多的大个，一下子就缩了回去。后来，孩子妈妈和我说，孩子回家一直蔫蔫的，自我检讨说队伍没组织好，丢大人了。

【案例分析】

听了孩子妈妈叙述，我的心里就好像打翻了五味瓶，说不出的滋味。懊悔，让我寝食难安。我的当众批评一定深深伤害了他。其实，他的故意不报，恰恰是因为他想把工作做好，向我证明一下他的成熟和担当。我不仅剥夺了他去证明自己的机会，还让他在全班同学面前承担了一个他并没有预料到的事故责任。三番五次的批评，也给他的自信心以沉重一击。

【解决策略】

第二天，我找到他，为了我的态度而诚挚的道歉，他很意外，也有点局促不安。我表扬了他这学期以来工作上的主动性，同时也建议他以后遇到问题可以找我商量，让我帮助他做好工作。

【解决效果】

他很高兴。从那以后，感觉他更加用心工作了，也能分明感到孩子的工作能力在一点点提高。

【总结与反思】

在同伴面前批评违规的学生容易让他们感到沮丧和愤怒，而这种感情会降低他们的自我观念，使他们变得不合作、成绩差以及丧失责任感。他们也会从挫折中知道怎样才能更有攻击力，这样他们就更不会为自己的行为负责了。而且，那些让学生尴尬的方法并不能让他牢记教训，反而会让学生想更多的办法，既报复那些曾经侮辱过他们的人同时又不被老师发现。

私下、公平、礼貌地处理违规学生的行为问题，会保护学生的自尊心，帮助他们发展自律并形成责任感。能够自律的学生会对自己的违规行为感到愧疚，从而吸取教训；并且他们能够接受违规的后果，在日后不再犯同样的错误。

【案例现场2】

"老师，W在班级打人了，他把Z的眼睛打了！"一群孩子冲进办公室，拉着我就往班级跑，从他们惊恐的眼神中，我看到了一种集体的不安。W打人的野蛮举动在班级内惹起了公怒，甚至一个小男生气哭了。W还能被集体重新接受吗？

【案例分析】

W是个内向而抑郁的孩子。在班级他没有朋友，独来独往，经常到别的班级找些小学认识的孩子聊天玩球。虽然成绩很不好，但是倒也安安静静，不会惹出多大的麻烦。被打的Z更是一个稳稳当当从来与世无争的孩子，他们两个平时从不见有交往，怎么会突然打架呢？看到Z被打得红肿的眼睛，我更是又心疼又生气。而原因竟然只是一个眼神！W认为Z的眼神中透露出一种侮辱和轻视。

这是一个关乎"尊重"的案件。W因为长期孤独自卑，没有伙伴，缺少被尊重，所以才会误解同学的眼神，将心底的怨怒发泄在一个无辜的同学身上。他的过激行为，正是内心长期压抑的结果。如果当众批评处理了打人者，就会让他在集体中更加缺少威信和地位。可是如果不能给公众一个说法，低调处理这件事，又会触犯公众的"尊严"。

【解决策略】

我想了想，还是要先在集体中惩恶扬善。我没有回避这件事，为此开了一个班会。指出了打人行为的恶劣和错误。我看到了公众眼中的怒火逐渐平息。紧接着，我说出了另一番他们没有想到的话。

W是我接班后第一个给我留下深刻印象的同学，记得每天早上我上班的时候，他都是第一个等在门外。我很好奇，他为什么天天来那么早。所以曾经偷偷观察过，我发现他每天来到之后就会主动地排桌椅，打扫卫生，往地上洒水。而且，天天如此。我想这些事情，他从来没对别人说起过，也没有同学发现过。要不然，一定会有很多的同学愿意成为他的伙伴。因为他的身上也有很多优点，值得同学们去学习。我们生活在一个集体中，不能只凭着自己的主观意念去看待他人，应该放宽胸怀相互包容，学会尊重和理解。

以小见大 话说教育

【解决效果】

那一刻，我看到W的眼神中似乎多了一些内容，变得温暖。坐在教室中的他，也不再显得突兀和另类。

【总结与反思】

这件事也让我产生些许遗憾，也许，这些话早在入学之初，我就应该说给同学听。多一点尊重，多一些赞扬，会让班级的气氛更融洽，更具有人情味。

【案例现场3】

请多爱我一点

"教授"是我们班的一个风云人物，每个任课教师都对他有着深刻的印象。一方面，是他的博学多识乐于表达；另一方面，是他让人头疼的行为方式。如果他想发言，你没有叫他，他就会发出各种声音表示抗议，甚至用指甲挠桌子、大叫，来表示对你的不满和愤怒。同学的发言也常常被他嘲笑和强制打断。或者，他就会对老师发出当众的甚至夸大的赞美，来重新博得你对他的注意力。所以，即便他的才华确实很让人钦佩，但是班级里很少有同学愿意和他交往，更没有同学愿意和他同桌。时间久了，同学们就给他贴上了"怪异"的标签。当他再在课堂上"发作"的时候，就会被全班同学一起谴责。

我预料到这会是一个破坏班级和谐的不定时炸弹。我曾经私下和他沟通过，也批评过"教授"的错误做法，可是效果不明显。显然，他难以控制自己的情绪。直到有一天，他诚惶诚恐地来找我。我想，也许机会来了。他请教我，为什么他没有朋友，为什么班里的女孩子不喜欢他？

【案例分析】

其实这是一个内心特别纯净的孩子。只是他不懂得如何与人交往，他从小的教育中缺失了一些必要的社会交往技能。我试着帮助他从平时的言行中分析原因，他才恍然大悟。原来，他的"真实想法"和特殊才华就是罪魁祸首，使他与同学们产生了误会和隔阂。这些毛病，他在小学就一直有，可是从来没有人告诉过他，这样做是不对的。相反，老师处处夸奖他，让他在学校做巡回的演讲，他沉浸在众人瞩目的光环里。渐渐地，他觉得只有他才拥有话语权，别人所知都不如他。他可以任意嘲笑别人的无知。

191

【解决策略】

我给他一些建议，让他试着改变，首先学会倾听。班级第一个发言的学生未必就是最精彩的那个，也许最后补充的那个同学才更有见地和想法，因为他比别人思考的时间更长。多发现别人身上的优点，学会去欣赏他人。这样，才能换取他人更真诚的钦佩。

【解决效果】

过了一段时间，他很高兴而神秘地告诉我，我的建议是"英明"的。他找到了几个志同道合的好朋友，他们经常一起谈论历史，讨论时事。学会倾听和"安静"的他，在课堂上也收获了更多的掌声。

【总结与反思】

有的时候，这些被贴上了种种问题标签的孩子，更容易对人产生一种依赖感。相伴而生的，自然是一份难能可贵的信任。通过对他们的深入了解，我发现，往往这样的孩子在生活中都严重地缺失安全感，他们更渴望被爱和尊重。如果能让他们在集体中找到这种爱和尊重，或许，你眼中的他们就是另外一个人了。

班主任工作需要的是润物无声的细腻和春蚕到死的奉献，可同时，也伴随着一种分享他人成长的快乐和幸福。在目睹并促进了一个个孩子由幼稚、叛逆走向成熟、懂事之后，我愈来愈体会到：成长是一个漫长而循序渐进的过程，谁都无法一蹴而就。在学生迷茫、困惑的那段日子里，你总要多点耐心，多点信任，多点理解，当然也给自己多点信心，与他们一起，慢慢来。

以爱之名，点滴教化

陈 竺

【导语】

　　每一个班主任都面对着一个复杂的集体，在这个集体里，可谓有多少个孩子，就有多少种不同的情况，而每个班都或多或少地存在着与众不同、十分棘手的问题学生，对于问题学生，我认为最有效的方法就是"以爱之名，点滴教化"，用爱去抚慰心灵，哺育成长。

【案例现场】

　　我的班里有一个特殊的小女孩，叫小丹（化名），比同届的孩子小一岁，11岁就成为了一个初中生，因为年纪小，长得也小，是班里的排头，穿1号码的校服，心智非常不成熟，从开学第一天就显示出了她的与众不同。

　　分班大会上，抽完了班级，我向抽到的班级望了一眼，她坐在第一排，非常醒目，小小的样子，大人的打扮，旁边放了一个大人用的拎包，还不停地动。第一次见面结束后，孩子们纷纷离开了教室，当我正要锁门走时，发现门口第一张课桌上留了几个擤过鼻涕的纸团，而正是小丹的座位，所以她给了我邋遢、不文明的印象，我心想这个孩子一定是班里的问题学生，要重点关注，没想到接下来的日子里，她表现出来的问题的确是我没料到的特殊。

　　军训期间她很积极当寝室长，我也想看看她的能力，于是让她当了寝室长，结果她第一天中午就跑到我的寝室，问我是不是有人告她的状，我说没有，然后她说了一堆寝室同学不好的话，听后，我和同寝的老师对她进行了教育，她听后应和了几句然后跑开了。后来他们寝出现了不团结、早上集体迟到、说脏话、卫生不合格等情况，我让她们全寝写一个问题说明书，结果催了她几次才交上来，在阅读时我发现她交给我的纸上有一块黄色的东西，一闻还有臭味，我把她叫来一问，果真是大便，我的第一反应是她故意的，而她说是把纸带到卫生间，不小心碰到的。军训结束后我跟她妈妈沟通之前发生的种种情况，她妈妈严厉地训斥了她，给我的结论是她真的不是故意的，也没有恶意，确实是有些生活不能自理。还告诉我她教育女儿很严格，从小做不好就严厉地训斥她甚至打她，平时就是指导她学习，不让她上网、看电视……结果现在小丹的交流出了障碍，妈妈要求的"乖乖女"出来了，却问题频频。后来她爸爸跟我说了一些情况，说这孩子的出生是因为家里有个小姑得了抑郁症自杀了，为了安慰她奶奶才要了她给她奶奶带，结果她小时候由于环境压抑也得过抑郁症，还治疗过。

之后，她在班里接连发生了一些情况，比如：没人愿意跟她同桌；经常有人告她的状；她在班里没有朋友，大家都排斥她；她发言积极读书很多，成绩却不好，一直在四十多名；她经常哭，下课了就自己跑到厕所，上课了才回来……还有我科任班的孩子问我：小丹在你班怎么样？然后告诉我小学时她就非常出名，班里很多同学都欺负她，发生了很多事情，她还曾经坐在窗台上想跳下去，被同学拉了下来，还和同学闹过很严重的矛盾，甚至诉诸于法律……

【案例分析】

这个孩子虽然问题频出，也有自杀、出走的危险，但经过跟踪了解，我发现她并不是不可教育和拯救的，她表现出的种种行为，跟她妈妈的高压政策有关，跟她从小成长的环境有关，跟她心智不成熟有关，跟她缺少正确的引导和爱有关，跟她不懂得与人交往有关，跟她没有诉说的对象有关……

【解决策略与解决效果】

这种孩子必须让她有存在感，在点滴细节上对她进行引导，不仅要从心灵上开导她，还应该教她怎么做，要爱她，让她觉得不孤单，让她慢慢融入这个集体。为了做到这些，我们必须从家庭、班级、包括她能接触到的人等多方面入手，让她从细节上慢慢改变。具体我实施了以下一些措施：

1. 和孩子的母亲做了沟通，细致地了解孩子在家的情况和家庭教育的方式，后来我和她母亲达成一致，不能再做不好就打骂，要沟通，孩子大了，要了解她的想法，让她主动去做而不是逼着她做。后来她妈妈这样试了几次，效果都很好，她不再那么抵触了，也不再拉着脸子什么都不敢说了，妈妈说的话她也能主动配合了。

2. 他的同桌是个很懂事的孩子，跟我反映了要换同桌的想法，我开导了他，希望他们继续一桌，并帮助她规范一些习惯，但毕竟是孩子，不够成熟，不仅管理不好别人，自己还受了影响，而且小丹个子太小，又近视500多度，所以我决定给她调座。我把她调到了第一排中间的位置，自己单独一桌，不参与换座，告诉她这样是为了离老师近，老师容易随时注意她，这个位置也有利于听课和自主学习，她很高兴地接受了。之后我随时纠正她的各种毛病，只要我提醒她，她马上照办，没有抵触，而且不好的习惯出现频率慢慢减少。

3. 对于我的批评、督促、指正她之所以没有抵触，是因为我对她付出了真切的爱。她没有朋友我就做她朋友，平时我总和她谈心，听她说不着边际的话，有了问题第一时间打开她的心结，并教她怎么与同学相处，怎么对待学习，怎么思考问题，而且我经常抱抱她，摸摸脸，摸摸头，逗逗她，她觉得我很喜欢她，有老大罩着的感觉肯定不一样，所以她开朗了很多，也很少哭了。

4. 班主任的行为对班级同学会产生很重要的导向作用，大家看我对小丹态度好，她们也就不敢欺负她了，我又趁势找班级的主要学生干部和小范围说话比较算的核心人物谈了话，简单说了要帮助小丹，保护小丹的想法，于是班级开始有同学很关注她情绪的变化，有了问题随时告诉我，不再有同学讥讽她，而是着急地跑到我这说："老师，小丹哭了，你去看看她吧"，我班的女体委只要在外面，一定跟着她，并像大姐姐一样照顾她……慢慢地她阳光了许多，班级里越来越多的同学也不再把她当成异类。

5. 隔壁班的班主任赵云鹏老师是个很有爱心的老师，开学初她就看出我班的小丹与众不同，于是开始夸奖她，表示很喜欢她，也经常帮助她，还让小丹在她班交到了朋友，小丹很喜欢他，不敢跟我说的事都跟赵老师说，于是我们配合着，让她慢慢有了存在感和自豪感，越来越懂礼貌，越来越愿意交流。

6. 政治老师陈曦老师为了鼓励她，让她当了政治课代表，交代给她做一些很重要的工作，当然开始她做得并不好，出了很多问题，但我们都鼓励她，指导她，有时我让她帮我做一些事，她特别乐意，慢慢地事情也做得越来越让人放心了。

7. 在班级干部竞选时，我鼓励她竞选，她决定竞选文艺委员，我非常支持，结果到临竞选前的课间，又有同学告诉我她哭了，于是我找她出来谈心，她一边哭一边说，她觉得一定没有同学选她，我开导了她好长时间，她终于决定走上讲台。讲台上，她说话声音比平时大了很多，介绍了她的优点，对于竞选优势说得有理有据，也很流畅，赢得了大家的一片掌声！后来，虽然她没有竞选成功，但也得了不少票，我又趁机鼓励她，她很高兴，慢慢觉得大家接受她了，她也开始在课间和同学们交往，开玩笑，融洽了许多。

8. 只要她有做得好的地方，我就立刻在全班同学面前表扬她。

总之点点滴滴的教育和关爱，使小丹改变了许多，期末考试小丹一跃成为班级的28名，发成绩当天她高兴地跑来告诉我成绩，又跑去告诉赵老师成绩，兴奋了很久……

【总结与反思】

特殊的学生需要我们付出更多的爱与关注，我们必须花心思去研究她出现问题的原因，并且先去爱她再去管她，这样才能让她接受教育，收到的教育效果也会更好。班级里每一个孩子都不同，所以对于不同的孩子我们要有不同的方法，但万变不离其宗的是"爱"，一切都围绕着这个中心，那么很多问题都会迎刃而解。对于小丹，我会继续关注她，培养她，爱她，让她不仅能顺利地度过初中三年，考到理想的高中，而且能养成受益终身的习惯！

爱是教育好学生的前提

陈荟竹

【导语】

心理学家认为"爱是教育好学生的前提"。爱是一种最有效的教育手段，教育的过程不仅仅是一种技巧的施展，更是充满了人情味的心灵交融，用关爱之心来触动学生的心弦，"动之以情，晓之以理"，用爱去温暖学生，用情去感化学生，用理去说服学生，从而促使他们主动地养成良好的习惯。

【案例现场】

我们班有个学生叫小鸣。他脑袋很聪明，但是上课无精打采，要么搞小动作，要么影响别人学习，提不起一点学习的兴趣。下课追逐打闹，喜欢动手动脚，作业虽然做，但做得乱七八糟，书写相当潦草……经常有老师或学生向我告状。于是，我找他谈话，希望他能遵守学校的各项规章制度，以学习为重，慢慢改进学习态度，提高学习兴趣，争取进步。他开始是一副爱理不理的样子，后来口头上答应了。可他还是一如既往，毫无长进，真是"承认错误，坚决不改"。虽然我很生气，但是觉得身为班主任，不能因一点困难就退缩、就放弃，我有责任和义务好好帮助他改进。

【案例分析】

其实当班主任后跟学生接触多了，常常发现现在有些学生根本就没有自己学习目标，自律性又差，感觉好像就是家长让他来学校，他就来，过一天算一天，不在乎成绩的好坏，小鸣就是这样的态度。经过和他家长的联系，了解情况：从小学到现在他就是这种态度，家里又几乎没有人能管得了他，家长又大多忙于工作，所以对他的监督力度不够。同时也发现他其实是一个需要更多关心的孩子。

【解决策略】

针对这点，我经常以姐姐加老师的身份去关心帮助他，并督促他学习。为了有针对性地做工作，我先让他认识自己的错误，树立做个受人喜欢的人的思想。

我的做法是经常找他以朋友方式聊天，慢慢的他认识到了自己的错误。"你已经认识了自己的错误，说明你是一个勇于认错的好孩子，但是这还不够，你觉得应该怎样做才好？想改正错误吗？想做一个受他人欢迎的孩子吗，你要怎样做才好呢？""我今后一定要遵守纪律，团结友爱，认真完成作业……""那你可要说到做到哟！""好！"后来，他无论是在纪律上，还是在学习上，都有了明显的进步。当他有一点进步时，我就及时给予表扬、激励他。使他处处感到老师在关心他。他也逐渐明白了做人的道理，明确了学习的目的，端正了学习态度。为了提高他的学习成绩，除了在思想上教育他，感化他，我特意安排一个责任心强、学习成绩好、乐于助人、耐心细致的同学跟他同桌，目的是发挥同桌的力量。事前，我先对这个同学进行了一番谈话：为了班集体，不要歧视他，要尽你自己最大的努力，耐心地帮助他，使其进步。此同学满口答应，并充分利用课余时间或课堂时间帮助他，教育他。后来，他取得进步时，除了表扬他，我还鼓励他们说，这也离不开同学们的帮助，特别是某某同学的帮助。

【解决效果】

在同学们的帮助下，经过他自己的努力，小鸣在各方面都取得了不小进步。在学习上更努力了，纪律上更遵守了，劳动更积极了，成绩也有了很大的进步。为此，我会心地笑了。后来，有一次我找他谈话时，他说："老师，同学们这样关心我，爱护我，帮助我，如果我再不努力，不是都对不起大家吗？"我笑着说："你长大了，懂事了，进步了，我真替你高兴！"

【总结与反思】

一、以人为本，付出师爱。作为一个教师，都应"以人为本"，尊重每一位学生。教育是心灵的艺术。我们教育学生，首先要与学生之间建立一座心灵相通的爱心桥梁，这样老师才会产生热爱之情。如果我们承认教育的对象是活生生的人，那么教育的过程便不仅仅是一种技巧的施展，而是充满了人情味的心灵交融。心理学家认为"爱是教育好学生的前提"。对于小鸣这样特殊的后进生我放下架子亲近他，敞开心扉，以关爱之心来触动他的心弦。"动之以情，晓之以理"，用师爱去温暖他，用情去感化他，用理去说服他，从而促使他主动地认识并改正错误。

二、以生之助，友情感化。同学的帮助对一个后进生来说，是必不可少的，同学的力量有时胜过老师的力量。同学之间一旦建立起友谊的桥梁，他们之间就会无话不说。同学是学生的益友。在学生群体中，绝大部分学生不喜欢老师过于直率，尤其是批评他们的时候太严肃而接受不了。因此，我让小鸣同学与其他同学交朋友，让他感受同学对他的信任，感受到同学是自己的益友，让他感受到同学给自己带来的快乐，让他在快乐中学习、生活，在学习、生活中感受到无穷的快乐！通过同学的教育、感染，促进了同学间的情感交流，在转化后进生工作中就能达到事半功倍的效果。

三、因材施教，循循善诱。"一把钥匙开一把锁"，每一个后进生的实际情况是不同的，必然要求班主任深入了解弄清学生的行为、习惯、爱好及其后进的原因，从而确定行之有效的对策，因材施教，正确引导。小鸣的情况比较特殊，主要是自制力差，对自己的错误、缺点认识不足，对老师的批评教育产生厌恶、憎恨心理。因此，我就以爱心为媒，搭建师生心灵相通的桥梁。与他谈心，与他交朋友，使其认识错误，树立做个好学生的念头；充分发挥学生的力量，编排一个责任心强、学习成绩好、乐于助人的同学跟他同桌，给予学习和思想上的帮助；自己面批面改他的作业，让他感到老师的关心、重视……用关爱唤起他的自信心、进取心，使之改正缺点，然后引导并激励他努力学习，从而成为品学兼优的学生。通过一年的潜心努力，精心转化，终于取得了令人可喜的成果：小P同学摇身一变，由"捣蛋鬼"转变为纪律委员，由后进生转变为先进生！他无论在哪里见到我，都会亲切叫上一声："老师，您好！"我总是报之一笑，并说上一声："你好。"在更新教育观念的今天，作为一个热爱学生的教师，有责任让学生树立信心，进而达到育人的目的。

用心温暖每一个"家人"

李曼琳

【导语】

教书育人告诉我们，自古以来"教书"与"育人"就应该是并存的，我们所倡导的生命教育是尊重个体、尊重自然、尊重生命的先进教育模式。因此我想我们面对学生时就应该尊重他们本身的存在，从内心想去理解他们，到真正地了解他们，从而帮助孩子们减少成长过程中可能发生的后悔莫及的事情！

【案例现场】

对于刚进入初中生活的孩子们，会有兴奋、好奇、害羞，封闭自己的心态，当然也免不了会有同学间的磕磕绊绊。T给我的第一印象是憨厚老实，然而军训刚开始T就与同学发生了口角，甚至马上就要打起来了，我及时地制止了这场纠纷，我向T了解情况，虽然主要责任在于另一个同学，但T也承认了自己的一些过失，那时我告诉T要牢记做一个男子汉必须要大度！

没过两天军训还没有结束，T就又与其他同学产生了争执，虽然都是不懂事的孩子，但这件事多少让我有些伤心，T再一次向我说明事情的经过，并且承诺一定会好好表现，谨记忍一时风平浪静，退一步海阔天空。

开学后，小打小闹虽然时有发生，但幸好也都是男孩子间疯闹而至，直到期中过后，事情真的严重了，由于T经常说同学的闲话，平时大家也都不在意，那天做间操集合站队时，T故意挑逗同学堵住同学后退的脚步，并且又说了一些惹人生气的闲话，另一个同学没忍住冲动给了他一拳，当时T的鼻子就出血了，T也真的害怕了，不敢再做任何举动，虽然这件事使得T真的害怕了，但因为先出手的是另一个同学，T又有了为自己辩解的机会，然而同学们的眼睛是雪亮的，因为平时的疯疯闹闹大家早就不喜欢和他一起玩，现在更因为替那个同学打抱不平而故意疏远他。眼看就要去上海了，这件事情怎么办呢？没有人愿意和T在一个车厢，都嫌他麻烦，嫌他说闲话，嫌他无事挑争端。

【案例分析】

我该怎么处理这件事情才是"最博弈"的呢?

第一种,劝说家长让孩子留在长春,抓紧时间再多做些功课。这样就可以尽可能地减少他与同学的接触,可是如果这样做了,我就在逃避对这个孩子的教育,就相当于我放弃了对T的教育,这不是我想要的,更不能是一个班主任做出的选择。

第二种,一定要给T一个机会使他能融入这个班集体,让大家能够接受他,以后的学习和生活中能够和同学们和平共处,做相亲相爱的一家人。

此时我清醒地知道我要选择第二种,所以我必须做以下两方面的努力,一是使T清醒地认识自己存在的这些坏毛病,二是使同学们相信T一定可以改掉那些讨人嫌的习惯。事实上,说服同学们接受他容易,而问题就在于如果T没有真正意识到自己存在的问题,没有清醒地意识到同学们对他的态度,没有真切地体会到同学们为他付出的努力,那一切的一切就都白费了!

【案例现场】

我决心一定要使T在这个班级中快乐地成长,一定要让班级所有的同学都意识到我们是兄弟姐妹,是最团结的集体,是缺一不可的一家人。

一、创造适宜的环境

我和班级四个学习较好、为人和善、稳重懂事的孩子做了细致的沟通,和他们讲清了事情的利弊,并且承诺我会和他们在一个车厢里,一起努力保证T在火车上的生活! 两天两夜火车上的生活并不是那么容易度过的,T不会整理被褥,我们就帮助他整理,T不记得打理个人卫生,我们就时刻提醒他注意卫生,因为同学们的悉心帮助,我们总算是陪着经常惹麻烦的T熬过了火车上的这两天两夜。但这不代表事情就解决了,实际上,我们还没有开始着手对他的特殊关怀。

二、用爱,用心,用真诚换取那一小步的成长

当我们到达东方绿洲时,孩子们已经三天没有清理个人卫生了,男同学的身上因为出汗,长时间没有洗澡而散发出刺鼻的味道,由于T体态较胖自然更容易出汗,所以身上的味道已经让人难以接受了,当我提醒T要去洗澡时,他口头答应着,但事实是当同学们都洗干净回来时,他并没有去洗澡。后来他告诉我他没

有去过浴池。刚开始自然很生气，但转念一想我意识到或许这是一次机会，可以让T感受到同学们对他的照顾，以此来教育他怎么对待同学才是最为得当的！由于我是女教师没办法亲自带着T去洗澡，所以第二次，为了确保打动他，我事先和他母亲做了沟通。我了解到他的确没有去过浴池，因为害羞的缘故他不敢去公共浴池洗澡。我松了口气，如果是因为害羞的原因那事情就好办多了，男同学是17个人住在一个房间的，所以T每天都是和同班的男同学住在一起的，如果是和他们一起洗澡，就可以大大减少他尴尬的情绪了，而且还可以拉近他和别人的关系，也能使他体会到同学们对他真诚的态度。所以我和其他几个身为班级干部的男同学商量好，要他们务必带着T去洗澡，并且要照看好T。

T和同学们一起洗了他在浴池的第一个澡，可是回来后我发现T的头发还是散发着难闻的味道，我问他原因，他为难得不好意思开口，其他同学告诉我是因为没有用香皂，他只是冲了冲，根本没有洗干净。我非常后悔自己的大意，没有教他应该怎样洗澡，疏忽了他们这么小的年纪在没有大人的陪伴下能否将自己洗干净的问题。因此，为了保证T的个人卫生，我们又一次努力着，其他同学都承诺一定会帮助T做一次完整和彻底的洗澡工作。当他们第三次从澡堂出来的时候，看着每个孩子脸上轻松的笑容，再看看T清爽的表情，我知道这一次我们的努力没有白费。四天的时间同学们由被动的在我劝说下接受他，到现在主动地要求帮助他，我看到孩子们都在不经意间成长着。其实这一路T还遇到过很多麻烦，他的钱包丢了，大家四处帮他找寻，搜遍了客车、房间、食堂、和我们所能经过的每个地方，然而到最后钱包也没有找到，但是大家纷纷表达出自己的一片心意要帮助他，他体会着，我想他应该也感动。

三、让爱贯穿心间，温暖你我

我们安然无恙并且满载收获地回来了，在这次上海社会实践总结大会上，我们举办了一次以舞台剧形式的班会，回忆起在上海的点点滴滴。

我们将T的故事又重新地演绎了一遍，虽然人不是原来的人，但事却真真实实地又被回忆了一次，当然T也加入了演员队伍了，他演的则是一名普通同学。我们希望T能体会到，其他同学对他帮助时的那份心情；希望T能认识到，万事都要勇于承担自己的那份责任；希望T能在这点点滴滴中，感受到自己的成长，能够为自己的未来迈出一小步。

在班会的结尾，我建议同学们做个小纸条，将自己平时不敢对朋友说的抱歉、感谢、羡慕、崇拜、挑战等等话语以此形式表达出来，很多同学都收到了小纸条，T也不例外。那些曾和T有过矛盾的人主动地和T化解矛盾，我也看到了我想看到的结果，T也写出了自己不曾敢说出的话，他诚恳地表达出自己对同学歉意，也下定决心在以后的日子里努力做个人见人爱的好孩子。

四、只有用心才能将爱保温

班会结束了，班级的一切日程也就恢复了正常，T周围的同学都主动地帮助T改掉原有的坏习惯。当他上课想回头说话时，后面的同学会把他扭正，慢慢的他不回头了；当他在自习课上习惯小声嘀咕的时候，同桌警告他要保持安静，慢慢的，他安静地上自习了；当课间玩耍时他习惯性的开讨人嫌的玩笑时，前边的人严厉地说教他，慢慢的，他不再说那些流言蜚语了；当交作业时，他拖拖拉拉迟迟教不上来，课代表追着他要，慢慢的，他的作业准时上交并且工整了。班级的每一个人已经忘记了之前让他们头疼的T，开始接受这个听话的T了！

看着他们一天天的成长，我非常欣慰，我发现每一个孩子都有他们的可爱之处，只有当我用心去理解他人，用心去帮助他人，用心温暖他们时，我们就成了一家人。

【总结与反思】

还是那句教书育人，作为一个刚刚走上工作岗位的年轻班主任，我没有经验可谈，我只有信条在，我坚信欲教书必要先育人。在育人的过程中，我需要用心去感受孩子所想的，我需要用心去理解孩子所做的，我需要用心去体会孩子所要的。然而一个人、两个人构成不了班级，作为班主任我要对62个孩子负责。我们这个整体也要对每个个体负责，因此只有用心温暖着每一个人，才能使他们用心地温暖这个集体，每一个人才能感受到这个集体有家的温暖。

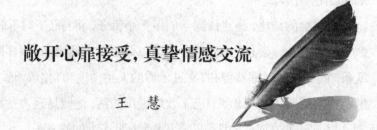

敞开心扉接受，真挚情感交流

王　慧

【导语】

刚参加工作时，从旁观者角度去看班主任工作，觉得不过"忙碌"二字，而且那对学生的掌控能力和一鸟进林，百鸟哑音的气势，让我羡慕不已。等到自己凭着不到两年的工作经验做了一个半路接班的班主任，才觉得原来这份工作，凝结了太多的酸甜苦辣……满日琐碎的工作中，如果说还能有一点体会与大家分享，我想应该是我跟学生的互动与沟通，尤其是谈心的经验。诚恳的谈话态度也易于师生间情感的交流。"感人心者莫先乎情"，班主任只有先动之以情，才能对学生晓之以理，做到和风细雨、情理兼通，及时发现并表扬其优点，使学生在师生间情感的交流中，感到老师的关切与爱护。"亲其师"才能"信其道"。与学生谈话，不可忽视情感的作用，因为情感是教育信息通向学生内心世界的"桥梁"。要架设这座"桥梁"，关键在于寓理于情，以自己积极的情感体验影响学生，努力创设愉快、宽松的谈话氛围。这样才能引起肯定性的情绪反应，使学生愉快地、心悦诚服地接受老师的教育。

【案例现场】

小源同学是21班比较淘气的男孩子之一，胖乎乎的他总是在课堂上制造各种各样的事件吸引老师和同学们的注意。由于屡次违反课堂纪律，他经常受到各个老师的批评，也就很自然地成了各位老师心目中扰乱课堂秩序的典型。一天生物课要做观察金鱼鱼鳍摆动的实验，和小源一组的几个同学在做实验的时候打闹，不知是谁随手把金鱼扔了出去，正好打在前排女孩子的头上，伴随着女孩子的尖叫，学生的哄笑，整个实验室乱作一团……老师气坏了，大声质问事情的原委，小源同组的一个孩子就说了小源的名字，结合小源平时的表现，也不想再占用课堂教学时间，老师让小源去办公室找我，小源满脸委屈就是不承认扔金鱼，也不愿意去办公室找班主任，而且言词间对老师非常不尊重。

【案例分析】

按照小源以往的表现，他的确可能是扔金鱼的淘气包。可是以往犯错误的时候，小源很少狡辩，都是乖乖认错，油嘴滑舌地反复跟老师保证，希望得到老师原谅，很少会像今天这样顶撞老师。看着他涨红了脸的样子，我觉得也许这件事情真的另有别情。在实验室问了半天，他也不愿意张嘴，甚至都不愿意为自己解释一句，我就把他带到了活动教室，一个只有我和他独处的空间。

【解决策略】

小源一直不肯开口，我就自顾自地说话，我说："小源，老师小时候总是觉得自己是全班最倒霉的人。"他看了看我，低低地应了一句："为什么呀？"我用平和的语气微笑着说："因为每一次同学们都在小声说话，我刚刚张嘴说一句，我的老师就会说：'你怎么又说话了，没有一点记性！'"他忽然就抬起头，一脸兴奋地说："王老师，你也是一直这样被冤枉的啊！"我心里暗暗高兴，看来，我找到了他委屈的原因。我接着说："小源，老师相信你不是故意顶撞老师，对老师没有礼貌的，你没有扔金鱼，对不对？""是啊老师，我只是把金鱼从盆子里捞出来，吓唬一下小玉，结果她用力推我的手，鱼就掉出去了，砸到前排的小敏，根本不是像老师说的我在故意捣乱！"我笑着拍拍他的头，"就是嘛，小源每次被批评，一张嘴都是说：'老师我错了，老师我再也不敢了，老师你原谅我吧！'怎么会突然变得这么倔强不认错呢？我还记得你上次生物课在生物书上画飞机，被老师批评后给生物老师写过一封信，还画了一根狼牙棒，说生物课再违纪就让生物老师用那根狼牙棒打你屁股的，你怎么可能再犯错呀，难道你不怕打屁股吗？"小源不好意思地笑了。我也不再说什么，笑着看着他。过了一会，小源忽然跟我说："老师，我去实验室给生物老师认错。"我问："为什么呀，又不是你扔的金鱼。""可是，确实是从我的手里掉出去的，而且如果我不把金鱼拿出来吓唬人，也就不会有后来的事情了。"

【解决效果】

小源特别诚恳地去认错，并且在中午的"小班会"上跟全班同学道歉，希望以后全班同学给他时间改正自己的问题，监督他的课堂行为。他一反常态的认真态度也得到了老师和同学们的认可。从这件事情之后，小源虽然还是偶尔淘气，但是对自己的约束力越来越强，再不是班级纪律问题的反面典型。

205

【总结与反思】

在与小源的交谈过程中,我始终让谈话在真诚、融洽、宽松、愉快的气氛中进行。这样不仅使他认识了自己的错误,而且还主动提出愿意接受同学们的监督和帮助。人们在感情相融的心境下交谈,易产生求同和包容心理,能增强对对方观点的接受性,减弱排斥性。谈心过程是一个交心的过程。从教育者的角度讲,它是心灵感知的输出者;从学生的角度讲,它是敞开心扉接受教育者、心灵感知的输出者。班主任教育学生的实质是师生两颗心愉快地碰撞,在师生双方不断的碰撞中,实现感情的交流、融洽、升华,由情知到理知。谈话更是如此,语言交流是情感交流的表现形式。为达到师生情感融洽,班主任必须以真诚的师爱赢得学生的信赖,师生的心才会贴近、融洽,谈心才能有好的效果。除了真诚,班主任还要勇于向学生承认自己也有无知、犯错误、存在偏见的时候。人不可能完美无瑕,因为接受了自己的不完美,也就可以接受学生的错误、无知和不完美。这样的表达可以缩短跟学生之间的谈心距离。

班主任与学生谈心时,最基本的态度是要诚恳。诚恳的谈话态度,是在友好气氛下进行谈心的基础,同时也能增加双方的心理宽容度。相互信任是班主任与学生谈话顺利进行的前提条件。当班主任获得学生信任后,学生对班主任的反感就会被克服,学生会把班主任看成是一个可以亲近的人。只有达到这种信任平衡,才能使师生心心相印,无话不谈。同时要让学生感受到老师在倾听他的谈话,在尊重他。

仔细观察，用心琢磨

张 巍

【导语】

无论是什么样的孩子，都希望得到老师的认可。有的时候泛泛的表扬略显敷衍，不能深入人心，只有仔细地观察孩子的行为和表现，用心地琢磨孩子的性格和特点，才能在与他们交往过程中抓住他们的内心，触动他们，点醒他们，鼓励他们向正确的方向成长。

【案例现场】

班里的小雨是一个爱劳动的小女孩，成绩也不错。可是每每站起来回答问题的时候，总给老师一种桀骜不驯的感觉。有一次，我让她回答一个问题，她歪着身子，左瞅瞅，又看看，然后貌似冷笑地说："不知道。"当时我的感觉真有点下不来台。我的脸冷了下来，但是没有批评小雨，就让她坐下了。有几天我没有理她，但是我经常在别的课上，自习或课后时间观察她，发现同学都很喜欢小雨，因为她虽然不善表达，但是从不计较，很大气，连男生都愿意和她交往。也就是说，她的表现不是内心的想法，属于面冷心热型，但是她还没有学会很好地与老师交流和沟通，尤其在公众场合，还不能用正确的形式表现自己。

【案例分析】

人的性格是多样的。虽然性格很难改，但是在孩子成长过程中，如果我们真心教给他们得体的表现方式，孩子是很容易学会的。我们理解并尊重他们的自身素质，顺从他们天生的个性，帮助他们明是非，辨好坏，顺从社会的交往规则。有的孩子在老师的教导和同学的相互影响下，在学校的这个小社会中，就能够学会正确的今后在大社会中的为人处世方式。班级里各式各样性格的孩子很多，教育每个孩子的方式也会多种多样。

【解决策略】

通过观察我逐渐了解了她，我也在等一个机会帮助她。在那件事之后，她当时也看出了我的不满，也经常能够体会到我的默默关注，但是我几乎不直接和她交流。女孩子心总是很细的，老师对她的态度她放在了心上，但是还不能确定我对她的看法。一天中午，她和另一个同学小文一起来到办公室，她远远地站在办公室门口，小文走到我身边，笑着说："张老师，你觉得小雨这人咋样？"我当即就明白了，这是她派小文来摸我的底来着。这可是个绝好的机会。我大声地说："你们谁见过这么爱劳动的女孩？啥活都肯干，一点不输给男生。哪有这么心细的，黑板擦完了，还要把讲台也擦干净？她呀，就是不善表达，心眼那真叫好使。"说完我瞟了门口一眼，发现小雨脸涨得通红，手足无措，可是内心的开心是一点也掩盖不了的。小文笑呵呵地说："我就说吧，她还害怕您不喜欢她呢。就自己在那瞎琢磨。"我接着说："那就是因为跟老师交流少呗，要让对方感觉到你的真诚。不能让别人误解啊！"

【解决效果】

自那以后，小雨成了我办公室的常客。本来她不是我的课代表，可是我外语方面的所有活都抢着干，自己就把自己给定位了。其他几个外语课代表开始还气得不行，后来一看小雨太执着，也就由着她去了。我说她书写还不太过关，她就天天回去练，一直练到班级最好的；我说给我当课代表得英语呱呱叫，她就拼命回家做题，一个学期下来就在班级英语名列前茅；有时候我稍一抱怨说这几天卷子都堆成山了，她就趁我不注意偷偷把卷子拿到家晚上熬夜帮我批。不让做，也不反驳，下回还我行我素；我从不告诉学生我的生日，但是不知道她怎么就发现了，在我生日的早晨从家里煮了两个鸡蛋，怕凉了，一路上就放在肚子上捂着，给我带到学校。我们的交流其实真的还是不多，还是我说她听着，憨憨的笑笑，极短的话语。小文有一次对我说："张老师，小雨崇拜你简直到了疯狂的地步啦，她根本不把你当人，她把你当神！"我回答说："其实是她太善良了，太厚道了。"我慢慢地引导她合适地表达自己的想法，与老师交流时不再局促不安，后来居然有一次站在我身后好久了，对我说："老师，我在家总给姥姥按摩，我也给你按摩吧！"说完就轻柔地给我按摩起来。

【总结与反思】

其实从这个案例可以看出，我并没有特别地花费了大量的时间与小雨谈心交流，但是由于之前的细心观察，我在表达自己对小雨的看法时，让她体会到了，我是真心关注了她，我是懂她的，如同知音一般。在她过去的学习生活中，也许许多老师都忽略了她这种"表里不一"的性格，没有表现出对她的理解，也许本身性格缘故，找不到合适的方式去与老师交流。这一定让她迷茫了很久。只是这简单的理解，就促成了孩子自己搭设平台进步，就激发了无穷的潜力。我们在教育孩子的过程中，针对不同性格的孩子，我们采取不同的手段和策略。作为女教师，我甚至对某些男孩子"耍耍无赖"，谁让你是男子汉呢！你就应该照顾女生的吗！

教育不同年段的孩子也需要不同的方式，总之，与孩子有缘在一个教室里学习生活，作为引路人，只有真正地了解，才能真正地理解，才会有意想不到的神奇。这一切来源于用心观察。

用希望点染希望

刘海昕

【导语】

希，会意，从巾、从爻，像做针线。"巾"：丝织品；"爻"，像针线交错。本义为"刺绣"。

望，又"望"，会意。甲骨文字形，上面是"臣"像眼睛，下面是"壬"，像一个人站在土地上远望；小篆又加"月"字，表望的对象。本义为"远望"。

对于"点染"二字，我定义为"点亮"和"渲染"。之所以言此，是因为我觉得这两个词共同受用于"希望"，同时又能代表我在教育学生时要面对的两个不同程度的层面。

有一句教育名言是这样说：要让每个孩子都抬起头来走路。"抬起头来"意味着对自己、对未来、对所要做的事情充满希望。任何一个人，当他昂首挺胸、大步前进的时候，在他的心里有诸多的潜台词——"我能行"、"我的目标一定能达到"、"我会干得很好的"、"小小的挫折对我来说不算什么"……假如每一个学生都有这样的心态，肯定能不断进步，成为德智体全面发展的好学生。

【案例现场】

她生活在一个单亲家庭，自我防御意识很强，冷漠和脆弱交织，不许任何人指责自己的缺点，否则不惜一切代价地回击，甚至是情感上的攻击。她经常与家长顶撞，与教师对抗，与电脑游戏为伴，厌学的情况严重，甚至出现了撒谎逃学的现象。我永远记得孩子哭着对我叫："老师，我没有前途，没有希望！我什么都没想过，我什么都不敢想！"

【案例分析】

人的智力是多方面的，智力的不同组合表现了个体间的智力差异，每个人的特长兴趣、爱好以及分析问题、解决问题的方法是不同的，其发展潜能也不同，从"潜能"和"素质"相互关联出发，遵从个体发展的规律，在发现学生潜能的基础上，开发他们的潜能，发现和开发学生所具有的那些在传统教育中不被承认、发现的智能强项，发现人才，转变传统教育下的所谓"后进生"，因材施教，促进学生成功。

事实上有相当数量的孩子有理想、有追求，但是这幅蓝图是模糊的、善变的，一旦有外力冲击就动摇，即"蛋壳心理"。这样的孩子一旦遇到挫折的环境或受到批评，往往会采取过激的行为：或自疑，或退让，或放弃。

马卡连柯说："培养人，就是培养他对前途的希望。"这样的孩子总是想到自己不如别人，不相信自己也行，常常表现出逃避、放弃，对什么事都提不起兴趣，可每个孩子天赋是各异的，能力方面也各有千秋：有的孩子能跑能跳，好运动；有的孩子爱唱爱跳，擅长文艺；有的孩子舞文弄墨，酷爱绘画。即便孩子将来在学习上不佳，也不至于因此而灰心丧气，反倒会在自己擅长的领域奋发努力，或许还能干出一定的成就来。

【解决策略】

我发现她爱好体育，而且喜动，所以对她"委以重任"，让她担任班级的体育委员，并且让她完成每天在黑板上写课程表的任务，这一切都是她从未尝试过的。无意间我发现她竟然开始练字，还憨厚厚地告诉我："老师，我得对得起咱13班同学的眼睛啊"。前段时间，学校组织了跳大绳比赛，她在生病的情况下特别在中午班小会前赶到学校，摸摸头说："老师，我还得训练我的'困难小分队'！大家等着我呢！"

【解决效果】

挫折可成为弱者巨大的精神压力,也可成为强者勇往直前的动力。要意识到坚强的性格需要个人有意识的磨炼,绝不是一朝一夕就可以达到的。所以我告诉这位同学:"好事多磨,磨来磨去有好事!"在办公室里,现在仍会看到这个弱小的身影,她依然面带微笑地求索着,她心中的"希望蓝图"不仅看得见,而且被渲染得光芒四射!

【总结与反思】

中学生正值精力充沛、朝气蓬勃的青春年华,生活充满了希望和幻想,对学习和生活难免抱有较高期望和较高要求,但由于对生活中所遇坎坷估计不足,对自身能力、知识水平缺乏全面认识,所以一旦遇到不顺利的事就容易产生挫折感。因此中学生在学习和生活中应根据自己的实际情况确定具体可行的目标,保持中等期望水平,同时注意不可轻易否定自己。

教师要清楚地认识到学生个体的智能差异和在不同领域中认知发展的不同步性,寻找发现学生的智能强项和优势领域,开发学生的潜能,为学生创造多种多样的展示各种智能的情境,给每个人以多样化的选择,使其扬长避短,从而激发每个人潜在的智能,充分发展每个人的个性。无论何时,教师都应该树立这样一种信念:每个学生都具有在某一方面或几方面的发展潜力,只要为他们提供合适的教育,每个学生都能成为社会所需要的不同类型的人才。

第八辑

跨越危险段，拥抱青春期

李忠强

【导语】

孩子是家庭的希望，父母是孩子的第一任老师，尤其是孩子从胎教到出生后的前6年。而作为初中班主任在孩子成长的最重要的"意志力的年纪"里，承载着对学生理想中自我的肯定，自我意识觉醒中自己对世界的重新认知，能否达到最佳状态的重要任务。而且在这最重要的三年中，初二年段又是重中之重，这无疑对初中班主任提出了一个更加严肃的课题。

【案例现场】

初二是初中阶段的关键时期，被班主任戏称为"教育管理的重灾区"。随着学生对校园及师生的熟悉，逐步淡化了对新环境的新鲜感与敬畏感，自己是"初中生"这个新角色已经基本定位。中考的压力还没有造成最直接的冲击。加之这个时期学生心理、生理发育特别快，情绪极不稳定，自我意识不断增强等。因此在这个成长的"危险时期"里，个别青少年违纪违法、打仗斗殴、破坏公物、顶撞父母和老师及早恋现象，经常在这一时期发生。因此，加强对这一年段学生的教育管理是形势严峻、任务迫切！

"教育管理的重灾区挖掘潜能"之一：善待潜能生群体。

潜能生不仅学习落后，而且往往在日常行为习惯上表现的也很差，自控能力不强、懒惰、不思进取……但他们有时心理也存在着激烈的思想斗争,他们也有苦恼,也有追求上进的一面。在实际生活和学习中,潜能生往往是个被遗忘的角落,有的老师歧视他们,甚至用冷嘲热讽来刺伤原本脆弱的神经,撕破他们的脸面,让其自尊心丧失殆尽……这样做的结果,要么使潜能生愈发自卑,要么使其破罐破摔,也许有的学生美好的前途就此被断送了。究竟何为好学生呢? 老实? 循规蹈矩? 都不是! 纵观成名人物,有不少在小学、初中并非是"懂事、听话"的好学生,但其后来的成就却让人难以置信,调皮好动并非是顽劣,也许正是一种聪明的外溢。

"教育管理的重灾区挖掘潜能"之二：慎待"心理断乳期"。

初二学生这一阶段发展极其复杂,充满矛盾,因此,又被称之为"心理断乳期"。就生理而言,他们正处于青春发育期,生理上的这种迅速变化,对其心理发展有着重大影响,一方面,客观存在刺激了他们自我意识的觉醒,另一方面,也给少年带来异性交往和性心理卫生方面的问题。因此,学生情绪不稳定、易被激怒、好走极端、容易陷入情绪的低谷、对异性有好奇心。

【解决策略】

1. 加强对潜能生的思想教育,尊重其人格,施以爱心,促其转化。

教育者要多给潜能生一份鼓励、一份朋友式的督促,一次促膝的交谈,使他们学会自尊、自信、自立、自强,尽力帮助他们解决成长中面临的一个个困惑。

小A是我班的一名后进生,学习差、无心学习,行为习惯不好,曾多次给女生写情书,经常出入网吧、游戏厅等场所。面对这样一位学生,在初一时,我就注意观察他的一举一动,努力寻找他身上的闪光点。坚持耐心疏导,充分尊重其人格,批评教育他时,讲究谈话的艺术性,尽量避免其与老师产生对立情绪。

记的在开学初不久他又犯了一个大错误,而在这之前我已和他谈过几次话了。针对这种情况,在谈话前我充分了解了事情的经过,以免使自己在谈话中陷于被动。我是这样开始谈话的,"小A,请坐,能告诉老师你打算怎样度过这学期吗?"(他没有回答)"请你想想开学至今你都做了些什么呢?你很聪明,有时也很愿帮助别人,还经常为班级做贡献,这次你不就主动为班里购买了养鱼器具吗?在初一时你是多么喜欢学习英语啊!可是从上学期期末以来,你都做了些什么呢?好好想想吧!我真诚地希望你能在毕业离校之际能大声地说:"我终于战胜了自己!"否则的话,不仅你会抱憾终身而我也对不起自己的良心啊!人得有志气,有毅力,才能走出自我!在以后的日子里,让我们互相勉励,共同进步,你能帮老师这个忙吗?"……听到这里,他哭了。从那天起,在他的桌角便多了一张白纸卡,上面写着对自己的要求,而此后我能做到得就是给他足够的时间,给他巨大的精神力量,帮他重新昂起头来走路!

2. 指导班委会、团支部干部开展工作,确立他们的威信,使他们能充分发挥模范带头作用,充当好班级的排头兵,班级实行自我管理。

(1)开学初,我召集班委会、团支部干部,讨论如何加强自身素质和修养问题,提出:"从我做起、做好自己,争创业绩"的具体要求。从班长到小组长,从团支书到普通团员,人人都要递交一份详细的工作计划,使他(她)们各负其责。并进行周结、月结、学期总结,最后由学生评选出优秀学生干部、优秀团员等等,使班级工作有计划、有组织、有条理。

(2)班主任要一视同仁,在工作中要尊重学生的首创精神,多和学生商量,充分调动班干部的工作积极性,若班干部和普通同学同时违反班级、学校纪律,要先教育班干部以给其他同学以警示,使他们觉得老师是公平的,从而重新来规范自己的行为规范。

3. 精心设计好第一次班会。

育人无定法。为了给学生们一个新的感觉,我认真研究了在初二这个特定年龄段学生的思想状况和心理特点,精心设计了第一次讲话。

首先,为了给学生们创造一个良好的环境,我亲自动手打扫了教室,并精心布置了黑板,确立讲话的主题为"明天会更好"在它周围画上了张张笑脸,还写了两行小字,"高高兴兴上学,开开心心学习"努力营造了一种和谐、民主、温馨的气氛。

其次,在开学当天,我特意一改以前的装束,从穿着上使学生和我有种亲近感。我提前来到校门用笑脸迎接学生并热情地同他们打招呼。当学生都到齐之后，我便开始了讲话，先向学生介绍了布置黑板的意图，"'明天会更好'，因为我们是一家人，彼此之间 就应该互帮互助，现在你们每一个人都是一张白纸，初二的历史就由你自己去书写！"这时我讲了初一之所以严厉的原因，"因为那时，你们还不太懂事，而今你们长大了，就更应懂得自尊、自爱、自强。老师愿意帮助你们，有什么困难欢迎你们找我，我定会尽力相助的 。"

此外，由于学生都有渴望被人肯定和赞赏的心理，我就根据上学期的民主评议，精心设计了各种奖项，如："三好学生"、"优秀团员（班干部）"、"优秀小组长"、"优秀课代表"、"宣传积极分子"、"特长专项奖"等等。让每个人至少都能得到一个奖项，当我宣布获奖名单并颁奖时，一些同学感动地哭了。通过这次活动，大大融洽了师生之间的感情，增加了学生的信心，并为班主任今后的工作奠定了良好的感情基础。

当然， 除了开好第一次班会外，班主任还要和其他教师协同配合上好第一个早读、第一节课、第一个课间操……这样，会使学生时时处处都能感觉到周围一切都在变，从而激励自己奋发向上、拼搏进取。

4. 加强心理健康辅导、定期进行青春期教育、开办丰富多彩的课外活动，使每位学生都能全面发展、健康成长。

作为班主任应及时启发他们学会领悟人生，敢于面对现实，寻找自己的优势。在平时应多注意观察学生的言行，对有心理障碍的学生要经常对其进行心理辅导，并请心理专家定期开办心理门诊并按性别进行青春期教育。

此外，还要广泛开展各种活动，如我校经常举办校园文化节，开展学军、学农社会实践等活动。通过这些活动，能开阔学生视野，减轻心理负担，促其全面发展。

【解决效果】

通过对潜能生的有效转化，营造了人人关心集体、人人关心他人的氛围。在同学之间形成只有优长的不同，人人尊重各自优长的观念和意识。昔日的潜能生扬起了自信的笑脸，并在新的学习和生活中找到了新的突破口。

通过对班团干部的职责和能力培训，他们已经成为班级各项活动的领头

中学班主任工作成功案例集萃

羊, 榜样的力量让每位学生都备受鼓舞和激励。

及时的心理辅导和典型心理案例的介绍, 让每一位学生科学了解和把握了青春期的心理特点, 在知与行中体验了心理变化中的无穷奥秘, 顺利地跨越了心理逆反期。

【总结与反思】

以上我仅从班级教育管理的角度谈了自己的几点粗浅的看法, 由于初二学习科目增加, 难度较大, 因此, 学习上最容易出现分化, 所以, 从学习上入手, 提高学生学习兴趣, 激发其学习动机, 也会收到一定效果。总之, 加强对初二学生的教育与管理, 是十分重要的, 也是十分困难的, 但只要广大教育者勇于探索, 不断总结经验教训, 就会迎来对初二学生教育管理的又一个春天。

用文字架起家校沟通的桥梁

黄　敏

【导语】

"捧着一颗心来, 不带半根草去"这是著名教育家陶行知先生的名言。其实, 每一位忙碌在班主任工作一线的老师, 虽然工作方法不同, 但内心当中都不同程度地在默默地践行着一份如陶先生一般崇高的职业理想。否则, 班主任们怎么承受得了每日高强度的工作? 否则, 班主任们又怎能在繁琐的工作中不厌其烦? 善心、爱心、责任心是支撑每一位班主任强大的动力, 但实际工作中我们的这份心又有多少家长能真正地理解呢? 我们怎样做才能让家长更多地知道我们真的在很用心地做, 我们真的很爱他们的孩子呢? 或许适时的文字沟通能将我们对学生的一片心及时传达给家长, 在家校之间架起一座真诚沟通的桥梁。

【案例现场】

1. 当又一批初一新生来到校园的时候, 作为一个班主任, 尽快了解我要接的学生和家长是第一要务, 而对学生和家长而言, 了解我并通过我来了解学校也是他们的第一要务。

2. 初一期末，刚入初中的学生根本没有复习的意识，有复习意识的同学也不知复习什么，家长们更是对初中的考试一无所知。教学生和家长准备初中的考试是班主任应该做的重要工作。

3. 初二，初中阶段的分水岭，学生问题的集中爆发期，如何能从最开始就取得学生和家长的高度重视，是班主任要考虑的重要问题。

【案例分析】

上述的几个方面，是每一个初中班主任都必然要经历的工作阶段，是班主任工作众多工作结点中比较重要的几个方面。用心的班主任都会在这些重要的结点上做大量的工作，以保证学生在相应的阶段向积极的方向发展，同时防患于未然。但是初中学生的年龄段决定了他们与家长的沟通中，不能全面准确地反馈老师的工作。而当家长们不了解学校的要求和老师所做的工作时，他们很容易就会通过学生反馈的片面信息对学校和老师的某些工作产生质疑，这种情况下若想取得家长的信任和积极配合就更难了。所以，在面对一些重要的工作结点时，班主任很重要的工作就是要让家长知道，此时此阶段对学生的意义，学校和老师要怎样教育学生，这样教育的好处，让家长知道，在这个重要阶段，老师做了哪些努力，希望家长配合哪些工作。当家长们能够切实地感受到学校和老师对其孩子的用心与负责时，争取家长们的配合就会更容易一些。但是在教学时间和空间都非常紧张的情况下，我们不可能经常开家长会，给每个学生家长打电话也不现实，而字数受到限制的短信很难让家长体会到老师的用心，这时，适时的书面沟通将使家校之间的联系事半功倍。

【解决策略】

案例1：

为了让家长对我这个班主任"未见其人先闻其声"，让自己第一时间争取到家长的基本认同，我在准备接手2010级学生时，在公开分班大会之前，我设计了两份交流卡，一张给家长，一张给学生。

在家长部分中，我这样写道：

尊敬的家长：

您好！恭喜您的孩子正式成为东北师大附中的一员，同时，我很高兴能成为您孩子的班主任老师，与您共同承担起孩子未来三年的教育责任。

初中三年是孩子人生观、价值观形成的关键期，也是学习习惯与能力培养的关键期，未来三年，我们将共同经历孩子身上在您看来始料不及的变化和成长，我将与您一同肩负着为孩子把握方向，细心、耐心、精心地呵护孩子顺利度过青春期躁动的责任。作为班主任，我有信心真诚用心地为孩子的成长保驾护航，做孩子积极的领航者，但这个过程更需要您大力的支持、理解和配合，我们之间融洽的配合，将使孩子的成长少走很多弯路。

因此，我设计了这张卡，希望您能根据我的话题，如实地介绍您的孩子，不怕有不足，怕的是了解不及时、纠正不得法。希望我们之间真诚地沟通，能为孩子三年的发展奠定坚实的基础。

在学生部分中，我这样写道：

可爱的同学：

你好！恭喜你成为东北师大附中的一员，更值得高兴的是，在一千多人的年级中，老师能与你和几十个有缘的同学走进同一个集体，这份缘将是我们三年幸福生活的重要砝码。

面对人生最关键的三年，你一定有好多憧憬、好多构想吧，你也一定想在新的班级中锻炼成一个优秀的你吧，非常好！这也是老师的希望，老师愿竭尽全力为你年少的拼搏保驾护航，并与你们一起努力打造让我们永远难忘的优秀班集体，相信你一定愿意和老师一起努力吧，那就请你认真、客观地填写这张初次交流卡吧，尽快告诉我一个真实的你，老师才能更好地帮你实现理想啊！

在两张卡中分别设计了四个问题，从而了解学生和家长的基本信息。这两张卡作为与学生第一次见面的见面礼送给学生，请学生回去后认真填写。这样的交流，对于我而言，我能尽快地了解我的学生和家长，了解我班家长们对学生的关注度以及关注的角度，为以后的沟通做好相应的心理准备；了解我的学生们的基本素质以及他们的心理需求和价值追求，为班级的基础建设做好准备。

案例2：

为调动初一学生期末复习的状态，指导学生和家长做好期末复习，我设计了一份《18班期末考试总动员》：

18班同学们：

转眼间，我们即将结束本学期的教学，初中生活的六分之一就要结束了。近四个月的时间，在我们的共同努力下，我们为18班为自己赢得了一个又一个令人骄傲的成绩，现在我们要为自己的初中交一份最重要的答卷——期末成绩。如果说期中考试你还没能适应初中的学习，但是期末考试我们再没有不努力的借口，聪明的人是在对的时间做对的事，现在，谁能静下心来为期末考试全力以赴，谁就是最聪明的人，谁能用十几天的用功换取开心的假期，谁就是最理智的人。想想你期中考试后设立的目标，谁是胜者关键就在这几天了，忍一忍，拼一拼，为自己四个月来辛苦争口气，压力谁都有，苦是要吃一点的，但老师希望18班的每个人，绝不做逃兵！向课堂要效率，向作业要成绩！孩子们，加油！

班主任：黄老师

2010-12-10（距考试还有15天）

然后，我将各个学科的考试范围清楚的列出，并写下"黄老师忠告"以及需要家长在复习期间做的工作，要求家长在阅读后填写回执。

案例3：

为使家长和学生在上初二前对初二学年的特点和重要性有一个正确的认识，在初二开学前，我在给家长的一封信中写下了这样的话：

去年8月，我们相识的情景犹在眼前，今年8月，带着一年的收获，我们将陪学生一起，跨进初二的大门。初二对学生来说，是生理、心理变化迅速的一年，是思想情感、生活态度波动最大的一年，但又是正确的学习态度、学习能力、人生观、价值观形成的关键一年。因此，初二是教育管理难度最大的一年，也是决定了学生初三甚至未来能否有所作为的重要的一年。

作为孩子的班主任，我已做好充分的思想和措施准备，但是学生能否成功跨过初二这道分水岭，实现理想的教育效果，以良好的状态进入毕业学年，每一位家长在这一年中的积极配合和努力将起着决定性作用。一年稍纵即逝啊，希望您在百忙中先把自己调动起来，更多地关心、关注自己的孩子，不急不躁，多想办法，多沟通，您的每一份付出都会在学生身上得到丰厚的回报。

除此之外，在报到当天我还给学生们写了一封信，题为《心平气和，做好每件小事——初二伊始,说给18班所有同学听》同时分别设计了给学生和家长的两份调查问卷,家长部分题为《暑假生活反馈》,学生部分题为《我说暑假,我说初二》,在这样的沟通下让学生和家长对初二学年有一个高度的重视。

【解决效果】

案例1:

在两份交流卡的帮助下,我第一时间关注到了我班一个心理极偏激的男生,因为他在问卷中的所有问题上都是填写的类似"无所谓""什么也不想当""不知道"等消极的语言,所以在班级初建过程中我对他特别关注并在他第一次出现问题时及时地与家长进行了深入地沟通,在清楚了解其心理状况的情况下,在作业、值日、活动、交往等生活细节中都针对他做出相应的安排,尽量缓解对他的心理冲击,经过一系列的努力,这位男生在班级的生活和学习状态基本稳定,学习成绩在班级前十名,初二上学期期末考试他竟然考了全班第一名。

也是在这份问卷的帮助下,班委会的组建顺利而稳定,第一批班级干部试用一学期后,班级同学认可度在90%以上,新学期班级干部测评中各个岗位的班级干部无一人撤职或调岗,到目前已一年半,班级已形成一个不断成熟和稳定的管理核心。这都是最初及时沟通的结果。

同时,这份问卷对于学生和家长而言,是我这个班主任向他们亮出的第一张牌。我想通过这两份交流卡,让家长对我除了在分班大会上的远距离感知外有一个更具体的第一印象。通过这样的交流,让家长们能初步感受到班主任对建设好班级的决心和行动,让他们初步感知班主任的责任心和管理方式,从而做好争取家长配合的第一步,从班级初建过程中家长和支持和配合上看,这两份交流卡,实现了我预期的目标。

案例2:

学生们在认真阅读了期末总动员之后,很快对初中的期末考试高度重视起来,最关键的是他们知道了要自己去主动地复习考试范围内的东西,而不是只等着老师安排。而家长们读过期末总动员后也明白了初中的家长要帮助学生复习和怎么复习,同时也体会到了班主任对学生的指导和关注。我用照片记录下了家长们的回执,这里摘录如下:

学生小李的家长在回执中写道：

感谢黄老师的辛勤劳动，通过您写给孩子们的期末总动员，不仅给孩子们鼓了劲儿，加了油，而且让我们家长也清楚了复习内容。作为家长我们会在期末复习期间更加严格地督促并检查孩子各科作业的落实情况，并积极配合老师向课堂要效率，向作业要成绩，力争期末取得比较优异的成绩。

学生小孟的家长在回执中写道：

感谢黄老师对孩子的教导和鼓励，作为家长我为能遇到您这样负责任的老师而庆幸，这是孩子的福分，我会督促孩子按计划和老师布置的范围认真负责地复习，逐个章节地落实，争取在期末考试中取得好成绩。

学生小孙的家长在回执中写道：

转眼间，孩子初中生活的六分之一将要结束，在这近四个月的时间里，切身感受到了老师的细心与责任心，通过此次期末考试总动员，看到了老师与家长站在同一条战线上，期待学生能在关键时刻更加努力争取好的成绩。我们家长将积极配合老师，督促学生保质保量完成复习任务，争取在期末考试中取得更好的成绩。

……

从家长们的回执中，我特别欣慰地感受到了家长们对我几个月以来工作的认可，正是因为这份认可，他们才会更积极地配合学校和班级的工作，学生们也在家长的配合下对期末考试重视起来，初一期末考试，班级总体成绩对比期中有了一个很明显的提升，顺利完成了初一上学期的学习目标。

案例3：

家长们在阅读了我的信之后，对初二这个学年的重要性和艰巨性有了一定正确的认识，他们在阅读中配合学校管理学生的热情得到了一个很好的调动，对班主任也更加信任了。

学生小齐的家长在回执中写道：

看过这封信，作为家长我很感动。感动的是我的儿子能有一名这么优秀负责的班主任老师，真是我们的幸运！您让我们当家长的感受到了您对工作的认真及对孩子们的负责。我们有信心不辜负老师对我们的期望，会全面配合老师的有关要求，最终实现我们的理想目标！

学生小婷的家长在回执中写道：

一直想说有一个认真负责的初中班主任是孩子成长过程中的财富。对于十八班的班规，家长全力以赴支持。这个假期孩子比较轻松，但是假期作业完成得非常认真，自己对照答案已批改，不用家长监督。新学期开始了，相信孩子会马上进入状态，开始又一段长路。

学生小薛的家长在回执中写道：

感谢黄老师如此细致全面地关注孩子，您辛苦了！作为十八班的家长，一定按您的要求，积极配合您做好对学生的督促和检查工作，希望孩子能在这个关键时期在学习上能上一个新的台阶。

……

认真地读着这些回执，我知道我的辛苦没有白费，家长们在我给他们和给学生的信中读出了一位班主任的工作责任心，也读出了师大附中生命教育理念下对学生的细心关注。因此，他们对学校和老师充满了信任，有了这份信任，班级和学校的很多要求，比如：发式仪表，作业上交要求，班级班务的事宜等等很多问题都得到了家长的配合和支持，学生在家长的配合和感染下也更能理解老师的教育和管理，所以班级目前顺利运行到初二下学期，很多初一时有些不良习气的同学在行为习惯上都有了明显的好转，初二上学期期末考试，进入年级前百的学生由入校第一次期中考试的两名，增加到7名，班级在朝着良性健康的方向发展。

【总结与反思】

每一次收到家长密密麻麻的回执，每一次读到家长的认可与信任，我都会将其归功于用文字沟通这种家校沟通的方式。现在想起来，最初用文字和家长沟通是在带2007级6班时，面对如何调动学生和家长的合力提高初三复习效率的问题，我组织学生和家长建立了一本沟通小册子，上初三后，每一次大考之后，我都会通过这个册子用书面文字的形式与家长和学生进行沟通，初三一年之中尽万字的书面沟通保证了07级6班平稳度过初三并取得很好的成绩。于是我便在接手2010级18班时，在每一个教育的结点上，很注重与家长和学生的书面沟通，因为这个沟通过程带给我以下几方面的思考：

1. 班主任的工作离不开家长的支持，而支持要来源于信任和理解，而信任和理解要建立在家长明白老师真的很用心地在做，老师是真的在为其孩子好，在关键教育结点上及时的进行文字沟通就能达到这样的效果。家长们会通过一次次的沟通明白老师的用心良苦，明白老师们为了学生每天都在忙些什么，为什么要这么做，明白了也就理解了，理解了也就信任了，信任了也就配合了。

2. 书面沟通有时候会实现当面语言沟通无法实现的效果。很多对学生的感情，当着家长的面也许表达不好，不准确，或者说出来显得很假，但是在书面的文字却给了我们很大的空间。反过来家长与我们之间的沟通也是一样的，当面未必能说出口的，写出来却会很顺畅。老师与家长之间情感沟通到位才能保证很多工作的顺利进行。

3. 由于书面沟通往往要通过学生作中介来传递，所以老师写什么，家长写什么，学生们都会看到，这样无意间，学生因家长对老师的认可会对老师更加尊重和信任，从而老师在学生心中的威信也会逐日提升，有利于对学生的批评和教育。

4. 书面沟通要选择好恰当的契机，太频繁会给家长带来反感，太少会失去连续性，那种日积月累，一点一点用心感动家长的效果就会受到一定的影响。

5. 沟通就要有针对性，否则，每一次沟通就会留于形式，实现不了真正的效果。而针对性源于班主任对学生对班级状态细心准确地把握，发现了真正的问题，才会有真正有效的书面沟通。所以用文字与家长进行书面沟通的方式，可以督促班主任用心地去观察班级方方面面的状态，对班级的管理工作是一个很大的促进。

有一首歌的名字叫做《爱你在心口难开》，每一位班主任其实都对班级的学生怀着一份关爱之心，口既难开，可以用文字传情，适时的书面沟通，将用文字架起一座家校沟通的桥梁，有了这个桥梁，就会有利于促进家长、学生、老师三方的情感沟通，沟通到位了，也许有些班级问题就会变得简单一些，从而提高班主任的工作效率。

春风化雨润"吾生"

李忠强

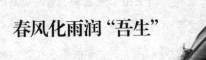

【导语】

随着我国素质教育全面深入地发展，教育教学的理论与实践成果层出不穷，特别是对潜能生的转化和培养方面成绩尤为突出。众所周知，素质教育本质上要求面向全体学生，面向全体学生既是整体教育水平提高的一个综合表现，又是检验教师学生观的一个尺度。面向全体学生的首要问题就是潜能生的转化问题，这个问题不仅涉及千百万青少年和万千家庭，而且是影响国家命运和前途、民族素质的重大问题。因此，切实做好这项工作，就成为广大教育者尤其是班主任所关心和亟待思考、解决的迫切问题。那么，教育者应如何端正对潜能生的态度，在教育实践中实现对其的有效转化呢？

【案例现场】

我班有一位小G同学，他的童年几乎是在父亲的打骂声中长大的。后来，父亲因车祸去世。母亲改嫁，小G和继父生活在一起。特殊的家庭使他的性格变得非常暴躁，他经常因小事欺侮同学，大打出手，而且下手狠，不写作业、学习成绩非常糟糕，和老师顶嘴是家常便饭。

【案例分析】

面对这样一位让人头疼的学生，我并没有简单地加以否定，而是逐渐发现在他的身上有许多的优点：他非常爱清洁，书本摆放整齐，个人也很讲卫生；他是班级有名的运动健将，是班级的篮球队长，足球踢得很棒……更重要的是我发现，他的继父是一位很有修养的知识分子。在了解这一切情况之后，我在等待着教育的最佳时机。终于，我发现小G有一个习惯，每次班级只要地上有纸，他都会主动捡起来。而且，如果他发现有同学随便往地上扔纸，他都会坚决制止，如果有谁不听，他就警告对方。当我发现这个事实之后，及时在班级里召开了一次"是你让我如此美丽"的主题班。同学之间互相写出对方的优点，越多越好！

而小G的诸多优点，也跃然纸上。我拿起了一张纸条，这张纸条是这样写的："在我们温暖的班级里，有一个人，他高大、威猛、帅气；他洁净、初次相识，他会让你觉得如此让人赏心悦目；篮球场上，他英雄无敌，他是王者，他又是最好的合作者；尽管在有些人心目中，他可能并没有这样出色，甚至连"好人"都算不上，但他却是我至今见到的最专心致志、一如既往做一件别人最容易做，但却不屑做的事的人。他做的事是：'不论是谁扔在地上的纸，都要先把它捡起来。'他的名字是小G！"

在那个时刻，小G突然害羞起来，我能体会那时他的心情和感觉。他想知道，他真得那么优秀吗？他可能在想，"我可能真得很棒，因为这张纸条上写的就是他呀！"他也许想，"为什么我那么对待同学，可是大家竟然如此宽容、欣赏和肯定我！"此刻，他的内心在进行一场革命，一场以前从未有过的自省！当他听到如潮的掌声时，他觉得，这不是梦！

【解决策略】

1. 优化育人环境、营造全方位的教育氛围，挖掘出潜能生的潜能

客观环境的影响对青少年的身心发展起着决定作用，为了取得"蓬生麻中，不扶自直"的教育效果。就要充分依靠家庭、学校、社会相结合的教育网络，全方位挖掘潜能生内在的潜能。

首先，优化人际环境，营造和谐氛围。一个良好的班集体中融洽的、亲密无间的师生关系，互助互爱的良好风气，洁美的环境都会迁移到潜能生的思想品德、学习态度、学习习惯以及生活作风等方面，从而产生好学上进、助人为乐、团结互助的教育效果。如在学习上开展"一帮一"、"多帮一"的互助活动，使其体会到集体的关心和帮助。当他们生病时，组织慰问和护理，把集体的温暖送到学生的心田；当他们情绪低落、内心彷徨时，师生真诚、即时的指点迷津、真切地慰藉，都会使他们从内心深处滋生出一种巨大的精神力量，并主动地去克服困难。同时，要及时地创造各种条件，使他们与同学、任课教师间架起广泛交往的桥梁。这样，才有可能消除其对立心理，改变他们的落后状态。

其次，密切学校与家庭的关系，形成教育合力是培养关键所在。开展家长学

校、成立家长委员会，定期或不定期的开展教育碰头会，重点解决教育中的突出和棘手的问题。如：灵活使用《家校联系手册》，每周交流一次，由任课教师、班主任和同学、潜能生本人共同填写好在校表现情况栏。然后再由家长填写好学生在家表现栏。通过这一种教育方式，让学生知道自己在各方面做得如何，让家长了解到自己子女在校的表现怎样，让老师了解到学生在家的言行是否达到了学校的培养目标，以便及时帮助学生改进。

2. 捕捉最佳教育时机、抓住转化的契机

捕捉最佳教育时机，才会产生最佳教育效果。这是教育机智、教育艺术的集中体现。

所谓最佳教育时机，就是学生最乐于接受教育的时机。什么时候学生最乐于接受教育呢？教育实践表明，最佳的教育时机往往是学生产生某种心理需要之时，如有成绩产生赞扬的需要、受处分产生宽恕的需要、挨批评产生尊重的需要、学习困难产生辅导的需要、有困难产生帮助的需要等等。

教育者除了用心寻找这种转化契机外，还应当根据契机形成的规律，积极创造条件，促使转化契机的早日形成，以加速潜能生的转化。

3. 要善于发现潜能生的闪光点，寻找施爱的支撑点

前苏联教育家赞可夫曾经有过一个形象的比喻："在我们前面有一块掺着碎石子的劣质土壤，它既不会叫人高兴，也没有希望提供起码的收成，可是来了一批地质工作者，经过一番勘探，结果在地下深处发现了巨大的宝藏。"同样教师也应当在后进生身上进行一番勘探，去发现他们内心深处的宝藏。发现了宝藏，就会产生热爱潜能生的情感，也就找到了可教育的方法。事实上，潜能生并不是没有优点，而是他们的优点往往与缺点混在一起，或者说是被缺点所掩盖。教师只有注意观察、善于发现别人注意不到的地方，才可能捕捉到潜能生身上的闪光点，并以此激励之，促其进步。因此，教师要善于抓住他们内心世界和行为表现中闪耀着的"火花"，并且以此为契机，提高他们作为一个人的尊严感，有了这种尊严感，学生就会努力进取，在心理上就会产生一种积极向上的效应，朝着教师所期望的方向发展。否则，一个人失去了自尊感，也就失去了精神支柱和进步的动力。

4. 勤抓思想，反复、找准突破口

根据事物发展的不平衡规律，学生的发展也是不平衡、有差异的。中学生正处于迅速发展变化和逐渐成熟时期，可塑性强。作为潜能生，又有着自制力缺乏、情绪不稳定、意志品质薄弱等心理特征。因此思想反复性大，易犯同样的错误。事实上，学生思想的进步不可能呈直线上升而往往是迂回曲折、螺旋式上升的。所以应允许他们重犯错误并进而改正错误。对他们每次的错误，必须从其思想根源、心理特征、个性品质等方面认真具体地分析，对症下药，深入细致地了解造成"反复"的原因，然后有针对性地对他们进行教育，直到他们改正错误为止。同时要给他们更多的关心和体贴。增强其克服缺点、改正错误的信心和勇气，挑战自我、战胜自我！

【解决效果】

经过了无数次心灵的洗礼之后，小G的行为发生了微妙的变化。性格变得温和了许多，对同学友善了许多。在他悄悄地转变之前，其实"多帮一"小组早已在行动了，他可能在初中阶段永远不知道这个"多帮一"的组织是特意为他而设的；他更不会知道，《家校联系手册》已在他继父和班主任手里，详细地记录着他的点滴进步，也许这像成长记录袋的东西，有一天会成为他最弥足珍贵的礼品；也许，他还不知道，他在每一周中收到的陌生的、充满鼓励着的书信，是多少同学和所有老师殷切地期待……

这样的感动，整整进行了三年！五十多人的君子协定和一个人的翻天覆地的转变编织了一个美丽而真实的故事！有时，转变一个人真的不需要表白太多。而付出太多，千万别说自己崇高。潜能生，需要的是真诚和尊重！如果有一天，所有人的这么默默无言的奉献和相助，突然被这个昔日的潜能生洞悉了真相，我想，他回报给别人的，一定是更多的尊重、理解、奉献和感恩！

真正的艺术是含而不露，真正的育人是引而不发，真正的爱心是秘而不宣！

【总结与反思】

加强潜能生的转化工作是一项长期的、艰巨的、极富有挑战性的任务，同时它还是实施素质教育的重要一环。为此，我们教师必须对他们进行言传身教，并从"爱"字出发，从"教"字着眼，从"拉"字入手。在"转化"二字上下功夫，平时多发现其闪光

227

点，扶持进步点，抓住反复点，促进飞跃点，严禁讽刺、挖苦、体罚或变相体罚学生。让教师在转化潜能生中投下一片爱心万片情，让爱心在后进生身上闪光，让"师爱"的甘露滋润潜能生的心田。

树考试诚信之风，让自律成为习惯

张军华

【导语】

初二通常是学生们学业成绩两极分化的关键期。家长与学生们都很重视每次考试的成绩，特别是成绩优秀的学生更是不允许自己有些许落后。近期我处理了一起发生在成绩优秀学生身上的考试违纪事件，现将对此事的思考记下望与同行们切磋。

【案例现场】

2012年11月27日，我所在的年级组织了一次基础知识考试。所谓基础知识考试就是所考为语文、数学、英语、物理这四大主科需识记的重要内容，并不涉及偏、怪、深的拉分难题。其目的是以考试促进学生重视各学科的基础知识，以阶段性验收推动落实学生们平时学习中并未在意的知识点。我所带的2010级20班是个团结向上的班集体，学生们勤奋、踏实，班风正、学风浓，成绩在年级也是名列前茅的。在这次考试前我依旧充分地进行了复习动员，孩子们都摩拳擦掌，每个人都制定了目标，期望在这次考试中实现新超越。一科科考试进行地非常顺利，当最后一科物理收卷铃声响起后，很多学生都挥动着手臂，高呼"万岁"，脸上写满了胜利的笑意。显然，这种考试让他们都获得了自信，我也仿佛看到了经过日夜鏖战后他们获取满分的张张试卷。

考试结束的第二天，各科老师都在认真地进行试卷讲评。我们班科科都有得到满分的获胜者。从进入初中后，学校一直教育学生们要有追求卓越的人生目标，力争考试满分就是这种向自我挑战意识的最佳表现。考试中得到满分不仅是彰显一种学习能力，更是在创造学习过程中至高无上的境界，因此很多优秀学子在苦苦为此打拼着。当笑靥如花的老师公布满分名单后，同学们向这些佼佼者投出无比艳羡的目光的同时，也在心底为他们给班级争得了光彩而喜悦。作为班主任，我也又一次心满意足地盘点着成绩，享受着耕耘收获的幸福。

突然，办公室里闯进来两名女同学。她们一名是班级的学习委员，一名是团支部的宣传委员兼语文课代表，都是品学兼优的学生。对她们的到访我感到有些愕然。没等我问来由，她们就气冲冲地说："老师，咱们班小A在考试中作弊，他根本不可能得到物理满分。"此话一出，让我顿时如丈二和尚摸不着头脑。边安抚她们激动的情绪，边了解情况。原来，昨天物理考试结束后，在传递答题卡时，我们班坐在小A后面考试的一名男同学小B无意中瞥了小A试卷一眼，小B看到他们两个某一道让他纠结很久的填空题答案是一样的。小B当时非常高兴，因为小A在班内是以勤奋苦学闻名的，且每次考试小A的成绩总是出类拔萃。如今，小A的答案与小B的答案一样，那么小B就推断自己这道关键的题做对了。可是第二天，老师发下试卷后，小B却在试卷上看到了一个大大的红叉，就是那道填空题他的答案是错误的。这时更令小B不解的是，昨天他明明看到小A的答案与他的一模一样，那么小B错的题，小A也不可能对呀。可是刚才他清楚地听到老师公布小A得到了满分。难道是老师批错了，满腹狐疑的小B顺口就跟同桌讲了这件怪事。没想到，说者无心，听者有意。原来小B的同桌在班内也是成绩优秀的学生，此次考试她的总成绩与小A不相上下，现在这道题的对错就可能改变他们排名的先后顺序。于是他们拿到小A的卷子想看个仔细。不看不知道，小A卷子上的那道题竟然是完全正确的答案。此时，小B更加感到疑惑不解，他肯定昨天他没有看错。为什么昨天错误的答案今天就是正确的呢？

为了解开这个谜团。几个优秀的学生将小A团团围住追问真相。小A招架不住道出了事情的原委。原来，在收完卷子后小A与同学们对完答案后，马上就发现自己只错了那道关键的选择题，那道题1分，他为之苦苦努力的想要得到物理满分的梦想就要破碎了。他不甘心让自己的努力如流水般逝去，也不想让陪他苦读的父母失望，于是在晚上放学后他偷偷进入办公室，找到放在老师桌子上的试卷并修改了那道题的答案。本以为天衣无缝，没想到却被同学们看出了破绽。在众多逼问他的班级同学面前，他说出了事情的真相。于是就发生了文前的那一幕办公室告状的事件。

【案例分析】

考试是检验学生学习成果和教师教学质量的有效手段之一。但是目前考试

中学班主任工作成功案例集萃

作弊现象大有愈演愈烈的趋势。学生考试作弊，是学生学习上的一种不良行为，这不仅会助长部分学生投机取巧的心理，腐蚀他们的思想品德，妨碍他们的健康成长，而且会败坏学风、考风，不利于今后教学工作的开展。

学风是一所学校的灵魂，而考风对学风的影响是不言而喻的。这件事对我触动很大，作为班主任我们一定要树立正确的学生观，学生都是可教育可塑造的。我们不能用一成不变的老眼光看学生，而应该用发展的眼光看待他们，要注意到学生取得的每一点进步，也要关注到学生身上的微小瑕疵。小A虽然是老师同学们心目中的好学生，但这种关乎的他灵魂深处世界观与价值观的小小彷徨却让我无比震撼。于是我与他深入谈话后分析了他此举背后的种种复杂因素。

主观因素：

1. 中学生对考试作弊的错误认识。

小A始终都认为这种私自修改试卷答案且只改了一道小小的填空题的行为是应该得到谅解的并不是作弊行为。且他再三强调只要向任课教师承认错误后，应该只扣掉他改过的这道题的分数，他的试卷还是可以得到99分的。其实，凡是考试中不真实地表现自己或使他人不真实地得以表现的行为都是作弊行为。

2. 中学生自我意识和价值观念的发展不协调。

中学生的自我意识发展很快。他们具有强烈的成人感和自尊心，希望得到别人的认可，在伙伴和成人中获得一定的地位。与此同时，他们的价值观念尚未成形，价值取向不够准确。往往以得到同学们的羡慕和尊重，老师的表扬为最大光荣，由此产生虚荣之心。

3. 中学生的意志发展水平与其作弊行为紧密相关。

中学生已经具备一定的自控能力，但自觉性、坚持性、自制力还明显不够，在活动中表现为感情用事，易受暗示，轻易改变决定的特点。许多同学开始考试时，并未想过要作弊。然而一旦考试中发现有同学作弊，而监考又不够严时，就会一改初衷，加入作弊者行列。若是发现许多同学作弊，则不想作弊的同学会难以承受群体作弊的巨大压力，而改变自己的原则，随大流，盲目从众。

客观因素：

1. 不完善的教学评价体系是造成学生作弊的重要原因。

很长一段时间以来，智育被提到了前所未有的、不应有的高度上。德、智、体、美、劳全面发展几乎成了空话。成绩成了评价学生、教师、学校的唯一标准。在学习的重压下，同学们往往会迷失方向。一旦成绩不好，更会雪上加霜。父母的责备、报怨，同学们的嘲笑，教师的冷落，为了避免这些后果，个别同学宁可冒险作弊。

2. 家庭教育的失误。

父母是孩子们的第一任教师。孩子们都具有极强的模仿性，父母就是他们的榜样。父母对孩子们的影响是潜移默化、持久而巨大的。小A的家在外县，为了让他受到最优质的教育，他的父母把他送到长春最好的初中，并且停薪留职在长春租房子陪读。强烈的望子成龙之心，让小A无比在意自己的考试成绩。小A是个孝顺的孩子，他更渴望以优异的成绩给父母回报。

【解决策略】

按年级规定，小A的违纪行为要接受年级的纪律处分。但在班内我并不能将一纸处分公布就算了事，处理此事的度要拿捏得恰当。如果非常简单粗暴有可能让平素一帆风顺的小A背上沉重的精神负担，在同学面前抬不起头，他可能就此沉沦。如果因为他是好学生对这个错误的处理轻描淡写，又会让同学们心中不平且对此事没有深刻思考不能从中真正受到教育。因此，在与小A及他的家长反复沟通长谈后，我在班内公布了年级对此事的处理意见，并且召开了一次"树考试诚信之风，让自律成为习惯"的班会。

同时，在事后更加关注小A的思想动向，与他的父母经常联系，增进了解，加强对孩子的思想引导。让小A的家长明白沉重的家庭压力已成为学生严重心理障碍的主要因素之一。急功近利、面子观点，以及家庭各因素的变化，都对学生的心理产生重大压力。帮助家长能实事求是地对待学生的学习成绩，使小A从家庭的压力中解放出来。

【解决效果】

一位教育界专家认为，"把作弊责任推给考核方式或者其他方面，忽视作弊者自身在道德和人格上的严重缺陷，这是非常危险的。"所以，我们必须对学

中学班主任工作成功案例集萃

生加强思想道德教育,特别是结合公民道德教育,要注重正面教育,注重诚信教育,使学生明确考试舞弊是一种不诚信的表现,帮助学生在认识上分辨是非,树立诚信为荣的观念,树立正确的人生观、价值观和道德观,纠正学生的错误认识,促使学生认识到:作弊绝不是"小事一桩",而是事关如何做人的大事,考试不仅要考出水平,更要考出人品。同时,端正对考试的认识,明确考试的意义。考试的目的很简单——师生据此了解教与学的情况,通过考试明确教学中存在的问题,以便查漏补缺。仅此而已,我们不应把简单的问题复杂化。班级的学生们通过班会都对考试的意义有了深层次的认识,他们更加懂得付出与收获间的辩证关系。同学们也没有疏远小A,很快小A从阴影中走出,投入到新的竞争中,真正凭实力一步一个脚印地成长着。

【总结与反思】

针对以好学生小A为代表的作弊现象的出现,我们必须找准病因,对症下药,以期达到预期效果。

1.切实地明确学习目的。

通过学校和家庭教育,同学们究竟学到什么才叫达到了学习目的?掌握一定的文化知识,是必要的,这是为将来的学习、生活打基础;学会与他人合作是必需的,人总是生活在一定的社会关系中,不会合作的人将寸步难行;理解运动的意义,使自己拥有健康的身体,这是从事一定的社会工作所必需的;能够体会美,发现美并创造美,这是现代文明生活的标志之一;学会认识自己,调节自己,教育自己是人生永恒的课题……需要学习的太多太多。因此,我们不应该只重智育,只看成绩,而忽略了其他的学习内容。只重智育的教学极易使学生产生一种偏激的认识——成绩说明一切。成绩好,一切都好;成绩不好,则自己一无是处。

2.明确考试的意义。

考试的意义何在?考试的目的很简单,师生据此了解教与学的情况,通过考试明确教学中存在的问题,以便查漏补缺。仅此而已,我们不应把简单的问题复杂化。

3.完善评价体系。

正因为学习内容的多元化,对学生的评价也应该是多方面的。善于学习,善于与人合作,待人热情,体质优良,自控能力强,组织、管理才能突出,艺术细胞丰富,情感细腻，乐于助人，正直、善良，上进心强，头脑灵活，刻苦勤奋，乐观幽默等等。当然，对学生的评价不能流于形式，空话连篇，必须要实实在在，以引起同学们的共鸣。要让同学们感受到对于他们的每一次努力，每一点进步，老师们都是很关注的。要鼓励他们多方面发展，同时认清自己的优势与劣势。以明确努力的方向，或扬长避短。何必用考试成绩这一根绳"勒死"那么多学生呢。

用鼓励换取孩子的自信心

于永全

【导语】

孩子从牙牙学语开始就逐渐地接触新的事物，但不同的孩子的发展轨迹，确各不相同，在孩子接受新生事物或者学习他从没有接触的事物和知识时，引导和鼓励就显得尤为重要。学校时期，特别是初中时期，孩子正处于建立人生观和世界观，树立自信心的关键时期，所以这一时期的鼓励和表扬教育就更为重要。曾经看过一部电影叫《我第一名》，一位患有先天性妥瑞氏症的年轻人，就是因为一位校长的不断鼓励，最终建立了自信，凭借着对人生的乐观心态与追求梦想的执着，如愿从事了人们眼里妥瑞症不可能从事的职业——教师。孩子们其实很脆弱，如果我们能够以真诚的鼓励和引导来教育孩子，会更好地帮助孩子来建立自己的自信心，对孩子将来的发展起到关键的作用。

拥有自信就跟人体需要钙一样，没有钙就软，甚至得软骨病，发育就不好。钙充足，人就生长得结实。自信心也是如此，人有了自信心就勇敢，就敢于说话、表现和实践。

孩子都想成功，都有梦想，可是多数孩子有时候缺乏自信，比如上台讲话之前心慌，经常问自己能不能行。家长要了解孩子的心理，老师更应该及时的了解孩子的心理，及时帮助孩子调整不健康的心理状态。

【案例现场】

2009级15班，开学之初，面对初二突然增重的学业负担，及青春期躁动所引发的急躁心理,班级里很多同学表现出了不适应,缺乏自信。班级有一位女同学的表现特别明显,其实孩子很努力,但是可能由于学习方法不当,缺乏自信心造成其学习成绩总是很不理想,最后慢慢的她已经逐渐丧失信心了。出现作业应付、开始偏科等现象。

【案例分析】

初中孩子,特别是初中女生,处在生理和心理发育的关键时期,心理很脆弱。当自己短时间内的努力没有获得很好的效果时,自己就开始怀疑是不是自己没有能力学好,开始逐渐退缩。这是孩子青春期的正常表现,正确的引导才能够使孩子走出困境。

【解决策略】

1. 找她谈话,帮助她分析试卷、分析考试成绩无法达到预期目标的原因。

2. 鼓励她,并让她坚信自己可以学好,可以拿到满意的成绩。

3. 课上、课下关注她的一举一动,时常用激励的话语来鼓励她,偶尔也会利用一下激将法。

4. 帮助她树立赶超目标,让她一步一步获得成功的喜悦。

5. 找周围素质比她好的同学谈话,让她们找机会帮助她。

6. 在全班同学面前表扬她的每一次小的进步,让孩子增加自信心。

7. 及时和家长沟通,学校和家庭共同合作帮助孩子建立自信心。

8. 我和她打赌,用这种方式激励她,使她有更多的热情投入到学习中。

9. 将她加入到批卷和组卷小组,让她拥有自信。

【解决效果】

通过多次的谈话和鼓励,她认为自己真的具备冲击前五的绝对实力,只要自己再努力些、再细心些她就一定可以做到,她的成绩开始逐步上升,她慢慢的找回了自信,自己也不那么急躁了,可以用更多的耐心来对待学习中遇到的困难。前几天孩子的妈妈给我打电话,说孩子准备出国学习,到谈话结束时,她一再感谢我对孩子的鼓励。

【总结与反思】

詹姆斯说:"每个人都具有在生活中取得成功的能力。每个人天生都具有独特的视、听、触以及思维的方式。每个人都能成为富于思想与创造的人，一个有成就的人，一个成功者。"正因为这样，每个学生都有可能具有一技之长。细心的教师会注意学生的"独特方式"，一旦发现他的某种特长潜能，就满腔热情地因势利导，运用肯定、鼓励以及创设条件等手段强化它、发展它。当学生意识到自己在某方面比别人强，自己并非事事不如人，不必疑心别人歧视自己时，自信和勇气就油然而生，并逐步走向成功。

总之，自信心是学生走向成功的重要精神力量，"要让每个孩子都抬起头来走路"。增强学生的自信心，培养学生的学习兴趣，是学生有效学习的前提。随着时代的发展，教学观念的不断变革和教学方法的革新等，增强学生的自信心、培养学生的学习兴趣的方法和手段也会更加丰富，这就要求我们教师要不断提高教学艺术水平，注意研究学生心理发展的特点，结合教学实践，认真探索，不断积累经验，运用各种科学的方法和手段，培养学生的自信心，激发、调动学生的学习兴趣和积极性，努力提高教学质量，促进学生的全面、健康发展。

我想到要让一个人自信、快乐起来，其实也是一件非常简单、容易的事情：一句话，一个眼神而已。

走进"问题学生"的内心

王继伟

【导语】

苏霍姆林斯基说过:"在每个孩子心中最隐秘的一角,都有一根独特的琴弦,拨动它就会发出特有的音响。要使孩子的心同我们讲的话发出共鸣,我们自身就需要同孩子的心弦对准音调。"

【案例现场】

小L同学从入学的第一天报到就给我留下了很深的印象:头发比较长,至少有一个假期没理发了;站在队伍里晃来晃去,前后左右地说话,还包括其他班级的同学;作为刚刚第一天报到的新生就能在队伍里这么的引人注意,我想他一定会是班级的一个大麻烦。

不出所料,接下来的新生军训中,他的表现特别的不好:不认真训练,站不直,走不齐,不虚心接受教官的批评,还与教官顶撞;晚上在营房里不按时就寝,大声喧哗、用手电光四处乱晃;带动一小批男生聚在他的周围,共同说笑、玩耍,偶尔还会欺负其他同学;正式开始上课后,他的不良习惯还有很多:上课溜号、接话,一些课堂上随便说话;作业不认真完成,偶尔不能及时上交;跟外班同学的交往过多,共同参与一些违反校规校纪的活动;给所有的科任老师、学生处的老师都留下了深刻的印象……。

我想不用再过多地描述,老师们都知道这就是一个典型的"问题学生"。

【案例分析】

应该说每一届初一新生中这样的学生都不少见,他们的种种不守规矩、叛逆、反常的行为尽管会存在不同的成因,但来自家庭的影响是其中很普遍的一个现象。北京市曾对70所中学的5000多名初二学生进行过一次心理测试,结果显示,至少20%的学生有不同程度的心理障碍,行为习惯也不好。再对这些孩子的家庭进行追访,发现其中65%的孩子来自"问题家庭",父母不和、分手或者分手过程中的"战斗"，给孩子心理留下创伤。那么，小L会是什么情况呢？

【解决策略】

经过了若干次的批评、谈话式的"教育战斗"之后，我发现效果并不是很明显，小L仅仅是班主任在的时候表现得还好，其他时间的表现很不理想。我想有必要见一见他的家长了。我根据学生登记卡上留的号码拨通了他家里的电话，接电话的是他的外公，老人说孩子的事跟他说吧，待我说过孩子的一些问题之后，老人决定第二天到学校来跟我面谈。

从孩子的外公处了解到，小L出生前爸爸就不知哪去了，他从来没有见过爸爸，一直到现在。而妈妈在通化工作，他从小就跟外公、外婆及姨母一家生活在一起，尽管所有人对小L都很关心、疼爱，应该说是衣食无忧，但这个可怜的孩子还是有寄人篱下的孤独感，毕竟没有父母在身边。同时小学的班主任老师对这个聪明调皮、爱玩爱闹的孩子又比较怜爱，在教育管理上稍有放松……种种因素造成了孩子现在的各种不良表现。了解到这些之后，我与孩子的外公约定不告诉小L我知道了他的身世，保护一下孩子脆弱的自尊心。接下来我主要从以下几个方面来进行我对小L的帮助和转化。

一、发现并放大他身上的闪光点

通过一段时间的观察了解，我发现小L心地善良、很有孝心，在家里他可以帮忙照顾生病的外婆，讲笑话逗二位老人开心，并从不当面惹他们生气，表现出了他懂事的一面。我借着一次机会，在班级谈到了子女对父母长辈的孝心问题，特意表扬了小L，从他当时脸上的表情，我知道他心里一定很高兴和自豪。

别看小L貌似有点胖，但他从小学开始就爱好打篮球，并且打得很好，不仅如此，踢足球他也是班级男生中最棒的，我经常在体育课或体活时间同他们一起打篮球、踢足球。每次都是让小L带领他挑选的几名同学为一队，我带领其余的同学为另一队开展比赛，尽管互有胜负，但每次小L都很投入、很卖力，也很有成就感。同学们对他的球技也都非常佩服，在这些体育活动中，小L的集体观念变强了，同时他发现我在体育方面也比较擅长，还能跟他们一起玩，无形中拉近了师生间的距离。

另外，我还注意到小L与同学的交往中表现得比较大方、讲义气、爱面子，有时做事甚至显得比较"傻"。比如他和几名同学去换水桶，不小心把水桶摔破了，他会自己掏40块钱去赔；同学向他借几元钱，他会说不用还了；班级同学跟外班同学发生冲突他会出头帮忙，最后一起被老师批评。针对这些问题，我首先肯定他的动机是好的，值得表扬，大家应该学习，但做法不提倡，需要改变，不能太注重"哥们儿义气"，有问题应通过正确的途径和方式去解决。

二、让他感受到老师对他的关心、爱护与信任

在第一次班委会竞选时，尽管小L平时在班级的表现不是很好，不符合班级干部竞选的条件，但我还是破例让他做了班级的体委。结果宣布之后，我找他谈话，他表示有点意外，以为我不会同意他当班干部。我首先指出了他身上的一些缺点和问题，之后也肯定了他的几个优点和长处，希望他能尽快地改正，赢得老师和同学们的认可，我说我相信他能做好。小L很是感动，向我表了决心，一定不辜负老师的信任。尽管他对自己的要求还是不够严格，依然会常常违反纪律，但对自己的工作还是很认真的，上间操整理队伍，上体育课协助体育老师等都做得不错，还在班级组建了篮球队，我是教练，但队长他却让给了班级的小Z担任，挺有胸怀，这件事我又在班级对他进行了表扬。

在学习方面，小L不是很用功，爱偷懒、耍小聪明，我针对他在作业、练习中出现的问题，经常当面给他指出来、并进行适当的辅导。也许是班主任所教学科的缘故，他的数学学习一直还不错，同时我也要求他其他科目要同样对待，不能偏科。尽管小L嘴上不说，但我还是看得出他已经逐渐接受了我，并且知道我是真的对他好，所以他也在有些时候表现出了对我的关心。印象较深的是我在一次同他们打篮球时扭伤了脚踝，走路非常吃力，他和几名同学就架着我走路，还非得要背我进班级，让我很感动。我想这也验证了"爱是相互的"这句话。

三、经常与家长沟通，形成教育合力

在这期间，我经常同小L的母亲沟通孩子的一些情况，他的一些问题，特别是他的变化、进步都及时地通知给他妈妈。他妈妈也几乎每天在电话中与他交流，了解他在校的表现。每当听到我说小L表现较好时，她总是很高兴，并及时对小L进行表扬、鼓励。一有机会，她就会从通化赶来陪孩子。事实证明，由于家庭原因导致的学生出现的各种问题，最好的解决办法还是家庭的温暖和教育。

四、抓住时机，真正走进他的内心世界

虽说半个多学期的时间里，小L的进步变化不小，但真正让老师走进他的心里却是在学期末"赴上海社会实践"活动中。也许是那些天我和他们的接触更多、更近，对他们的关心、照顾更为全面的缘故；也许是共同的离家千里，特别地想家的缘故；也许是我多少有些故意引导的缘故。在"东方绿舟"里，与他的一次谈话中，他亲口跟我说出了自己的身世，我装作第一次听到的样子，认真的听他讲家里的情况，他在小学的一些故事。那一刻，我感觉到小L彻底的放下了所有的防备，不再在乎别人对他家庭的看法。我甚至感觉到我在他心中已经不仅仅是老师，还是父亲。我当时也是真情流露，同他谈了一些关于人生、理想的问题，一起回忆了从入学至今他的各种表现以及变化，鼓励他应该继续努力，彻底改掉身上的不良习惯，努力学习，不辜负老师、妈妈以及外公、外婆对他的期望。

【解决效果】

从上海回来之后，小L又有了一些显著的变化，虽然时而还会犯错，但他变得懂事了，不但能虚心接受所有老师的批评，还变得比较自觉。可以说不再是班级的"问题学生"了。

回想起来，我觉得这将近一个学期在他身上的付出很值得，因为我看到了我的成果。

【总结与反思】

爱是一切教育的出发点，只有充满爱心地去深入了解学生，真正的走进他们的内心才能从根本上解决问题。特别是生长于特殊家庭的孩子，面对他们身上的各种问题，作为班主任，要像他们的妈妈爸爸一样去爱他们，要多给他们关怀，比别的学生还要多；要运用有效的教育手段去教育和帮助他们。当他们开始信任你后，再严格地要求和引导他们、教育他们向着正确的人生路前进。同时要他们学会坚强，学会宽容，学会乐观、平和地面对一切。

中学班主任工作成功案例集萃

爱是教育好学生的前提

俞姝媛

【导语】

作为一个教师，都应"以人为本"，尊重每一位学生。教育是心灵的艺术。我们教育学生，首先要与学生之间建立一座心灵相通的爱心桥梁。这样老师才会产生热爱之情。如果我们承认教育的对象是活生生的人，那么教育的过程便不仅仅是一种技巧的施展，而是充满了人情味的心灵交融。

【案例现场】

小a，我的一个学生。初一军训刚结束，同学们刚刚开始上课，他就每天都一副无精打采的样子，要么搞小动作，要么影响别人学习，提不起一点学习的兴趣；下课追逐打闹，喜欢动手动脚；作业不做，即使做了，也做不完整，书写相当潦草……每天不是科任老师就是其他学生向我告状。于是，我开始找他谈话，希望他能遵守学校的各项规章制度，以学习为重，按时完成作业，知错就改，争取进步，争取做一个他人喜欢、父母喜欢、老师喜欢的好孩子。他开始总是一副爱理不理的样子，后来口头上答应了。可他又一如既往，毫无长进，真是"承认错误，坚决不改"。

【案例分析】

此时我的心都快冷了，算了吧，或许他是根"不可雕的朽木"。但又觉得身为班主任，必须面对现实！仔细想想，他没有进步，并不可能是因为真的不想，或许是他并没有真正认识自己的错误，没有真正要做个他人喜欢的人的念头。

【解决策略】

1. 为了有针对性地做工作，我决定先让他认识自己的错误，树立做个受人喜欢的人的思想。于是我再次找他谈话，谈话中，我了解到他心里十分怨恨小学的班主任老师。我突然间意识到，让他认识错误的机会来了。我轻声问他："你为什么会恨那个老师？"他不好意思地回答："因为她常常批评我。"我顺着问："老师为什么会常在课堂上批评你，你知道吗？"他说："因为我常违反纪律，没有按时完成作业,书写也不工整……""你已经认识了自己的错误,说明你是一个勇于认错的好孩子,但是,这还不够,你觉得应该怎样做才好?""想改正错误吗?想做一个受他人欢迎的孩子吗,你要怎样做才好呢?""我今后一定要遵守纪律,团结友爱,认真完成作业……""那你可要说到做到哟!""好!"后来,他无论是在纪律上,还是在学习上,果真都有了明显的进步。当他有一点进步时,我就及时给予表扬和激励。使他处处感到老师在关心他。他也逐渐明确了学习的目的,端正了学习态度。

2. 为了提高他的学习成绩,除了在思想上教育他,感化他,我还特意安排一个责任心强、学习成绩好、乐于助人、耐心细致的女同学跟他同桌,目的是发挥同桌的力量。事前,我先对这个女同学进行了一番谈话:为了班集体,不要歧视他,要尽你自己最大的努力,耐心地帮助他,使其进步。此同学满口答应,并充分利用课余时间或课堂时间帮助他,教育他。有时,这个同学也会产生一些厌烦情绪,说他不太听话,不太乐意学……此时,我就跟她说:要有耐心,慢慢来。后来,他取得进步时,除了表扬他,我还鼓励他们说,这也离不开同学们的帮助,特别是某某同学的帮助。

【解决效果】

在同学们的帮助下,他自己的努力下,他各方面都取得了不小进步。他学习上更努力了,纪律上更遵守了,甚至自己主动当起了长期值日生,每次扫除活动都是他冲在最前面,成绩也有了很大的进步。为此,我会心地笑了。后来,有一次我找他谈话时,他说:"老师,我同桌这样关心我,爱护我,帮助我,如果我再不努力,对得起她吗?"我笑着说:"你长大了,懂事了,进步了。我真替你高兴!"

在那个学期的期末考试中,他的外语取得了73分的成绩(之前从未及格)。我为了鼓励他,私下奖给他一本日记本。奖励虽小,但却表示了我的一点心意。在第二个学期中,他学习更努力了!付出总会有回报,他的外语成绩基本稳定在了90分左右,其他学科的表现也得到了老师的认可。

【总结与反思】

1. 以人为本,付出师爱

心理学家认为"爱是教育好学生的前提"。对于小a这样特殊的后进生我主动地去亲近他,敞开心扉,以关爱之心来触动他的心弦。"动之以情,晓之以理":用师爱去温暖他,用情去感化他,用理去说服他,从而促使他主动地认识并改正错误。

2. 以生之助,友情感化

同学的帮助对一个后进生来说,是必不可少的,同学的力量有时胜过老师的力量。同学之间一旦建立起友谊的桥梁,他们之间就会无话不说。同学是学生的益友。在学生群体中,绝大部分学生不喜欢老师过于直率,尤其是批评他们的时候太严肃而接受不了。因此,我让小a同学与其他同学从交朋友做起,让他感受同学对他的信任,感受到同学是自己的益友。让他感受到同学给自己带来的快乐,让他在快乐中学习、生活,在学习、生活中感受到无穷的快乐!通过同学的教育、感染,促进了同学间的情感交流,在转化后进生工作中就能达到事半功倍的效果。

3. 因材施教,循循善诱

"一把钥匙开一把锁"。每一个后进生的实际情况是不同的,必然要求班主任深入了解弄清学生的行为、习惯、爱好及其后进的原因,从而确定行之有效的对策,因材施教,正确引导。小a的情况比较特殊,主要是自制力差,对自己的错误、缺点认识不足,对老师的批评教育产生厌恶、憎恨心理。因此,我就以爱心为媒,搭建师生心灵相通的桥梁。与他谈心,与他交朋友,使其认识错误,树立"做个好学生"的念头;充分发挥学生的力量,安排一个责任心强、学习成绩好、乐于助人的同学跟他同桌,给予学习和思想上的帮助;亲自面对面改他的作业,让他感到老师的关心、重视……用关爱唤起他的自信心、进取心,使之改正缺点,然后引导并激励他努力学习,从而成为品学兼优的学生。

通过一年的潜心努力,精心转化,终于取得了令人可喜的成果:小a同学摇身一变,由"捣蛋鬼"转变为劳动委员,现在又荣升为班级的纪律委员!现在他无论在哪里见到我,都会亲切叫上一声:"老师,您好!"我总是报之一笑,并说上一声:"你好。"

在更新教育观念的今天,作为一个热爱学生的教师,有责任让学生树立信心进而达到育人的目的。愿:我们携起手来乘赏识之风,捧起关爱之情,燃起信心之火,播下希望之种,使每一位后进生都能沐浴在师生的关爱之中,共同把后进生转化成为先进生,成为国家的栋梁之才!

用爱润心，用心育人

胡 欣

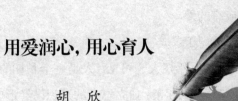

【导语】

教育之难，难在它的教育对象是有个性、有思想的活生生的个体。教育的意义在于因材施教，教育的成功在于"转变和成长"，教育中的难点很多，"差生"无疑使教育难上加难，他们不仅使家长无奈，同时也使教师头疼，对于"差生"的转化，每个教师都有不同的方式，但什么样的技巧都不如真心地倾注"爱"，"用爱润心，用心育人"，相信爱能创造奇迹。

【案例现场】

刘天闯，正像他的名字一样，敢闯，不过不是"闯关"，而是"闯祸"，不交作业、上课讲话、迟到、逃课、和老师顶嘴……总之，几乎所有违反校规校纪的事都少不了他，批评教育无济于事，晓之以理、动之以情在他面前也显得苍白无力，老师们都觉得他无药可救了。

【案例分析】

在对待育人这项工作时，有时靠经验是远远不够的，它需要的是耐心和爱心还有真诚。我认为以上的案例中有下列几个问题值得关注：

1. 减少"说教式"教育代之以"爱"去沟通心灵

波兰杰出的教育家亚努什·科尔恰克曾说："必须提高到孩子的精神世界上来，而不是去俯就他"。这种理念值得每个教师去深思：孩子有其自身的年龄特点，不能把他理想化，更不能把他成人化，我们所要做的是仔细地理解和感受孩子的智慧和心灵。

教育需要爱，也要培养爱。"没有爱的教育仿佛就是没有水的池塘"这一教育箴言告诉我们，爱是教育的灵魂，是教育的润滑剂、黏合剂和催化剂。素质教育对每一个教育工作者都提出了更高的要求，那就是必须全面地爱学生。如果教师和孩子们之间没有共同的兴趣、爱好和追求，那么通向孩子心灵的通道就会永远堵死,这就要求每一位教师胸怀一颗爱心,用心灵去耕耘心灵,让每一位孩子都得到应有的爱。

2. 育人不能急于求成

"十年树木,百年树人"。可见育人是一个长期的过程,冰冻三尺,非一日之寒,学生在十二三岁的年龄,独立思考的意识已经形成,他们不再一味地听从、服从,如果硬性压制他们的想法,逆反心理就会增强,处处和老师敌对,然而作为一个教师,尤其是年轻教师,急于求成的心理很重,这就需要教师静下心来,耐心地分析学生心理,用年龄优势拉近和他们的距离,一步步地扎实工作,因此教育学生更重要的是感化学生的心灵。

3. 因人施教,放大后进生的闪光点

每个人都是有优点和闪光点的,只不过长期不被人发觉而湮没了,"差生"之所以"差",不是天生的,所以有重新被塑造的可能,孔子讲因材施教,所以教学生也不能整齐划一,作为后进生,他们的闪光点可能早已被缺点遮盖了,老师和家长所关注的地方也仅限于他们的缺点,学生的自信心因此而大大受挫,所以要重新塑造他们,实际上是重塑他们的心灵,把优点放大一倍就等于把他们的信心增强两倍乃至数倍,因此我们提倡用放大镜去找后进生的优点。

叶圣陶说:"千教万教教人求真,千学万学学做真人"。如果教师能本着求真、求实的态度育人,和学生进行心灵的交流,那么就一定可以谱出教育的新篇章。

【解决策略】

1. 对于这样一个学生我也曾几乎失去信心,但作为老班主任,我不甘心所带的班级里有学生因为无效管理而掉队。于是,我不断和他周围的朋友交流,在不经意的一次谈话中,我意外得知刘天闯是一个"单亲家庭"的孩子——父母虽然没有离婚,但父亲常年不在家,我从学生自然情况登记表上找到了他妈妈的联系方式,经过和刘天闯妈妈几次深入的交流得知,刘天闯的父亲在几年前一次车祸中意外身亡,只剩下孩子和她相依为命,在她眼里,天闯很懂事,像个男子汉一样和她一起撑着这个家,相依为命,但她不想让天闯知道他没有爸爸,就欺骗他爸爸为了赚钱，在很远的地方工作不能回家，久而久之，刘天闯因为没有父亲而受到同学们的嘲笑，所以，他才喜欢用对抗、暴力的方式让同学惧怕他、让老师关注他……这些事实让我恍然大悟：为什么每次他犯了错误，他总是一副满不在乎的样子，但如果老师要请家长他却总是找种种借口搪塞，尤其把他妈妈找到学校时，刘天闯更是对老师们恨之入骨……

2. 我清楚了刘天闯的这些情况后，他再犯错误都尽量不请他妈妈到学校来，在生活上尽可能地关心他，不是以一个老师的身份而是以一个朋友的身份对待他，并且让他知道老师这样做的用意，渐渐地，他对老师的敌意减少了，我也发现了他的一个优点：他最为关注的是班级里养的几条金鱼，无论什么时候他都会主动给鱼换水和喂食，可谓是呵护备至，于是我特意把养鱼这项工作正式交给了他，一段时间下来我发现他的责任感增强了，再把班级里的"绿色植物"也交他管理。

3. 在刘天闯过生日的时候，我悄悄地组织同学们给他举办一个生日会，那天中午，当他推开教室门的一刹那，面对温馨的教室、老师同学们的笑脸和祝福，尤其是看见教室中间的一个大大的生日蛋糕，上面有每个同学的祝福，当生日歌响起的时候，他默默地哭了，这次生日会让刘天闯得到了久违的集体温暖，他终于敞开了心扉，说出了心里话。

【解决效果】

通过不断地表扬、交给他一些小任务以及举办生日会，让他那颗曾经被冰封的心融化了，之后是他一点一滴的变化——不和老师对抗了，愿意为班级付出，变得阳光、积极、学习认真、待人真诚，还能主动帮老师去劝解那些曾经和他一样的学生。

【总结与反思】

在初中阶段大概每个班都会有些后进生，也就是人们所称的"差生"，他们不仅在学习上有所欠缺，更让人头疼的是纪律也很差，有些不良习惯由于长期的积累没有得到解决而形成了痼疾。对于这样的学生，弃之不管不是办法，他的影响力绝不是"不管"就可以消除的，他们的很多做法其实是为了引起老师的注意，只要老师能真正了解他的出发点，走进他的内心，愿意从他的角度和他交流，这样的学生是可以

中学班主任工作成功案例集萃

转变的，并且转变了这样的一个学生，他自己就会主动地带动曾经和他一样的人去转变。因此，只要抓住班级中"痼疾"的核心，"用心育人，用爱润心"，就会取得事半功倍的效果。